독자의 1초를 아껴주는 정성을 만나보세요!

세상이 아무리 바쁘게 돌아가더라도 책까지 아무렇게나 빨리 만들 수는 없습니다.
인스턴트 식품 같은 책보다 오래 익힌 술이나 장맛이 밴 책을 만들고 싶습니다.
땀 흘리며 일하는 당신을 위해 한 권 한 권 마음을 다해 만들겠습니다.
마지막 페이지에서 만날 새로운 당신을 위해 더 나은 길을 준비하겠습니다.

파이썬 매일 코딩

PYTHON WORKOUT

초판 발행 • 2021년 11월 30일

지은이 • 루벤 M. 러너
옮긴이 • 윤인성
발행인 • 이종원
발행처 • (주)도서출판 길벗
출판사 등록일 • 1990년 12월 24일
주소 • 서울시 마포구 월드컵로 10길 56(서교동)
대표 전화 • 02)332-0931 | **팩스** • 02)323-0586
홈페이지 • www.gilbut.co.kr | **이메일** • gilbut@gilbut.co.kr

기획 및 책임편집 • 안윤경(yk78@gilbut.co.kr) | **디자인** • 최주연 | **제작** • 이준호, 손일순, 이진혁
영업마케팅 • 임태호, 전선하, 지운집, 박성용, 차명환 | **영업관리** • 김명자 | **독자지원** • 송혜란, 윤정아, 홍혜진

교정교열 • 이미연 | **전산편집** • 박진희 | **출력 및 인쇄** • 금강인쇄 | **제본** • 금강제본

ISBN 979-11-6521-788-4 93000
(길벗 도서번호 080247)

22,000원

는 정성 길벗출판사
수험서, IT전문서, 경제실용서, 취미실용서, 건강실용서, 자녀교육서

서, 어학학습서, 어린이교양서, 교과서

book/080247

파이썬
매일 코딩
루벤 M. 러너 지음
윤인성 옮김
PYTHON
WORKOUT

길벗

이 책을 내 삶에서 최고의 스승인 나의 세 아이들,

Atara Margalit, Shikma Bruria, Amotz David에게 바칩니다.

프로그래밍 언어를 배우는 일은 외국어(사람의 언어)를 배우는 일과 비슷합니다. 수업을 들으면서 어떤 주제를 이해하고, 이를 기반으로 시험도 보면서 배우게 됩니다. 하지만 이렇게 공부해도 실제로 원어민을 만났을 때, 어떤 구문을 사용해야 하는지, 어떤 표현 방법이 가장 적절한지 선택하지 못하는 자신을 보며 좌절할 수 있습니다.

이럴 때는 연습이 필요합니다. 외국어는 연습하면 점점 유창하게 이야기할 수 있으며, 자신감이 늘어 더 깊은 주제의 대화에 참여할 수 있습니다. 마찬가지로 파이썬도 연습하면 문제를 더 쉽고 빠르게 해결할 수 있으며, 가독성이 좋고 유지보수하기 쉬운 코드를 작성할 수 있습니다. 그리고 계속해서 새로운 상황에 맞게 언어를 사용해보면서 점점 발전하게 됩니다. 물론 이러한 발전을 스스로 느끼기 힘들 수도 있습니다. 하지만 과거 몇 달 전과 비교해본다면 차이가 분명히 존재한다는 것을 알 수 있을 것입니다.

이 책은 파이썬의 기본 문법을 설명하는 책이 아닙니다. 파이썬의 기본 문법을 활용해서 문제를 풀어보며, 파이썬을 더 능숙하게 사용할 수 있게 도와주는 책입니다. 책에 실린 예제를 계속해서 풀어보면 더 읽기 쉽고, 관용적으로 널리 사용되는 유지보수하기 쉬운 파이썬 코드를 작성할 수 있을 것입니다.

이 책은 필자가 오랫동안 파이썬 기업 교육을 진행하면서, 학생들과 대화하며 만들어진 결과물입니다. 학생들 대부분은 교육을 마친 뒤, 파이썬을 더 연습해보려면 어떤 것을 추가로 연습해야 하는지 자주 질문하곤 합니다. 그리고 이러한 질문에 대답하는 과정 중에서 학생들에게 설명한 내용, 실제로 교육 과정에서 진행한 내용들을 기반으로 책을 집필했습니다.

이 책은 파이썬의 핵심 개념이라고 할 수 있는 핵심 자료 구조, 함수, 내포(comprehension), 객체 지향 프로그래밍, 이터레이터를 연습해볼 수 있게 구성했습니다. 굉장히 단순한 주제라고 생각할지도 모르겠습니다. 하지만 파이썬으로 만드는 작은 스크립트부터 큰 애플리케이션까지 모든 코드는 이러한 내용들의 조합일 뿐입니다. 따라서 이를 잘 알고 활용할 수 있어야 파이썬을 능숙하게 사용할 수 있는 개발자가 될 수 있습니다. 기본 구성 요소들을 무시하고, 더 어렵다고 생각하는 것에 집착하는 것은 기초를 제대로 닦지 않고 건물을 계속해서 높게 올리는 일에 불과합니다. 틀림없이 무너질 것입니다.

연습은 분명 능력을 향상시킵니다. 파이썬뿐만 아니라 모든 영역이 같습니다. 필자는 몇 년 전부터 중국에 주기적으로 방문해서 파이썬 교육을 진행하고 있습니다. 그래서 중국어를 배우고 있는데, 중국어를 공부하다 보면 가끔 수업과 연습이 도움이 되지 않는다는 생각이 들기도 합니다. 하지만 몇 달 만에 중국을 방문해서 중국어로 이야기해보면 도움이 되지 않는다고 느꼈던 수업과 연습이 분명 도움이 되었다는 것을 느낄 수 있었습니다.

물론 필자는 아직 중국어를 유창하게 하지는 못합니다. 하지만 내가 얼마나 왔는지 가끔 뒤돌아보면 분명 발전하고 있다는 것을 느낄 수 있고, 스스로 자랑스럽습니다. 이 책이 여러분이 파이썬을 공부하면서, 이러한 경험을 할 수 있게 도움이 되면 좋겠습니다. 하루하루 여러분의 파이썬이 점점 유창해지기 희망하고 기대합니다.

"이 책은 모두가 함께 만들어낸 결과물입니다."라고 이야기하면 그냥 진부한 표현이라고 느낄지도 모르겠습니다. 하지만 이는 완벽한 사실입니다. 이 책이 세상 밖으로 나오는 데 도움을 주신 모든 분께 감사의 말씀을 드리고 싶습니다.

일단 무엇보다도 파이썬 기업 교육을 함께 진행했던 수천 명의 학생들 모두에게 감사의 말씀을 드립니다. 학생들의 질문, 제안, 통찰 등으로 이 책을 집필할 수 있었습니다.

또한, 필자가 작성한 내용에 방향성을 더해주고, 수정해준 Better Developer 뉴스레터(https://BetterDevelopersWeekly.com)의 구독자분께도 감사의 말씀드립니다. 많은 분의 도움이 있었고, 실제로 이러한 내용들이 모두 필자의 교육에 활용되었습니다.

이어서 캘리포니아 샌디에고 대학의 인지 과학 조교수인 Philip Guo님께 감사의 말씀드립니다. Philip Guo는 필자가 교육할 때 많이 활용하는 Python Tutor 사이트를 만들고 유지보수하고 계신 분입니다. 필자는 이 책에 Python Tutor 사이트의 스크린샷을 굉장히 많이 첨부했습니다. 또한 거의 대부분의 해답을 Python Tutor 사이트로 제공했습니다.

파이썬 핵심 개발자, 파이썬과 관련한 글을 블로그에 올리는 분, 파이썬 패키지를 만들어 공개하는 분을 포함해서 파이썬을 활용하는 모든 분께 감사의 말씀드립니다. 파이썬 생태계는 굉장한 기술적 업적이라고 할 수 있습니다. 이러한 기술적 성과는 모두 파이썬을 활용하는 사람들이 만든 업적이라고 볼 수 있습니다.

또한, Manning 출판사의 모든 분께 감사의 말씀드립니다. 필자가 혼자 집필할 수 있는 범위를 넘어 더 나은 책이 될 수 있게 도와주셨습니다(사실 이 책은 이전에 필자가 인터넷에 개인 출판했었습니다. 그때보다 훨씬 나아졌습니다!). 출판사 담당자들과 굉장히 많은 이야기를 나누었으며, 모두의 능력과 인내로 이 책이 나올 수 있게 되었습니다. Michael Stephens는 기존의 책 내용을 보고, Manning 출판사와 함께 일할 수 있게 도와줬습니다. Frances Lefkowitz는 책을 편집하고 개선하는 데 도움을 주었습니다. 책을 쓰는 과정을 알려준 것은 물론이고 내용 구성을 변경해야 하는 부분, 이미지를 추가했으면 좋은 부분 등을 알려주었습니다. Gary Hubbard와 Ignacio Beltran Torres는 이 책의 기술적인 내용을 검토해주었습니다. 책에 있는 코드의 버그를 찾아주었으며, 잘못된 설명을 수정하는 데 도움을 주었습니다. Carl Quesnel은 책의 최종 편집을 도와주었습니다.

이 책을 리뷰해준 Annette Dewind, Bill Bailey, Charles Daniels, Christoffer Fink, David Krief, David Moravec, David R Snyder, Gary Hubbard, Geoff Craig, Glen Sirakavit, Jean-François Morin, Jeff Smith, Jens Christian B. Madsen, Jim Amrhein, Joe Justesen, Kieran Coote-Dinh, Mark Elston, Mayur Patil, Meredith Godar, Stefan Trost, Steve Love, Sushant Bhosale, Tamara L.Fultz, Tony Holdroyd, Warren Myers에게 감사합니다.

모두의 도움으로 이 책이 더 좋은 책으로 나올 수 있었습니다.

마지막으로 일하면서 가족에게 많은 폐를 끼쳤습니다. 제가 공부하고, 포스트닥터 과정을 마치고, 파이썬을 교육하며 세계를 여행할 때, 이를 이해해주고 도움을 주었습니다. 그리고 이 책을 집필하는 과정에서도 가족들이 저를 두 번이나 이해해주었는데, 첫 번째는 이 책을 필자의 웹 사이트에 개인 출판했을 때, 두 번째는 이를 업그레이드해서 지금 읽고 있는 이 책을 출간할 때입니다. 오랫동안 저를 이해해준 저의 아내 Shira, 그리고 저의 아이들 Atara, Shikma, Amotz 모두에게 감사 인사를 전합니다.

프로그래밍 언어를 교육하다 보면 프로그래밍 언어의 문법을 분명 배웠는데, "(1) 이제 무엇을 해야 하는지 잘 모르겠다, (2) 무엇을 만들고 싶은데 코드를 어떻게 작성해야 할지 모르겠다."라며 방황하는 학생들을 많이 볼 수 있습니다. 일반적으로 이러한 벽에 막혔을 때, 많은 학생이 다른 프로그래밍 언어의 문법을 처음부터 다시 공부하는 것을 선택합니다.

하지만 다른 언어의 문법을 더 배운다고, 이러한 벽을 넘을 수 있는 것은 아닙니다. 마치 한국어로 글을 제대로 쓰지 못하는 사람은 영어 문법을 완벽하게 배워도 글을 제대로 쓸 수 없는 것과 같습니다.

이러한 벽을 넘을 수 있는 방법은 "(1) 기본 문법을 활용하는 문제를 풀어본다, (2) 자료 구조와 알고리즘 문제를 풀어보며 컴퓨터 공학을 이해한다, (3) 프레임워크를 공부하며 만들고 싶었던 것을 만든다."를 반복하는 것입니다.

이 책은 이러한 벽을 넘는 3가지 방법 중에서 (1)을 다루는 책입니다. 그래서 책은 다음과 같은 특징이 있습니다.

- 자료 구조와 알고리즘을 다루는 책은 아니므로, 쉽게 접근할 수 있다.
- 기본 문법을 활용하는 방법을 배우므로, 언어의 설계를 더 깊이 이해할 수 있다.
- 어떤 상황에 어떤 문법을 활용해야 하는지 이해할 수 있다.

따라서 언어의 문법을 배운 뒤에 언어를 더 깊게 이해하고, 언어를 활용하는 방법을 배우는 데 도움을 줄 수 있을 것입니다. 참고로 언어의 문법을 배운 뒤에 언어를 '조금 더 깊게 이해'하는 책이므로, 파이썬의 기본 문법은 이미 알고 있어야 합니다. 이 책을 번역하는 데 도움을 주신 길벗 출판사의 모든 관계자분들께 감사의 말씀을 드립니다.

윤인성

이 책은 파이썬의 기본 내용을 설명하기 위한 목적이 아니라, 파이썬을 연습해 보기 위한 목적으로 집필했습니다. 물론 기본 내용을 포함해서 꽤 많은 내용을 살펴봅니다. 그래도 일단 이 책은 학습에 대한 잠재성이 모두 독자에게 달려 있는 실습서라고 할 수 있습니다. 이 책에 더 많은 시간을 투자하고, 노력을 들인다면 더 많은 것을 얻을 수 있을 것입니다.

따라서 이 책은 단순하게 책을 읽기만 하면 안 되는 책입니다. 제대로 공부를 하려면 질문에 답하면서, 실제로 직접 실습해보는 과정이 필요합니다. '단순하게 해답을 읽는 것'과 '직접 작성해본 뒤에 해답을 읽는 것'에는 큰 차이가 있습니다. 직접 시간을 투자해서 문제를 해결하기 바랍니다. 분명 시간을 투자한 만큼 좋은 결과를 얻을 것이라고 약속드립니다.

이 책의 내용을 진행하면서 파이썬의 핵심 자료 구조, 함수, 내포, 객체 지향 프로그래밍, 이터레이터 등을 살펴보게 될 것입니다. 이를 통해서 이를 효과적으로 사용하는 방법, 많은 사람이 관용적으로 사용하는 방법을 배울 수 있을 것입니다. 그리고 업무와 개인적인 취미 목적으로 파이썬 프로그램을 작성하는 일이 더 쉽고 재미있게 느껴질 것입니다.

파이썬 문서와 스택 오버플로(https://StackOverflow.com) 등을 참고하는 일은 절대로 잘못된 일이 아닙니다. 개발자가 자신의 업무에서 필요한 모든 것을 항상 기억하고 있을 수는 없습니다. 이 책을 공부한 이후에 이와 같은 문서와 참고 자료를 보면서 더 나아갈 수 있기를 희망합니다.

대상 독자

이 책은 파이썬의 기본 내용을 이미 알고 있는 독자를 대상으로 집필했습니다. 문자열, 리스트, 튜플, 딕셔너리 등의 핵심 자료 구조를 포함해서, `if` 조건문과 `for` 반복문과 같은 기본적인 구문을 이미 알고 있어야 합니다.

이러한 기본 구문을 이미 알고 있는 것과 활용할 수 있는 것에는 큰 차이가 있습니다. 파이썬을 알고는 있지만, 어떤 코드를 작성하기 위해서 매번 스택 오버플로와 같은 사이트를 찾아다닌다면 이 책이 조금 더 자신감 있게 스스로 코드를 작성할 수 있게 도와줄 것입니다.

이 책의 구성

이 책은 10개 장으로 구성되어 있습니다. 주제별로 구분되어 있기는 하지만, 일부 문제는 다른 장의 내용을 가져와서 사용하기도 합니다. 예를 들어 함수를 5장에서 설명하고, 클래스를 9장에서 설명하지만, 모든 장에서 함수와 클래스를 작성합니다. 따라서 장 구분은 어떤 문법을 해당 장에서만 알아보겠다는 엄격한 기준이 아니라 어떤 내용에 초점을 맞추고 살펴보겠다는 기준 정도로 생각해주세요.

각 장은 다음과 같습니다.

1. **숫자**: 정수와 부동소수점을 다루고, 숫자와 문자열을 변환하는 방법을 살펴봅니다.
2. **문자열**: 문자열을 단순한 텍스트가 아니라 반복할 수 있는 시퀀스의 관점에서 살펴봅니다.
3. **리스트와 튜플**: 리스트와 튜플을 만들고, 수정하고, 내부에서 내용을 추출하는 방법을 살펴봅니다.
4. **딕셔너리와 세트**: 딕셔너리를 만들고 활용하는 다양한 방법을 알아보고, 딕셔너리와 관련 있는 세트를 살펴봅니다.
5. **파일**: 파일을 읽고 쓰는 내용을 살펴봅니다.

6. **함수**: 함수를 작성하는 기본 방법부터 함수의 중첩과 스코프 규칙까지 살펴봅니다.
7. **함수형 프로그래밍**: 리스트 내포, 세트 내포, 딕셔너리 내포를 활용해서 문제를 푸는 방법을 살펴봅니다.
8. **모듈과 패키지**: 모듈을 만드는 방법과 사용하는 방법을 살펴봅니다.
9. **객체**: 클래스를 만드는 방법, 클래스의 속성과 메서드를 사용하는 방법, 상속을 활용하는 방법을 살펴봅니다.
10. **이터레이터와 제너레이터**: 클래스에 이터레이터 프로토콜을 적용하는 방법, 제너레이터 함수를 작성하는 방법, 제너레이터 내포를 사용하는 방법을 살펴봅니다.

이 책에 있는 각 EXERCISE는 4개의 부분으로 구분되어 있습니다.

1. **문제**: 해결해야 하는 문제를 설명합니다.
2. **풀어보기**: 문제를 다시 설명하고, 어떻게 해결해야 하는지 설명합니다.
3. **해답**: 문제를 해결하는 코드를 설명하고, 코드를 간단하게 실행해볼 수 있게 Python Tutor(https://pythontutor.com) 사이트의 링크를 제공합니다. 코드는 Python Tutor 사이트뿐만 아니라, 길벗 출판사 깃허브(https://github.com/gilbutITbook/080247)에서도 확인할 수 있습니다.
4. **조금 더 나아가기**: 문제와 관련한 추가 문제들을 소개합니다. 조금 더 나아가기의 문제까지 해설하지는 않지만, 본문의 문제를 풀 수 있었다면 분명 쉽게 풀 수 있을 것입니다.

그리고 자주 사용되고 혼동되는 주제를 따로 정리해서 설명하는 참고 부분이 있습니다. 예를 들어서 f-문자열, 스코프, 새로운 객체를 만들 때 일어나는 과정 등을 모두 참고로 정리했습니다. 또한, 이 책에는 힌트, 팁 등이 포함되어 있습니다. 필자가 오랫동안 파이썬 교육을 진행하면서, 많은 학생이 실수하는 부분을 정리한 것입니다.

책에 표기된 코드의 줄바꿈에 대해서

책이라는 매체는 한 페이지의 너비가 정해져 있습니다. 그래서 코드 한 줄의 내용이 길어져서, 앞에 ➥ 기호를 붙여서 줄바꿈한 부분이 있습니다. 이 부분은 원래 코드에서는 한 줄로 붙어 있는 부분입니다. 파이썬은 C, 자바 등의 프로그래밍 언어와 다르게 줄바꿈이 큰 의미를 갖습니다. 따라서 코드를 작성할 때 ➥ 기호를 붙여서 줄바꿈한 부분에 실제로 줄바꿈을 넣으면 코드가 동작하지 않을 수 있으므로 참고하기 바랍니다.

시스템 요구 사항

이 책의 내용을 진행하려면 파이썬이 설치되어 있어야 합니다. 파이썬은 https://python.org/에서 내려받아 설치할 수 있습니다. 가능한 한 최신 버전을 사용하는 것을 추천합니다. 물론 이외에도 마이크로소프트 Windows 스토어, macOS의 Homebrew 등을 사용해 설치해도 괜찮습니다.

이 책에 있는 내용은 모두 파이썬 3.6버전에서 동작합니다. 물론 일부 부분에서는 파이썬 3.7버전과 3.8버전에서 추가된 새로운 기능을 소개하지만, 해답 코드는 모두 파이썬 3.6버전에서 동작하는 코드로만 작성했습니다.

파이썬 코드를 작성할 때 파이썬 전용 에디터와 IDE(통합 개발 환경)와 같은 도구가 필요 없지만, 활용하면 좋습니다. 파이썬 코드를 작성할 때 가장 많이 사용하는 도구는 JetBrains의 PyCharm과 Microsoft의 VSCode입니다. 물론 이외에도 vim, Emacs 등의 에디터를 활용해도 괜찮습니다. 자신의 손에 맞는 도구가 아직 없다면 이러한 도구들을 사용해보고 마음에 드는 것을 찾아서 익숙해지기 바랍니다. 참고로 파이썬은 파이썬 버전만 중요하지, 에디터의 버전은 전혀 상관없습니다.

예제 파일 내려받기

이 책에서 사용하는 예제 파일은 길벗 출판사 웹 사이트에서 도서명으로 검색하여 내려받거나 깃허브에서 내려받을 수 있습니다.

- **길벗 출판사 웹 사이트**: http://www.gilbut.co.kr
- **출판사 깃허브**: https://github.com/gilbutITbook/080247

예제 파일 구조 및 참고 사항

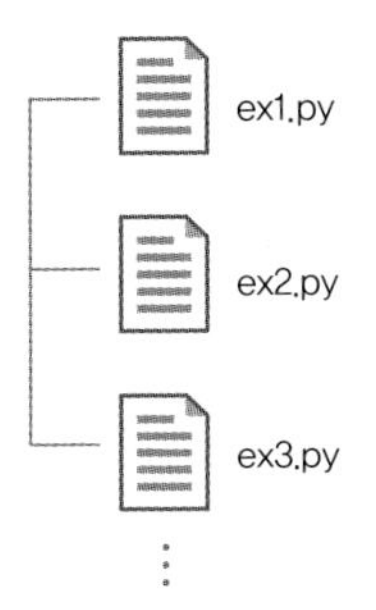

- 터미널 등에서 실행할 수 있는 .py 형태로 제공됩니다.
- 책의 코드는 개념 이해용 예제라 실제 출력 값을 보여주는 '깃허브 예제 파일'과는 조금 다른 부분이 있습니다. 하지만 기본 형태는 동일합니다.
- 책의 '해답' 아래에 있는 Python Tutor의 링크를 살펴본 후 '깃허브 예제 파일'을 실행해보는 것을 추천합니다.

매일 실습할 수 있는 문제들을 풀어보면서 단순 파이썬 문법뿐만 아니라, 실무에서도 활용할 수 있을 법한 고급 문법을 실습할 수 있어 파이썬을 체계적으로 학습할 수 있도록 도와줍니다. 또한, 단순한 예제 해설보다 틀리거나 오해하기 쉬운 문법에 대한 설명도 제시해주기 때문에 평소에 자주했던 실수도 이해하고 넘어갈 수 있도록 구성된 부분이 좋았습니다.

- **실습 환경** Windows 10, Python 3.7

강찬석_LG전자

이 책은 총 50가지의 다양한 연습 문제로 구성되어 있습니다. 각 연습 문제를 풀기 전에 필요한 문법을 학습하고 배운 내용으로 어떻게 프로그래밍할지 기초 코드 작성 방법을 배웁니다. 그리고 '풀어보기'에서 앞에서 학습한 내용을 바탕으로 코드를 완성합니다. '해답'에서는 어떻게 코드가 동작하는지 pythontutor.com에서 시각적으로 볼 수 있어 좋았습니다. 그리고 '조금 더 나아가기'에서 앞의 코드에서 더 생각해야 하는 예제를 소개합니다. 모든 문제를 다 푼다면 프로그래밍 테크닉과 문제 해결 능력이 분명 좋아질 것입니다. 파이썬 개발자로 성장하는 데 좋은 밑거름이 될 책으로 추천합니다.

- **실습 환경** Window 11, Python 3.8, PyCharm 2021.2.3

이석곤_엔컴(주)

파이썬을 사용하고 있지만, 스스로 파이써니스트라고 생각하지 못했습니다. 이 책은 최신 기술뿐만 아니라, 진정한 '파이써니스트'가 어떻게 코딩하는지를 보여주고 있습니다. 누구나 파이썬으로 코딩은 할 수 있지만, 파이썬스럽게 코딩하고 있지는 않습니다. 단순히 작동하는 코드를 원하는 것이 아니라 좋은 코드를 원한다면 이 책을 꼭 봐야 합니다. 파이썬스럽게 코딩하고 싶다면 이 책을 권하고 싶습니다.

- **실습 환경** Mac Air M1, Python 3.8.9, PyCharm 2021.2

김동우_프리랜서

요즘 누구나 파이썬을 배운다고 하여, 가볍게 기본서를 읽고 나니 기초 문법은 알겠는데, 막상 파이썬의 자료형도 익숙하지 않던 차에 먼저 읽어볼 기회가 생겼습니다. 이 책은 50가지 문제를 통해 다양한 파이썬의 자료형을 어떻게 활용해야 하는지, 파이썬스럽게 코드를 작성하려면 어떻게 해야 되는지 알려주어 이제 갓 파이썬에 입문한 저에게 많은 도움이 되었습니다. 그리고 책 곳곳에 공식 문서의 단축 링크 주소가 제공되어, 책의 예제뿐만 아니라 공식 문서에 있는 다양한 예제들도 학습할 수 있어서 처음 배우는 분에게 공식 문서를 보는 습관도 들일 수 있을 것 같아 유용한 것 같습니다. 파이썬스럽게 코딩하고 싶은데 뭔가 부족하다고 느끼시는 분들은 꼭 한 번 읽어보면 도움이 될 좋은 책입니다.

- **실습 환경** Python 3.9.6, Visual Studio Code 1.61.0

이호철_Software Engineer

이 책은 파이썬의 문법과 객체 지향에 어느 정도 익숙하다는 것을 전제로 기술되었기 때문에 초심자에게는 친절하지 않습니다. 그러나 파이썬에 입문하여 어느 정도 문법을 알고 이제 코딩의 맛을 보겠다고 한다면 많은 도움이 될 것입니다. 저자의 설명에서 마치 무술의 기술뿐만 아니라 정신까지 이해한 고수의 향기가 느껴지기 때문입니다. 저자는 자신이 이해하고 있는 프로그래밍 언어의 이념을 각각의 코딩 예제에 녹여 설명하고 있습니다. 특히 리스트, 튜플, 딕셔너리를 frame과 object로 도식화하여 보여주는 것은 다른 책에서 보기 힘든 좋은 예입니다. 이것만 봐도 저자가 언어에 대한 자신만의 이해가 있는 고수라는 것을 알 수 있고, 파이썬 초심자가 고수에게 한수 배우고 싶은 생각으로 이 책을 읽는다면 도움이 될 것입니다.

- **실습 환경** Google Colab

DJ Joo_Atlanta, GA

목차

1장 numeric 자료형 ····· 027

2장 문자열 ····· 053

1 장

numeric 자료형

월급을 계산하고, 은행 이자를 계산하고, 주파수를 계산하는 프로그램에서 숫자를 사용하지 않는다는 것은 상상할 수 없는 일입니다. 파이썬은 int, float, complex라는 3가지 숫자 자료형을 갖고 있습니다. 일반적으로(또는 업무적으로)는 int(정수)와 float(소수점을 갖는 숫자)만 알고 있어도 충분합니다.

숫자는 프로그래밍의 기본일 뿐만 아니라 프로그래밍 초급 단계에서 프로그래밍을 공부할 때도 활용됩니다. 일반적으로 숫자를 활용해서 변수 할당, 함수 매개변수를 잘 이해하면 문자열, 튜플, 딕셔너리와 같은 복합 자료형을 쉽게 이해할 수 있습니다.

이번 장에서는 숫자와 함께 입출력과 관련한 내용도 살펴봅니다. 숫자를 다루는 것은 매우 기본적이고 간단하지만, 숫자를 변환하거나 다른 자료형을 함께 사용하는 것에 익숙해지려면 많이 연습해야 합니다.

PYTHON 1

1.1 유용한 참고 자료

▼ 표 1-1 이 장에서 다루는 내용

개념	설명	예시	참고 자료
random	랜덤한 숫자를 만들거나, 랜덤한 요소를 선택할 때 사용하는 모듈입니다.	`number = random.randint(1, 100)`	http://mng.bz/Z2wj
비교 연산자	두 값을 비교할 때 사용하는 연산자입니다.	`x < y`	http://mng.bz/oPJj
f-문자열	표현식의 결과를 문자열 내부에 삽입할 수 있는 특별한 문자열입니다.	`f'It is currently {datetime.datetime.now()}'`	http://mng.bz/1z6Z와 http://mng.bz/PAm2
for 반복문	반복할 수 있는 대상(이터러블)을 반복하는 반복문입니다.	`for i in range(10): print(i*i)`	http://mng.bz/Jymp
input	사용자에게 입력을 요청하고, 그 입력을 리턴하는 함수입니다.	`input('이름을 입력해주세요: ')`	http://mng.bz/wB27
enumerate	반복문을 적용할 때 현재 몇 번째 반복인지 알 수 있게 해줍니다.	`for index, item in enumerate('abc'): print(f'{index}: {item}')`	http://mng.bz/qM1K
reversed	반복할 수 있는 대상의 순서를 반전한 이터레이터를 리턴합니다.	`r = reversed('abcd')`	http://mng.bz/7XYx

1.2 EXERCISE 01. 숫자 맞히기 게임

그럼 본격적으로 이 책의 내용을 진행하면서 간단하게 손을 풀어 봅시다. 그리고 손을 풀면서 반복문, 입력, 자료형 변환, 값 비교를 함께 알아보겠습니다.

프로그램은 어떤 일을 하기 위해서 입력을 받아야 하며, 이러한 입력은 일반적으로 사용자로부터 받습니다. 따라서 사용자에게 입력을 요청하는 방법을 알아야 합니다. 그리고 입력을 받으면 우리가 원하는 자료형이 무엇인지 생각하고, 입력을 해당 자료형으로 변환해야 합니다. 따라서 자료형 변환과 관련한 내용도 함께 알아보겠습니다.

파이썬은 `for` 반복문과 `while` 반복문만 제공합니다. 이를 작성하고 사용하는 법을 알아야 파이썬을 제대로 활용할 수 있습니다. 또한, 반복문을 어떤 자료와 함께 사용하면 좋은지 알아두면 유용합니다. 예를 들어 '데이터베이스 레코드', 'XML 파일의 요소', '정규 표현식으로 텍스트를 탐색한 결과'는 모두 `for` 반복문과 함께 사용합니다.

이번 예제에서는,

- `guessing_game`이라는 매개변수 없는 함수를 만듭니다.
- 이 함수를 실행하면 0~100 사이의 숫자 중에서 랜덤한 숫자 하나를 뽑습니다.
- 이어서 사용자에게 숫자를 맞춰보라며, 숫자 입력을 요구합니다.
- 사용자가 숫자를 입력할 때마다, 프로그램은 숫자에 따라서 다음과 같은 결과를 출력합니다.
    - Too high(큽니다)

    - Too low(작습니다)
    - Just right(정답입니다)
- 숫자를 맞혔다면 프로그램을 종료합니다. 이외의 경우에는 다시 입력을 요구합니다.
- 프로그램은 사용자가 숫자를 맞혔을 경우에만 종료합니다.

랜덤한 숫자를 만들 때는 random 모듈의 randint 함수(http://mng.bz/mBEn)를 사용하면 됩니다. 코드로는 다음과 같습니다.

```
import random
number = random.randint(10, 30)
```

이 코드를 사용하면 10~30(30 포함) 범위의 정수가 만들어집니다. 이렇게 만든 숫자는 변수에 넣고, 저장하고, 출력하고, 다른 함수에 전달하는 등 다양하게 활용할 수 있습니다.

사용자로부터 입력을 받을 때는 input 함수를 사용합니다. input 함수는 이 책의 전체 내용에서 굉장히 많이 활용하므로 꼭 기억해주세요. 이 함수는 문자열 하나를 매개변수로 받고, 이를 사용자에게 출력합니다. 사용자가 무언가를 입력하고 엔터 키를 누르면 함수에서 사용자의 입력이 리턴됩니다. 예를 들어 다음과 같이 사용합니다.

```
name = input('Enter your name: ')
print(f'Hello, {name}!')
```

Note ≡ 입력 프롬프트가 출력되었을 때 사용자가 아무것도 입력하지 않고 엔터 키를 누르면 None이 아니라 빈 문자열을 리턴합니다. input 함수에서 리턴되는 값은 언제나 문자열 자료형입니다. 따라서 숫자 형태의 값을 입력해도, 무조건 문자열이 리턴되므로 주의해주세요.

1.2.1 풀어보기

이 프로그램은 비교 연산자(==, <, >)로 랜덤한 정수와 사용자의 추측을 비교하기만 하면 되는 간단한 프로그램입니다. 간단하지만 이 프로그램에서 중요한 내용이 몇 가지 있습니다.

첫 번째는 random 모듈을 사용해서 랜덤한 숫자를 만드는 것입니다. random 모듈을 읽어 들이고, random.randint에 2가지 매개변수를 입력해서 호출하면 랜덤한 정수를 얻을 수 있습니다. 일반적으로 random 모듈은 랜덤한 값이 필요할 때 유용하게 활용할 수 있습니다.

참고로 random.randint 함수에 전달하는 정수 범위에는 최댓값이 포함됩니다. 일반적으로 파이썬에서 범위를 나타낼 때는 최댓값이 포함되지 않습니다. 예를 들어 range(x, y)를 만들면 y는 포함되지 않습니다. 최댓값이 포함된다는 것은 일반적이지 않은 동작이므로 주의해주세요.

Tip random 모듈은 랜덤한 숫자를 생성하는 기능 이외에도 리스트 등의 시퀀스 내부에서 요소를 랜덤하게 선택하는 함수 등도 갖고 있습니다.

이제 랜덤한 숫자가 만들어졌으므로, 사용자에게 숫자를 맞히라고 요청하는 부분을 생각해봅시다. 간단하게 while True를 활용한 무한 반복문을 생각해볼 수 있습니다. 무한 반복문을 사용할 때는 반드시 반복문을 벗어날 수 있는 방법을 정의해야 합니다. 이번 예제에서는 사용자가 정답을 입력했을 때 반복문을 벗어나게 하면 될 것입니다. 이때는 break 구문을 사용합니다. break 구문은 자신을 감싸고 있는 가장 인접한 반복문을 벗어날 때 활용하는 구문입니다.

input 함수는 항상 문자열을 리턴합니다. 이는 숫자를 입력해도 문자열이 리턴된다는 의미이므로, 사용자가 입력한 문자열을 정수 숫자로 변환해서 사용해야 합니다. 파이썬은 변환하고 싶은 자료형의 이름을 가진 함수로 자료형을 변환할 수 있습니다. 예를 들어 int('5')는 숫자 5를 리턴하며, str(5)는 문자열

'5'를 리턴합니다. 이외의 복잡한 자료형도 list('abc')와 dict([('a', 1), ('b', 2), ('c', 3)])처럼 변환할 수 있습니다.

파이썬은 <와 >로 서로 다른 자료형을 비교할 수 없습니다. 따라서 자료형 변환 없이 사용자가 입력한 문자열과 숫자를 비교하면 프로그램에서 오류가 발생해 종료됩니다.

마지막으로 이번 예제와 책의 남은 부분에서는 문자열에 어떤 변수를 삽입할 때 f-문자열을 많이 활용합니다. f-문자열과 관련한 자세한 내용은 이후에 자세하게 설명하겠습니다.

walrus 연산자(바다사자 연산자)

다른 프로그래밍 언어를 사용하다가 파이썬을 공부하는 사람은 사용자로부터 입력받고, while 반복문을 벗어나는 코드를 다음과 같이 작성하려 합니다. 이는 대부분의 프로그래밍 언어에서 널리 활용하는 형태의 코드입니다.

```
while s = input('Enter thoughts:'):
    print(f'Your thoughts are: {s}')
```

이 코드는 사용자로부터 입력받고, 이를 s에 넣는 것을 while 반복문의 조건식에 활용하고 있습니다. 따라서 s가 불(Boolean)로 변환되어서 비교됩니다. 빈 문자열이 입력될 경우, s가 False로 변환되어서 반복문을 벗어납니다.

하지만 이 코드에는 중요한 문제가 있습니다. 파이썬에서는 이러한 코드가 동작하지 않는다는 것입니다. 이는 파이썬의 할당 구문이 표현식이 아니기 때문에 발생하는 일입니다. 파이썬의 할당 구문은 어떠한 값도 만들어내지 않습니다. 따라서 반복문의 조건식 부분에 사용할 수 없습니다.

하지만 이러한 코드는 굉장히 편리하므로, 파이썬 3.8버전부터는 이러한 코드를 사용할 수 있게 :=라는 새로운 할당 연산자가 추가되었습니다. 정식 명칭은 '할당 표현식 연산자(assignment expression operator)'이지만, 일반적으로 :=라는 모습이 바다사자와 비슷하게 생겼다고 해서 'warlus 연산자'(warlus는 바다사자라는 의미입니다)라고 부릅니다. 이 연산자는 처음 도입될 때 굉장히 많은 논란을 불러일으켰습니다. 언어에 불필요한 복잡성을 만들고, 잠재적인 버그의 가능성을 만들었다는 이유 때문입니다.

계속

어쨌거나 파이썬 3.8버전에서는 다음과 같은 코드를 활용할 수 있습니다.

```
while s := input('Enter thoughts:'):
    print(f'Your thoughts are: {s}')
```

참고로 walrus 연산자와 관련한 논란, 그리고 walrus 연산자가 도입된 이유인 walrus 연산자의 장점 등을 자세하게 알고 싶다면 파이콘 2019에서 Dustin Ingram이 발표한 내용(http://mng.bz/nPxv)을 살펴보기 바랍니다.

이 연산자와 관련한 자세한 내용은 PEP 572 문서(https://www.python.org/dev/peps/pep-0572)를 참고해주세요.

1.2.2 해답[1]

```
import random

def guessing_game():
    answer = random.randint(0, 100)

    while True:
        user_guess = int(input('What is your guess? '))
        if user_guess == answer:
            print(f'Right! The answer is {user_guess}')
            break
        if user_guess < answer:
            print(f'Your guess of {user_guess} is too low!')
        else:
            print(f'Your guess of {user_guess} is too high!')

guessing_game()
```

이 예제는 http://mng.bz/vx1q에서 확인할 수 있습니다.

1 역주 책에서 설명하고 있는 예제 코드는 개념 이해용이라 출력이 나오도록 제공되는 실제 예제 파일과는 조금 다른 부분이 있습니다. 기본 형태는 동일합니다. 해답 아래의 Python Tutor 링크에서 코드 동작 원리를 파악한 후 제공되는 예제 파일을 실행해보세요.

Note ≡ 단순히 학습하기 위한 예제이므로, 사용자가 항상 정수로 변환할 수 있는 유효한 값을 입력할 것이라고 가정하고, 예외 처리를 따로 하지 않겠습니다. `int` 함수는 숫자로 변환할 수 있는 매개변수를 받으므로, 숫자가 아닌 일반 글자가 포함된 문자열을 매개변수로 받으면 `ValueError` 예외를 발생시킵니다. (1) `str.isdigit` 메서드(http://mng.bz/oPVN)로 입력이 숫자인지 확인하고 대처할 수도 있고, (2) `try except` 구문을 활용해서 대처할 수도 있습니다. 만약 단순한 재미로 코드를 더 작성하고 싶다면 이러한 예외 처리를 해보기 바랍니다.

Python Tutor를 활용해서 코드 실행 분석하기

이 책에는 Python Tutor(http://mng.bz/2XJX)에서 찍은 스크린샷이 굉장히 많이 수록되어 있습니다. Python Tutor는 파이썬을 가르치고 배울 때 굉장히 좋은 사이트라서, 필자가 오프라인 강의할 때도 유용하게 활용하고 있습니다. 이 사이트에 파이썬 코드를 입력하고 실행하면 코드가 어떻게 실행되는지 단계적으로 볼 수 있습니다. 이 책의 파이썬 코드 대부분은 Python Tutor 링크를 제공하므로, 따로 코드를 직접 입력하지 않고 URL만 입력해도 코드의 실행 결과를 확인할 수 있습니다. Python Tutor에서 전역 변수(함수와 클래스 포함)는 Global frame이라고 써 있는 곳에 출력됩니다. 참고로 전역 변수는 함수 밖에 선언한 변수를 의미합니다. 함수 내부에 만든 모든 지역 변수는 함수를 나타내는 색칠된 지역 내부에 출력됩니다. 정수, 문자열과 같은 간단한 자료 구조는 변수 옆에 곧바로 값이 보입니다. 반면 리스트, 튜플, 딕셔너리와 같은 조금 복잡한 자료 구조는 시각화된 형식으로 보입니다.

1.2.3 조금 더 나아가기

`input` 함수는 입력을 문자열로만 리턴합니다. 따라서 이를 숫자 등의 다른 자료형으로 활용하고 싶다면 적절한 처리로 자료형을 변환해야 합니다. 그럼 이러한 내용을 연습해볼 수 있는 예제를 몇 가지 더 소개하겠습니다.

- 이번 프로그램을 수정해서, 사용자가 숫자를 예측해볼 기회를 3번까지로 제한해보세요. 만약 사용자가 3번의 기회 동안 답을 맞히지 못했다면 사용자가 맞히지 못했다고 알려주고 프로그램을 종료해주세요.

- 숫자 맞히기가 아니라 단어(문자열) 맞히기로 예제를 수정해보세요. 사전 순서로 정렬된 단어 리스트를 미리 만들고, 이를 사용자에게 보여주세요. 그리고 이 중에서 하나를 맞히라고 물어보기 바랍니다. 사용자가 어떤 단어를 예측하면 답이 사전 순서에서 더 앞에 있는지 또는 뒤에 있는지 알려주기 바랍니다.

f-문자열

이번 예제를 직접 풀었다면 "You guessed 5"와 같은 문자열을 출력하기 위해서 문자열과 숫자를 조합하는 코드를 사용했을 것입니다. 파이썬에 익숙하지 않은 독자는 문제를 풀다가 + 연산자로 문자열과 숫자를 결합할 수 없다는 사실을 깨달았을 것입니다. 그렇다면 어떻게 숫자와 문자열을 결합해서 출력할 수 있을까요?

이러한 문제는 오랫동안 다른 프로그래밍 언어에서 파이썬으로 넘어오는 사람에게 큰 벽으로 작용했습니다. 파이썬 2.X버전에서는 다음과 같은 방법을 사용하기도 했습니다.

```
'Hello, %s' % 'world'
```

C 언어 개발자는 이미 printf 함수 등을 많이 사용하며 익숙했기 때문에 이러한 방식을 좋아했지만, 대부분의 다른 개발자는 이러한 방식을 어려워했습니다. 일단 %라는 기호 자체가 새로운 개발자에게 익숙하지 않았으며, 2개 이상의 값을 삽입하려면 괄호를 사용해야 했고, 값을 반복해서 출력하기 힘들었습니다.

그래서 str.format이라는 메서드가 등장하며, 이러한 문제를 개선했습니다.

```
'Hello, {0}'.format('world')
```

필자는 str.format을 굉장히 좋아하지만, 개발을 처음 하는 사람에게는 코드가 길어서 약간 사용하기 힘든 측면이 있습니다. 또한, 값이 들어가는 위치는 왼쪽에서 지정하고, 실제 값은 오른쪽에서 지정하므로 코드를 보기 힘듭니다. {} 내부에 들어가는 문법은 파이썬에서만 사용하는 특이한 형태의 문법이었기 때문에 많은 사람에게 새로운 문법을 공부하고 기억하게 강요했습니다.

파이썬 3.6버전에서 이 문제를 해결하기 위해서 f-문자열이라는 기능이 추가되었습니다. 펄, PHP, 루비, 유닉스 셸 등의 프로그래밍에서 오랫동안 사용되어 온 문자열과 같은 문법입니다. f-문자열은 str.format과 비슷한 형태로 사용하지만, 값을 {} 내부에 곧바로 삽입할 수 있다는 점에서 큰 차이가 있습니다.

계속

```
name = 'world'
f'Hello, {name}'
```

이전 코드보다 훨씬 개선되었다는 느낌이 들 수 있습니다. { } 내부에는 표현식을 넣을 수 있으며, 표현식은 평가가 이루어진 뒤에 문자열에 포함됩니다.

```
name = 'world'
x = 100
y = 'abcd'
f'x * 2 = {x*2}, and y.capitalize() is {y.capitalize()}'
```

또한, { } 내부에 :을 넣어서, 자료를 원하는 형태로 포매팅해서 출력할 수도 있습니다.

예를 들어 문자열이 10칸의 공간을 갖고, 왼쪽 또는 오른쪽에 정렬하게 출력하고 싶다면 #을 다음과 같이 활용합니다.

```
name = 'world'
first = 'Reuven'
last = 'Lerner'
    f'Hello, {first:#<10} {last:#>10}'
```

#<10은 10개 영역을 잡고, 왼쪽에 문자열을 정렬하라는 의미입니다. 이때 문자열이 차지하지 않는 부분은 # 기호로 채워집니다. #>10은 나머지 의미는 모두 같고, 정렬만 오른쪽 정렬합니다.

필자는 최근 파이썬에 추가된 기능 중에 f-문자열이 가장 마음에 듭니다. 독자분도 적극적으로 사용해보면 좋을 것 같습니다.

f-문자열과 관련한 내용을 더 알고 싶다면 다음을 참고해보기 바랍니다.

- 파이썬에서 문자열 형식을 지정할 때 사용할 수 있는 여러 가지를 비교한 글입니다: http://mng.bz/Qygm
- f-문자열에 대한 설명과 활용 예를 자세하게 설명한 글입니다: http://mng.bz/XPAY
- f-문자열을 설명하는 PEP 문서입니다: http://mng.bz/1z6Z

f-문자열을 활용할 수 없는 버전의 파이썬을 사용하고 있다면 `str.format`을 사용하기 바랍니다. `str.format`은 메서드이므로 호출해야 하고, 매개변수로 출력하고 싶은 대상을 전달해야 한다는 것만 제외하면 f-문자열과 거의 비슷하게 활용할 수 있습니다(유연성이 약간 떨어지기는 합니다).

1.3 EXERCISE 02. 숫자 더하기

PYTHON

필자는 학생들에게 문제를 낼 때 파이썬 또는 유닉스 내부에 이미 있는 기능들을 다시 구현해보라고 하는 편입니다. 이번 예제도 마찬가지입니다. 파이썬 내부에서 기본적으로 제공하는 sum 함수(http://mng.bz/MdW2)를 구현해보세요. 이 함수는 숫자 시퀀스[2]를 받고, 내부에 있는 숫자들의 합을 계산한 뒤 리턴합니다. 예를 들어 `sum([1,2,3])`을 입력하면 결과로 6이 나옵니다.

이번 예제는 sum 함수와 비슷한 기능을 가진 mysum 함수를 구현하는 것입니다. 다만 매개변수로 시퀀스 하나를 받지 말고, 여러 개의 숫자를 받게 만들어주세요. 예를 들어 `sum([1,2,3])`이 아니라 `mysum(1,2,3)` 또는 `mysum(10,20,30,40,50)`처럼 매개변수를 여러 개 입력할 수 있게 해주세요. 참고로 원래 sum 함수는 두 번째 매개변수를 받을 수 있지만, 이와 관련한 내용은 생략하겠습니다.

Note ≡ 당연하지만 이번 예제를 구현할 때 sum 함수를 사용하면 안 됩니다(필자가 교육할 때 정말 많은 학생이 이런 형태로 구현하거나, 이렇게 구현하면 안 되는지 묻습니다).

이번 예제에서 중요한 점은 숫자가 아니라 함수의 설계입니다. 매개변수를 어떻게 해야 할지 중점적으로 생각해보기 바랍니다.

Tip 만약 이번 예제를 어떻게 풀어야 할지 전혀 모르겠다면 http://mng.bz/aR4J에서 전개 연산자(*)를 참고해보기 바랍니다.

---

2 역주 시퀀스란 리스트처럼 순서를 갖고, 인덱스로 요소를 추출할 수 있는 객체를 의미합니다.

1.3.1 풀어보기

이번 예제의 mysum 함수는 전개 연산자를 활용하는 간단한 예제입니다. 전개 연산자(splat operator)는 함수의 매개변수를 원하는 만큼 받아서 활용할 수 있게 해주는 연산자입니다. 매개변수를 *numbers로 입력하면 함수 내부에서 numbers를 활용해서 모든 매개변수가 들어 있는 튜플을 사용할 수 있습니다.

참고로 매개변수를 전혀 입력하지 않는 경우에도 numbers는 튜플입니다. 내용이 비어 있는 튜플일 뿐입니다.

전개 연산자는 가변 매개변수 함수를 만들 때 활용합니다. 파이썬은 매개변수의 자료형을 강제하지 않으므로, 여러 종류의 매개변수를 전달할 수 있습니다. 하지만 일반적으로 이러한 가변 매개변수 함수는 매개변수로 같은 자료형의 매개변수가 여러 개 전달될 것이라 가정합니다. 필자의 경험으로 보았을 때, 대부분 튜플(numbers)을 기반으로 반복문을 활용하거나 리스트 내포를 활용해서 코드를 작성했을 것입니다.

Note 일반적으로 전개 연산자를 활용해서 함수를 만들 때는 숫자를 직접 지정해서 특정 위치의 요소를 추출하지 않습니다. 특정 위치의 요소를 개별적으로 사용해야 하는 경우에는 키워드 매개변수를 사용하는 것이 좋습니다.

모든 매개변수가 숫자로 들어온다면 간단하게 output이라는 이름의 지역 변수를 0으로 초기화해서 만들고, 반복문을 돌려서 각각의 숫자를 더해주면 될 것입니다.

물론 이렇게 만든 mysum 함수를 사용하지는 않겠지만, *args 등 전개 연산자를 활용해서 만드는 가변 매개변수 함수는 많이 사용하므로 기억해두기 바랍니다.

1.3.2 해답

```
def mysum(*numbers):
    output = 0
    for number in numbers:
        output += number
    return output

print(mysum(10, 20, 30, 40))
```

이 예제는 http://mng.bz/nPQg에서 확인할 수 있습니다.

이터러블을 매개변수로 전개하기

[1,2,3]과 같은 리스트 형태로 자료를 갖고 있다면 mysum 함수의 매개변수로 어떻게 전달해야, 이러한 리스트 내부의 숫자를 더할 수 있을까요? 단순하게 mysum([1,2,3])으로 호출하면 *numbers로 ([1,2,3],) 형태의 튜플이 전달될 뿐입니다.

따라서 0에 각각의 요소를 더하는 형태로 코드를 구성했다면 0에 [1,2,3]을 더하게 되어서 TypeError 예외가 발생할 것입니다. 파이썬에서는 리스트와 숫자를 더할 수 없기 때문입니다.

결론부터 말하자면 리스트를 매개변수로 넣을 때 앞에 * 연산자를 붙여주면 됩니다. 예를 들어 mysum(*[1,2,3]) 형태로 호출하면 리스트 내부의 요소들이 마치 mysum(1,2,3) 형태로 각각 매개변수로 들어갑니다.

이터러블 객체의 요소 하나하나를 함수의 매개변수로 전달해야 하는 경우에 굉장히 많이 사용하는 코드이므로, 꼭 기억하기 바랍니다.

1.3.3 조금 더 나아가기

이 코드의 mysum 함수처럼 리스트 또는 튜플의 요소를 반복하고, 어떤 연산을 적용하는 코드는 굉장히 많이 활용합니다. 추가 예제를 몇 가지 소개하겠습니다.

- 기본적으로 파이썬에 내장된 sum 함수는 두 번째 매개변수를 갖습니다. 두 번째 매개변수는 어떤 숫자부터 값을 더할지 지정합니다(그래서 sum 함수는 우리가 만든 mysum 함수와 다르게 첫 번째 매개변수로 리스트를 받는 것입니다). 표현이 약간 어려운데요. sum([1,2,3], 4)는 10을 리턴합니다. 1+2+3=6이며, 4부터 더하므로 4+6=10이 되는 것입니다. mysum 함수에 이러한 기능을 추가해보세요. 두 번째 매개변수를 지정하지 않으면 0부터 더하게 만듭니다. 참고로 이번 예제에서 만든 mysum(*args) 뒤에 매개변수를 추가하는 형태로 작성하지 말고, 기본적인 sum 함수처럼 첫 번째 매개변수로 리스트를 받고, 두 번째 매개변수로 어떤 숫자부터 더할지를 지정하게 만들어주세요.
- 매개변수로 숫자 리스트를 받고, 숫자의 평균을 계산하는 함수를 만들어보세요.
- 단어(문자열)로 구성된 리스트를 매개변수로 받고, (가장_짧은_단어_길이, 가장_긴_단어_길이, 단어_길이의_평균) 형태의 튜플을 리턴하는 함수를 만들어보세요.
- 매개변수로 여러 자료형으로 구성된 리스트를 받고, 그 값을 더해서 리턴하는 함수를 만들어보세요. 숫자 또는 숫자로 변환해서 더할 수 있는 것들만 더하고, 나머지는 무시하면 됩니다.

PYTHON

1.4 EXERCISE 03. 달린 시간 계산하기

시스템 관리자는 사용자의 입력 또는 파일을 기반으로 리포트를 만드는 작업 등 굉장히 다양한 업무에 파이썬을 활용합니다. 특정 오류 메시지가 얼마나 자주 일어나는지 확인하는 경우, 최근 어떤 IP 주소에서 많이 접근하는지, 어떤 사용자가 비밀번호를 많이 틀리는지 확인하는 등 다양한 경우에 파이썬을 활용합니다. 따라서 시간에 따라 어떻게 정보를 계속 누적하고, 기본적인 리포트를 만들어낼 수 있는지 아는 것이 중요합니다. 그리고 이러한 정보를 다룰 때 부동소수점(실수)을 어떻게 다룰 것인지, 부동소수점은 정수와 어떤 차이가 있는지 아는 것도 중요합니다.

어떤 사람이 매일 10km를 뛰고, 그 시간을 기록하고 있다고 가정합니다. 이번 예제에서는 이 사람을 위해서 지금까지 얼마나 뛰었고, 평균 속도가 어떻게 되는지 알려주는 프로그램을 만듭니다.

`run_timing`이라는 이름의 함수를 만들어주세요. 이 함수는 10km를 뛰는 데 시간이 얼마나 걸렸는지, 아무것도 입력하지 않고 단순하게 엔터 키만 입력할 때까지 계속해서 묻습니다. 사용자가 아무것도 입력하지 않고 엔터 키만 입력하면, 10km를 달리는 데 걸린 평균 시간을 출력하고 프로그램을 종료합니다.

예를 들어 3개의 자료를 입력받아서 결과를 출력하는 경우, 다음과 같이 실행됩니다.

```
Enter 10 km run time: 15
Enter 10 km run time: 20
Enter 10 km run time: 10
Enter 10 km run time: <enter>

Average of 15.0, over 3 runs
```

참고로 모든 숫자 입력과 출력은 부동소수점(실수)으로 처리합니다. 이번 예제를 통해서 입력을 적절한 자료형으로 변환하는 방법, 시간에 따라서 정보를 추적하는 방법을 이해할 수 있을 것입니다. 개발을 하면서 달린 시간과 거리를 추적하는 상황은 많지 않겠지만, 이처럼 시간에 따라서 자료를 누적하고 처리하는 상황은 많을 것입니다. 이를 파이썬으로 어떻게 하는지 살펴봅시다.

1.4.1 풀어보기

이전에 사용자로부터 숫자를 입력받아 처리하는 프로그램을 만들어보았습니다. 이번 예제는 숫자뿐만 아니라 빈 문자열을 받아서 처리해야 합니다.

빈 문자열과 숫자 0은 if 조건문의 조건식에 넣었을 때 False로 변환됩니다. 따라서 다음과 같이 문자열 또는 숫자 입력을 if 조건문의 조건식에 직접 사용하는 경우가 많습니다. 이후의 코드에서도 이러한 형태를 사용하겠습니다.

```
if not one_run:
    break
```

참고로 문자열 입력을 다음과 같이 구분하고자 하는 독자도 있을 것입니다.

```
if len(one_run) == 0:
    break
```

물론 이런 코드는 작동하지만, 일반적으로 파이썬 개발자가 볼 때 파이썬스럽지 않은 코드라고 할 수 있습니다. 파이썬 개발자는 이전 코드처럼 not을 변수 앞에 사용해서 문자열이 빈 문자열인지 확인하는 코드를 더 많이 사용합니다. 따라서 앞의 코드가 더 파이썬스럽고, 파이썬 개발자가 읽기 더 쉽습니다.

참고로 일반적으로 사용자에게 입력받고, float 함수(http://mng.bz/gyYR)를 호출하는 경우에는 사용자가 유효하지 않은 값을 입력할 경우에 대비해서 try 구문(http://mng.bz/5aY1)을 함께 사용합니다.

```
try:
    n = float(input('Enter a number: '))
    print(f'n = {n}')
except ValueError as e:
    print('Hey! That's not a valid number!')
```

또한, 부동소수점 계산은 정확하지 않다는 것도 기억해주세요. 이번 예제처럼 단순하게 달리는 시간을 계산하는 경우에는 소수점 하나하나까지 정확할 필요가 없으므로 문제없지만, 과학 또는 경제 분야에서 계산할 때는 문제가 될 수 있으므로 주의해주세요.

부동소수점 계산이 정확하지 않다는 것이 무슨 의미인지 잘 모르겠다면 파이썬 인터랙티브 셸에 0.1 + 0.2를 입력해보세요. 신기한 결과를 볼 수 있을 것입니다. 참고로 프로그래밍 언어에 따라서 이 결과에 약간씩 차이가 있습니다. 여러 프로그래밍 언어에서 0.1 + 0.2의 결과가 어떻게 나오는지 정리해서 확인하고 싶다면 http://mng.bz/6QGD를 참고해보기 바랍니다.

계산을 정확하게 하기 위해서는 정수 계산을 하는 것이 좋습니다. 소수점 개수만큼 곱해서 소수점을 제거하고 정수 계산을 한 뒤, 소수점을 다시 붙여서 출력하는 코드를 활용하면 정확하게 계산할 수 있습니다.

f-문자열로 소수점 형식 지정하기

파이썬에서 부동소수점을 출력할 때는 f-문자열을 사용하는 것이 좋습니다. 기본적으로 파이썬은 부동소수점 계산이 정확하지 않아서, 0.1 + 0.7을 하면 0.79999… 등의 값이 나옵니다.

```
>>> s = 0.1 + 0.7
>>> print(s)
0.7999999999999999
```

하지만 일반적으로 이런 결과를 원하지는 않을 것입니다. 따라서 f-문자열로 감싸고 소수점 출력을 제한해서 활용하는 것이 좋습니다.

```
>>> s = 0.1 + 0.7
>>> print(f'{s:.2f}')
0.80
```

계속

이 코드에서 f'{s:.2f}'는 s에 들어 있는 값을 소수점 둘째 자리(.2)까지 부동소수점(f)으로 출력하겠다는 의미입니다. 이 이외에 추가적인 문자열 형식 지정 기호들은 이번 장의 가장 앞에서 본 표 1-1의 문서 링크를 참고하기 바랍니다.

1.4.2 해답

```
def run_timing():
    """사용자에게 숫자 입력을 여러 개 받고, 그 평균을 출력합니다."""

    number_of_runs = 0
    total_time = 0

    while True:
        one_run = input('Enter 10 km run time: ')

        if not one_run:
            break

        number_of_runs += 1
        total_time += float(one_run)

    average_time = total_time / number_of_runs

    print(f'Average of {average_time}, over {number_of_runs} runs')

run_timing()
```

무한 반복문을 사용했습니다. 무한 반복문은 반드시 내부에 break 구문이 포함되어 있어야 무한 반복문을 벗어날 수 있습니다. 일반적으로 무한 반복문을 사용하는 것은 좋지 않지만, 이와 같이 몇 개의 입력이 들어올지 모르는 상황에는 사용해도 괜찮습니다.

one_run이 빈 문자열이라면 반복을 중단합니다.

이 예제는 http://mng.bz/4A1g에서 확인할 수 있습니다.

1.4.3 조금 더 나아가기

부동소수점은 소수점을 가진 숫자를 표현하기 위해서 반드시 필요하지만, 정확한 계산이 이루어지지는 않는다는 잠재적인 위협을 갖고 있습니다. 따라서 부동소수점은 상황에 맞게 사용해야 합니다. 그럼 부동소수점을 사용할 수 있는 몇 가지 예제를 더 소개하겠습니다.

- 부동소수점 1개와 정수 2개(before와 after)를 매개변수로 받고 before만큼 부동소수점의 정수 부분, after만큼 소수점 아래 부분을 추출해서 출력하는 함수를 작성해주세요. 예를 들어 1234.5678, 2, 3을 매개변수로 전달했다면 34.567을 리턴하면 됩니다.
- 부동소수점 계산을 정확하게 할 수 있는 Decimal 클래스(http://mng.bz/oPVr)를 확인해보고, 사용자로부터 부동소수점 형식의 문자열 2개를 입력받고, Decimal 클래스의 인스턴스로 변환한 뒤, 둘을 더해서 출력하는 프로그램을 작성해주세요. 즉, 0.1 + 0.2를 했을 때, 정확하게 0.3을 출력하는 함수를 만들어보세요.

1.5 EXERCISE 04. 16진수 출력하기

PYTHON

파이썬의 내장 자료 구조 대부분은 이터러블(iterable)[3]이므로, 반복문과 함께 쉽게 사용할 수 있습니다. 하지만 반복은 앞쪽부터 뒤쪽으로 차근차근 이루어지며, 반복문에서 현재 반복이 몇 번째인지 알 수 있는 인덱스를 제공하지 않습니다.

이번 예제에서는 파이썬의 `reversed`와 `enumerate` 함수를 활용해서, 반복을 뒤에서 앞으로 해보고, 현재 반복이 몇 번째 반복인지 알 수 있는 인덱스를 확인하는 방법에 대해 알아보겠습니다.

컴퓨터 과학의 세계에서 16진수는 굉장히 널리 사용됩니다. 물론 로우 레벨을 다루는 개발자는 매일매일 16진수를 사용하지만, 고급 언어를 기반으로 웹 개발을 하는 개발자는 16진수를 거의 사용하지 않습니다.

필자도 현재 일반 업무에서는 16진수를 거의 사용하지 않습니다. 또한, 필요한 경우에도 단순하게 `hex` 함수(http://mng.bz/nPxg)와 `0x` 접두사를 활용합니다. `hex` 함수는 문자열을 입력받고, 16진수 문자열을 리턴합니다. 그리고 `0x` 접두사는 16진수를 표현할 수 있는 방법입니다. 예를 들어 `hex(80)`은 문자열 `'0x50'`을 리턴하며, `0x50`이라고 입력하면 정수 80이 들어갑니다.

이번 예제에서는 16진수를 입력받고, 10진수로 변환해서 리턴하는 `hex_output` 함수를 만듭니다. 예를 들어 사용자가 50을 입력하면 이것을 16진수(0x50)로 보고, 10진수로 변환한 80을 리턴하면 됩니다. 이때 `int` 함수로 한꺼번에 숫자

3 역주 이터러블이란 '반복할 수 있는 대상'을 의미합니다. 문자열, 리스트, 튜플, 딕셔너리, 세트와 같은 자료 구조 모두 반복할 수 있으므로 이터러블입니다.

를 바꾸지 말아주세요. int 함수로 한 번에 한 자리의 숫자만 변환하기 바랍니다(공부를 위한 예제니까요).

이번 예제는 수학적인 기술을 물어보는 것이 아닙니다. 16진수는 hex 함수로 간단하게 구할 수 있으며, 대부분은 일반 업무에서 16진수를 사용하지 않습니다. 이번 예제는 문자열과 같은 시퀀스를 반복할 수 있다는 사실과 자료형 변환을 공부하는 예제입니다. 처음부터 하나하나 다 만드는 것이 아니며, 파이썬이 기본적으로 제공하는 함수들을 조합해서 예제를 해결하면 됩니다.

Tip 파이썬은 **이라는 제곱 연산자를 제공합니다. 예를 들어 2**3의 결과는 8입니다.

1.5.1 풀어보기

파이썬의 문자열은 시퀀스이므로, for 반복문(http://mng.bz/vxOJ)을 활용해서 글자 하나하나 반복할 수 있습니다. 하지만 파이썬의 for 반복문은 C 언어 등 다른 프로그래밍 언어의 반복문과 다르게, 기본적으로 현재 반복하고 있는 횟수(현재 대상의 인덱스)를 알 수 없습니다.

만약 현재 반복하고 있는 횟수(또는 인덱스)를 알고 싶다면 enumerate 함수(http://mng.bz/qM1K)를 사용해야 합니다. 이 함수와 파이썬의 다중 할당(multiple-assignment, unpacking) 기능을 활용하면 반복문으로 반복할 때 현재 인덱스와 요소를 함께 알아낼 수 있습니다.

예를 들어 다음 코드는 enumerate를 사용해서 'abcd'라는 문자열 내부에 있는 글자들의 인덱스와 글자 자체를 하나하나 출력합니다.

```
for index, one_letter in enumerate('abcd'):
    print(f'{index}: {one_letter}')
```

Note ☰ 대부분의 프로그래밍 언어는 숫자를 기반으로 반복문을 적용하며, 이러한 숫자(인덱스)를 활용해서 시퀀스 내부의 요소를 추출해서 활용합니다. 하지만 파이썬의 반복문은 시퀀스를 기반으로 적용하며, 곧바로 요소를 추출해서 활용하게 됩니다. 따라서 인덱스도 알아낼 수 있게 별도로 enumerate 함수를 제공하는 것입니다. 다른 프로그래밍 언어와 비교해서 인덱스와 요소를 반대 방식으로 사용하고 있다고 할 수 있습니다.

또한, 이번 예제를 해결하려면 reversed 함수(http://mng.bz/7XYx)를 사용해서 마지막 숫자부터 첫 번째 숫자까지 반복해야 합니다. reversed 함수로 문자열의 내용을 반대로 뒤집어서 새로운 문자열을 만들 수 있습니다. 물론 hexnum[::-1]과 같은 코드를 활용해서도 문자열의 내용을 반대로 뒤집을 수 있습니다. 하지만 hexnum[::-1]은 새로운 문자열을 만들어내므로, 메모리 공간을 많이 차지합니다. 반면 reversed 함수의 경우, 정확하게는 이터레이터를 리턴하므로 메모리 공간을 더 적게 차지한다는 장점이 있습니다.

이번 예제를 풀려면 정수가 들어 있는 문자열을 입력받고, 각각의 숫자를 10진수 숫자로 변경할 수 있어야 합니다. 이때는 int 함수(http://mng.bz/4Ava)를 사용합니다. int 함수는 새로운 int 클래스 또는 자료형을 만들어내는 함수라고 생각하면 됩니다. 이러한 int 함수는 2개의 매개변수를 받을 수 있습니다. 첫 번째 매개변수는 필수 매개변수이며, 정수로 변환할 문자열을 입력합니다. 두 번째 매개변수는 옵션 매개변수[4]이며, 숫자의 진법을 입력합니다. 이번 예제에서는 16진수로 변환해야 하므로, 두 번째 매개변수로 16을 전달하면 됩니다.

---

4 역주 옵션 매개변수란 입력해도 되고, 입력하지 않아도 되는 매개변수를 의미합니다.

1.5.2 해답

```python
def hex_output():
    decnum = 0
    hexnum = input('Enter a hex number to convert: ')
    for power, digit in enumerate(reversed(hexnum)):
        decnum += int(digit, 16) * (16 ** power)
    print(decnum)

hex_output()
```

reversed 함수는 어떤 이터러블의 내용을 기반으로 이를 뒤집은 이터레이터를 리턴합니다. 여기에 곧바로 enumerate 함수를 적용해서, 반대로 뒤집힌 문자열의 인덱스와 문자를 power와 digit이라는 이름으로 추출합니다.

파이썬의 ** 연산자를 활용해서 제곱했습니다.

이 예제는 http://mng.bz/Qy8e에서 확인할 수 있습니다.

1.5.3 조금 더 나아가기

파이썬으로 개발한다면 반드시 반복문과 함께 활용할 수 있는 함수를 기억해두는 것이 좋습니다. 반복문과 enumerate와 같은 함수들을 함께 조합해서 활용하면 코드를 짧고 유지보수하기 쉽게 만들 수 있습니다.

- 이번 예제의 내용을 int 함수가 아니라 ord와 chr 함수를 활용해서 다시 구현해보기 바랍니다. ord와 chr 함수를 활용하면 문자열과 유니코드 숫자를 서로 변환할 수 있습니다.
- 사용자에게 이름을 물어보고, 이름을 기반으로 '이름 삼각형'을 만들어보세요. '윤인성'이라는 이름이라면 첫 번째 줄에 '윤', 두 번째 줄에 '윤인', 세 번째 줄에 '윤인성'이라고 출력하면 됩니다.

PYTHON 1

1.6 정리

숫자를 사용하지 않고 파이썬으로 프로그램을 작성하는 것은 불가능에 가깝습니다. 숫자는 문자열, 리스트, 튜플에서 인덱스로 사용하기도 합니다. 또한, 로그 파일에서 특정 IP 주소가 몇 번 등장하는지 확인할 때 사용하기도 합니다. 이외에도 은행 이율과 은행 대출금 계산 등 수많은 상황에 숫자를 사용합니다.

숫자를 사용할 때는 파이썬이 자료형에 엄격하다는 것을 기억해주세요. 예를 들어 숫자와 문자열은 완전히 다른 자료형이므로, 더할 수 없습니다. 숫자를 문자열로 바꾸고 싶다면 `str` 함수, 문자열을 정수로 바꾸고 싶다면 `int` 함수, 문자열을 부동소수점으로 바꾸고 싶다면 `float` 함수를 사용합니다.

이번 장에서는 숫자를 활용할 수 있는 여러 상황을 살펴보았습니다. 물론 이번 장에서 살펴본 예제처럼 숫자만을 사용해서 프로그램을 작성하는 경우는 거의 없을 것입니다. 하지만 이번 장의 예제들을 통해서 숫자가 어떠한 형태로 파이썬의 생태계에 적용되는지 알 수 있었다면 좋은 공부가 되었을 것입니다.

2장

문자열

파이썬에서 텍스트를 처리할 때는 문자열(string)을 사용합니다. 단어, 문장, 문단, 문서 전체 모두 문자열을 활용해서 처리합니다. 우리가 현실에서 얼마나 많은 텍스트를 활용하는지 알고 있다면 파이썬에서도 문자열을 많이 사용한다는 것을 당연히 이해할 수 있을 것입니다.

문자열에 대해서는 두 가지 내용을 잘 이해하고 있어야 합니다.

1. 문자열은 이뮤터블(immutable)[1]이다.
2. UTF-8 인코딩을 사용한다.

이 두 내용은 이번 장의 본문에서 자세하게 알아보겠습니다.

파이썬에는 문자 하나(character)를 나타내는 자료형이 없습니다. 문자 하나도 문자열을 활용해서 처리해야 합니다.

파이썬의 문자열은 굉장히 재미있으면서도 유용합니다. 파이썬에서 문자열은 단순한 텍스트가 아니라 시퀀스이기도 합니다. 따라서 반복문에 활용할 수 있으며(문자 하나하나 반복 처리됩니다), 인덱스를 활용해서 특정 위치의 문자를 추출할 수도 있습니다.

이번 장에서는 문자열을 활용할 때 도움이 될 다양한 내용을 배웁니다. 문자열을 잘 사용할 수 있다면 텍스트 처리를 쉽게 할 수 있을 것입니다.

1 역주 이뮤터블은 변경할 수 없다는 의미입니다. 이뮤터블은 이번 장의 본문에서 자세하게 설명합니다.

2.1 유용한 참고 자료

PYTHON

✔ 표 2-1 이 장에서 다루는 내용

개념	설명	예시	참고 자료
in	시퀀스 내부에 요소가 있는지 확인할 때 사용하는 연산자입니다.	'a' in 'abcd'	http://mng.bz/yy2G
슬라이싱	시퀀스를 기반으로 서브시퀀스를 만들 때 사용하는 문법입니다.	# 'bdf'를 리턴합니다. 'abcdefg'[1:7:2]	http://mng.bz/MdW7
str.split	특정 문자로 문자열을 잘라서, 리스트를 리턴합니다.	# returns ['abc', 'def', 'ghi']를 리턴합니다. 'abc def ghi'.split()	http://mng.bz/aR4z
str.join	특정 문자를 사이에 넣어서 매개변수를 결합해 새로운 문자열을 만듭니다.	# 'abc*def*ghi'를 리턴합니다. '*'.join(['abc', 'def', 'ghi'])	http://mng.bz/gyYl
list.append	리스트에 새로운 요소를 추가합니다.	mylist.append('hello')	http://mng.bz/aR7z
sorted	시퀀스를 정렬해서, 정렬된 리스트를 리턴합니다.	# [10, 20, 30]을 리턴합니다. sorted([10, 30, 20])	http://mng.bz/pBEG
반복문과 파일 함께 사용하기	파일의 내용을 한 줄씩 읽어서 처리할 수 있게 해줍니다.	for one_line in open(filename):	http://mng.bz/OMAn

PYTHON

2.2 EXERCISE 05. 피그 라틴 단어 만들기

피그 라틴(https://ko.wikipedia.org/wiki/피그_라틴)은 영어권 국가의 어린이들이 사용하는 비밀 언어입니다(아마도 비밀일 것입니다). 피그 라틴의 규칙은 굉장히 간단합니다.

- 단어가 모음(a, e, i, o, u)으로 시작한다면 끝에 'way'를 추가합니다. 예를 들어 'air'는 'airway'가 되고, 'eat'은 'eatway'가 됩니다.
- 단어가 다른 글자로 시작한다면 첫 글자를 마지막으로 옮긴 뒤에, 끝에 'ay'를 추가합니다. 예를 들어 'python'은 'ythonpay'가 되고, 'computer'는 'omputercay'가 됩니다.

사실 더 복잡한 형태의 피그 라틴도 있지만, 파이썬을 연습하기 위한 목적이므로 이와 같이 간단한 피그 라틴을 사용하겠습니다.

이번 예제에서는 pig_latin이라는 이름의 함수를 만들어야 합니다. 이 함수는 매개변수로 영어 단어를 받고, 이를 피그 라틴 규칙에 따라서 피그 라틴 단어로 만들어 리턴합니다. 피그 라틴 단어에는 대문자와 기호가 포함되지 않을 것이라고 가정합니다.

이번 예제를 잘 만들었다고 업무에서 피그 라틴 문서를 읽는 데 도움이 되지는 않을 것입니다(무엇보다도 업무 중에 피그 라틴 문서를 볼 일은 없을 것입니다). 하지만 이번 예제를 진행해보면 탐색, 반복, 슬라이싱 등 다양한 테크닉을 배울 수 있습니다. 이러한 테크닉은 파이썬에서 굉장히 많이 활용합니다.

2.2.1 풀어보기

이 예제는 필자가 프로그래밍 교실을 운영하면서 학생들에게 내주기 가장 좋아하는 예제입니다. 이 예제는 필자가 가장 좋아하는 초보 개발자를 위한 시리즈 책인 〈Computer Scienece Logo Style〉(http://mng.bz/gyNl)에 나오는 내용에서 영감을 받아 만든 예제입니다.

일단 이 예제에서 중요한 것은 첫 번째 글자인 word[0]가 모음인지 어떻게 확인할 수 있을지에 대한 부분입니다. 일부 사람들은 다음과 같이 반복문을 활용해서 작성합니다.

```
starts_with_vowel = False
for vowel in 'aeiou':
    if word[0] == vowel:
        starts_with_vowel = True
        break
```

이 코드는 분명 잘 동작하지만, 코드가 굉장히 난해해보입니다. 또 많이 작성하는 코드로는 다음과 같은 코드가 있습니다.

```
if (word[0] == 'a' or word[0] == 'e' or word[0] == 'i' or word[0] ==
➥'o' or word[0] == 'u'):
    break
```

필자가 말하고 싶은 것은, "이런 코드는 불행하게도 제대로 작동한다."라는 것입니다. 이런 코드는 작동하지만 그렇게 좋은 코드가 아닙니다. 불필요하게 길고, 같은 내용을 반복합니다. 파이썬의 철학이라고 할 수 있는 'Don't repeat yourself(DRY, 반복하지 마라)'를 어기는 일입니다.

무엇보다도 파이썬 프로그램은 짧아야 합니다. 만약 코드를 작성하다가 자신의 코드에서 반복되는 부분이 보이고, 긴 표현식 또는 문장을 작성하고 있다는 것을 발견했다면 파이썬스러운 코드를 작성할 수 있게 대책을 세워야 합니다.

파이썬이 내부적으로 문자열을 시퀀스로 다루고, in과 같은 연산자를 활용할 수 있다는 사실을 알고 있다면 다음과 같이 쉽게 word[0]가 모음인지 판단할 수 있습니다.

```
if word[0] in 'aeiou':
```

이 코드는 읽기 쉽고, 짧고, 정확하고, 효율적입니다. 물론 in 연산자는 O(n)이라는 선형 복잡도로 처리하므로, 적용 대상이 되는 시퀀스의 크기에 따라서 속도가 느릴 수 있다는 단점이 있습니다. 하지만 대부분에서, 그리고 현재 우리가 만드는 예제 정도에서는 충분히 빠르게 동작합니다.

Tip in 연산자는 모든 시퀀스(문자열, 리스트, 튜플)와 파이썬의 컬렉션 대부분에서 동작합니다. 이 코드는 for 반복문에서 요소로 반복되는 것들을 확인합니다. 따라서 딕셔너리에 적용하면 값은 무시되고 키를 대상으로만 탐색합니다.

첫 번째 글자가 모음인지 확인했다면 이제 피그 라틴 규칙을 적절하게 적용하면 됩니다.

슬라이싱

문자열, 리스트, 튜플과 같은 파이썬의 모든 시퀀스는 슬라이싱을 지원합니다. 코드부터 살펴봅시다.

```
s = 'abcdefgh'
print(s[2:6]) ------'cdef'를 출력합니다.
```

s라는 문자열에서 인덱스 2부터 인덱스 6(마지막의 것은 포함하지는 않습니다)의 문자를 추출하므로, cdef를 리턴합니다. 또한, 스텝(step)을 지정할 수도 있습니다.

```
s = 'abcdefgh'
print(s[2:6:2]) ------'ce'를 출력합니다.
```

계속

이 코드는 문자열 ce를 리턴합니다. 인덱스 2(c)부터, 인덱스 6까지 두 스텝씩 건너뛰어서 선택(e)하기 때문입니다.

슬라이싱할 때 숫자를 아예 입력하지 않으면 시퀀스의 가장 앞부분과 마지막 부분을 나타낼 수도 있습니다. 예를 들어 다음 코드는 가장 앞부분부터 마지막 부분까지 두 스텝씩 건너뛰어서 선택합니다.

```
s = 'abcdefgh'
print(s[::2]) ------'aceg'를 출력합니다.
```

2.2.2 해답

```
def pig_latin(word):
    if word[0] in 'aeiou':
        return f'{word}way'

    return f'{word[1:]}{word[0]}ay'

print(pig_latin('python'))
```

이 예제는 http://mng.bz/XP5M에서 확인할 수 있습니다.

2.2.3 조금 더 나아가기

파이썬에서 문자열 처리는 정말 많이 사용합니다. 무엇보다도 텍스트 분석과 처리에 파이썬을 많이 활용하기 때문입니다. 직접 만들어서 공부해볼 수 있는 문자열 처리와 관련한 응용 예제를 소개해보겠습니다.

- **대문자가 섞여 있는 단어 처리하기**: 만약 첫 번째 글자가 대문자이고 나머지 글자가 대문자가 아닌 단어를 입력받았다면 피그 라틴으로 변환한 후에도 이러한 형태를 유지할 수 있게 해보세요.

- **구두점 처리하기**: 만약 단어가 구두점으로 끝난다면 피그 라틴으로 변환한 후에도 구두점이 가장 마지막에 위치할 수 있게 해보세요.
- **다른 버전의 피그 라틴 만들어보기**: 피그 라틴은 이번 예제에서 소개한 형식 이외에도 다양합니다. 예를 들어 모음이 2개 이상 있는 경우에는 끝에 'way'를 붙이고, 모음이 1개만 있는 경우에는 첫 번째 글자를 마지막으로 옮기고 'ay'를 붙이는 피그 라틴도 있습니다. 예를 들어 'wine'은 모음이 i와 e로 2개이므로 'wineway'가 되고, 'wind'는 모음이 i로 하나이므로 'indway'가 됩니다. 어떻게 해야 단어에 모음에 2개 이상 있다는 것을 알아낼 수 있을까요? 참고로 세트(set)를 활용하면 쉽습니다.

이뮤터블

파이썬에서 굉장히 중요한 개념으로 뮤터블과 이뮤터블이 있습니다.[2] 개념 자체는 굉장히 간단합니다. 자료형이 이뮤터블이라면 해당 자료 자체를 변경할 수 없습니다.

예를 들어 문자열을 정의하고, 글자 하나를 바꾸는 다음과 같은 코드를 생각해봅시다.

```
s = 'abcd'
s[0] = '!' ------코드를 실행할 때 예외가 발생합니다.
```

아쉽게도 이 코드는 제대로 실행되지 않으며, 오류가 발생합니다. 파이썬에서 "TypeError: 'str' object does not support item assignment(간단하게 번역하면, 문자열을 수정할 수 없다)"라는 오류 메시지를 출력합니다.

파이썬의 많은 자료 구조는 이뮤터블입니다. 대표적으로 정수, 불과 같은 간단한 자료형들이 모두 이뮤터블입니다. 그런데 문자열이 이뮤터블이라는 발상을 잘 하지 못합니다. 무엇보다도 문자열은 굉장히 많이 사용되고, 일반적으로 대부분의 프로그래밍에서는 문자열을 뮤터블로 처리하기 때문입니다.

계속

2 역주 간단하게 번역하면 뮤터블을 변성, 이뮤터블을 불변성 등으로 부릅니다. 하지만 영어 자체로 사용하는 경우가 많습니다. 뮤터블은 '변할 수 있는 성질', 이뮤터블은 '변할 수 없는 성질'이라고 생각하면서 영어로 기억하는 것을 추천합니다.

파이썬의 왜 문자열은 왜 이뮤터블일까요? 여기에는 여러 이유가 있습니다. 예를 들어 구현을 효율적으로 할 수 있다는 점이 있습니다. 일반적으로 문자열은 딕셔너리의 키로 많이 사용합니다. 딕셔너리는 이뮤터블 자료만 키로 사용할 수 있으므로, 문자열이 뮤터블이라면 딕셔너리의 키로 사용될 수 없습니다. 이는 굉장히 많은 문제를 일으킬 것입니다.

이뮤터블 자료는 변하지 않습니다. 이로 인해서 여러 상황이 발생합니다. 이뮤터블 자료형을 함수의 매개변수로 전달하면 함수 내부에서 이를 수정할 수 없습니다. 이뮤터블 자료형을 여러 스레드에서 활용할 경우, 변하지 않으므로 락킹을 따로 신경 쓰지 않아도 괜찮습니다.[3] 또한 이뮤터블 자료형의 메서드를 호출하면 원본 자료를 수정한 새로운 자료를 리턴받습니다(원래 자료를 변경할 수 없으므로 새로운 것을 만드는 것입니다).

문자열을 이뮤터블로 만들면서 발생하는 여러 트레이드오프(trade-off)[4]가 있습니다. 하지만 파이썬 개발자는 문자열을 이뮤터블로 활용하는 것이 더 좋다고 생각하므로, 이런 선택을 한 것입니다. 만약에 문자열을 뮤터블 자료형으로 사용하고 싶다면 StringIO(http://mng.bz/045x)를 사용해야 합니다. 이는 파일과 같은 형태로 사용할 수 있는 인메모리 자료형입니다.

다른 프로그래밍 언어를 사용하다가 파이썬을 공부하기 시작한 사람은 이뮤터블이 상수(constant)와 같은 것이라고 오해하기도 하는데요. 전혀 다른 개념입니다. 상수는 이름(변수)과 값을 영구적으로 연결한다는 개념입니다. 파이썬에서는 이러한 상수가 존재하지 않습니다. 파이썬은 어떤 이름(변수)에 언제나 원하는 값을 연결할 수 있습니다. 문자열과 튜플을 넣은 이름(변수)을 변경할 수는 있지만, 문자열과 튜플 값 자체를 변경할 수는 없습니다.

```
s = 'abcd'
s[0] = '!'  ------ 허용되지 않습니다. 문자열은 이뮤터블 자료형이기 때문입니다.
t = s  ------ 변수 s와 t는 이제 같은 문자열을 나타냅니다.
s = '!bcd'  -----
    변수 s는 이제 새로운 문자열을 나타냅니다(변수 t는 계속 이전 문자열을 나타냅니다).
```

3 역주 대부분의 프로그래밍 언어에서 이뮤터블 자료 자료형을 활용하는 가장 큰 이유에 해당합니다. 락킹을 간단하게 설명하면 '어떤 스레드가 어떤 자료에 처리를 하는 동안, 다른 스레드가 해당 자료 처리를 못 하게 막는 것'입니다.

4 역주 어떤 것을 얻으면 어떤 것을 잃는 것을 트레이드오프라고 부릅니다.

PYTHON

2.3 EXERCISE 06. 피그 라틴 문장 만들기

앞에서 영어 단어 하나를 피그 라틴으로 번역할 수 있는 함수를 만들었습니다. 이제 이를 응용해서 여러 단어가 결합된 영어 문장을 피그 라틴으로 번역하는 함수를 만들어봅시다. 이 함수는 pl_sentence라고 부르겠습니다. pl_sentence는 여러 단어가 공백으로 구분된 영어 문장을 매개변수로 입력받습니다(예제를 더 쉽게 작성할 수 있게, 이때의 영어 문장은 대문자와 구두점이 없는 간단한 문장이라고 가정하겠습니다).

즉 다음과 같은 코드를 사용한다면,

```
pl_sentence('this is a test translation')
```

결과가 다음과 같이 나오면 됩니다.

```
histay isway away estay ranslationtay
```

출력은 단어별로 한 줄에 하나씩 하지 말고, 한꺼번에 한 줄에 출력해주세요.

표면적으로는 이전 예제와 전혀 차이가 없다고 느낄 수도 있습니다. 하지만 이번 예제에서 중요한 것은 피그 라틴을 만든다는 것 자체가 아닙니다. 이번에 중요한 것은 파이썬에서 반복 처리를 하는 방법, 문자열을 자르고 어떤 처리를 한 뒤 다시 결합하는 방법입니다. 문자열 시퀀스를 한 줄의 문자열로 만드는 방법도 많이 사용하는 내용입니다. 여러 방법을 살펴보면서 각각의 장점과 단점을 보도록 합시다.

2.3.1 풀어보기

하나의 영어 단어를 피그 라틴으로 번역하는 부분은 이전 예제에서 만든 내용을 그대로 활용합니다. 또한, 사용자로부터 텍스트 문자열을 읽어 들이는 부분도 그대로 활용합니다. 이전 예제와의 차이점은 문자열이 한 단어가 아니라 문장이라는 것이므로, 문장을 단어로 구분하는 과정이 필요합니다. 이때는 str.split(http://mng.bz/aR4z)을 사용합니다. str.split은 매개변수로 문자열을 구분할 때 사용할 구분자(separator)를 전달합니다.

공백 문자 수와 상관없이 모든 공백 문자로 단어를 구분하고 싶을 수 있는데, 이러한 경우에는 매개변수를 전달하지 않으면 됩니다. 매개변수를 전달하지 않으면 파이썬은 띄어쓰기, 탭, 줄바꿈 문자 등의 모든 공백이 몇 개가 나오는지 상관없이 문자열을 자릅니다. 무슨 의미인지 코드를 살펴봅시다.

```
s = 'abc  def  ghi' ------ 띄어쓰기가 2개씩 들어가 있습니다.
s.split(' ') ------ ['abc', '', 'def', '', 'ghi']를 리턴합니다.
s.split() ------ ['abc', 'def', 'ghi']를 리턴합니다.
```

Note str.split에 매개변수를 전달하지 않는 것은 None을 전달하는 것과 실질적으로 같습니다. str.split에는 한 글자 문자열뿐만 아니라 :: 등의 다양한 문자열을 전달할 수 있습니다. 문자열 하나로만 자르는 기능 이외에도 ,와 :: 모두로 자르게 만드는 기능도 있습니다. 이는 파이썬 표준 라이브러리의 re.split 함수와 정규 표현식을 함께 활용하면 됩니다. 이와 관련한 자세한 내용은 http://mng.bz/K2RK를 참고하기 바랍니다.

이를 활용하면 사용자의 입력을 단어 단위로 자를 수 있습니다. 별도의 구두점이 없다면 곧바로 각각의 단어를 피그 라틴 단어로 번역하면 될 것입니다. 다만 이전에 만든 한 단어 버전의 프로그램은 단어를 번역하고 바로 출력했지만, 이번 프로그램은 단어들을 번역하며 따로 저장한 뒤, 이후에 한꺼번에 출력해야 합니다. 물론 반복할 때마다 문자열과 문자열 연결 연산자를 활용해서 프로그램을 구현할 수 있을 것입니다. 하지만 이러한 방식은 일반적으로 문자열을 조합하는 데 좋은 방식이 아닙니다. 더 좋은 방식은 리스트를 만들고, list.append(http://mng.bz/Mdlm)로 단어를 리스트의 요소로 추가한 뒤, str.join을 활용해서 리스트의 요소를 결합해 긴 문자열로 만드는 방식입니다.

이는 문자열이 이뮤터블하기 때문입니다. 따라서 += 연산자를 사용하면 파이썬은 새로운 문자열을 만들어냅니다. 만약 문자열 연결을 여러 번 사용하면 연결할 때마다 이전보다 큰 새로운 객체가 계속해서 만들어지게 됩니다. 반면 리스트는 뮤터블합니다. 따라서 list.append로 리스트에 새로운 요소를 추가하면 기존의 리스트에 새로운 요소가 추가됩니다. list.append는 문자열 연결 연산과 비교해서 메모리 비용과 컴퓨팅 연산 비용이 굉장히 적습니다.

2.3.2 해답

```
def pl_sentence(sentence):
    output = []
    for word in sentence.split():
        if word[0] in 'aeiou':
            output.append(f'{word}way')
        else:
            output.append(f'{word[1:]}{word[0]}ay')
    return ' '.join(output)

print(pl_sentence('this is a test'))
```

이 예제는 http://mng.bz/yydE에서 확인할 수 있습니다.

2.3.3 조금 더 나아가기

문자열을 자르고 결합하는 등의 조작은 파이썬을 사용할 때 굉장히 많이 활용합니다. 이를 더 연습할 수 있는 예제들을 몇 가지 소개하겠습니다.

- 텍스트 파일을 읽어 들입니다. 이어서 각각의 줄을 n번째 줄이라고 할 때, 각 줄의 n번째 단어를 추출해서 문장을 만들어보세요. 딱히 의미가 없는 문장이 만들어지겠지만, 문자열 조작을 활용해볼 수 있는 예제입니다.
- 띄어쓰기로 구분되어 있는 문자열들의 리스트를 기반으로, 새로운 리스트를 만드는 함수를 만들어주세요. `['abc def ghi','jkl mno pqr','stu vwx yz']`를 매개변수로 전달하면 `['abc jkl stu','def mno vwx','ghi pqr yz']`를 리턴하게 해주세요.
- 아파치(Apache) 로그 파일을 읽어 들이고, 404 오류가 있을 경우 관련 정보를 출력해보세요(로그 파일을 404로 탐색하면 나옵니다). 예를 들어 IP 주소를 출력한다면 404 오류 항목의 첫 번째 요소를 출력하면 됩니다.

2.4 EXERCISE 07. 비밀 언어 우비두비 단어 만들기

PYTHON

파이썬의 문자열이 이뮤터블이라는 말을 들으면 많은 사람이 어떻게 파이썬으로 텍스트 처리를 제대로 할 수 있는지 의문을 갖습니다. 문자열을 수정할 수 없다면 수정해야 할 때 어떻게 해야 하는 것일까요?

또한, 이전에 피그 라틴 예제에서 살펴본 것과 같은 간단한 반복문이 제대로 동작하지 않는 경우도 있습니다. 단어를 한 번만 수정한다면 괜찮습니다. 하지만 잠재적으로 단어를 여러 번 수정할 가능성이 있을 때, 현재의 수정이 미래의 수정에 영향을 미치지 않게 해야 하는 경우가 있습니다.

이번 예제는 이러한 내용을 이해하고 활용하는 데 도움이 될 것입니다. 이번에 만들어볼 예제도 영어를 우비두비(Ubbi Dubbi)라는 어린이들의 비밀 언어로 번역하는 예제입니다(http://mng.bz/90zl)(우비두비는 1970년대에 유행한 Zoom이라는 어린이 프로그램에서 등장한 비밀 언어로, 당시 많은 아이에게 인기였습니다).

우비두비도 피그 라틴처럼 간단한 규칙을 갖고 있지만, 번역기를 프로그램으로 구현하는 것이 훨씬 더 복잡합니다.

우비두비는 일단 모든 모음(a, e, i, o, u) 앞에 ub를 붙입니다. 예를 들어 milk는 mubilk(m-ub-ilk)가 되며, program은 prubogrubam(pr-ub-ogr-ub-am)이 됩니다. 원래 이론적으로는 모든 모음 앞에 ub를 붙이는 것이 아니라, 모음으로 한꺼번에 발음되는 부분 앞에 ub를 붙입니다.[5] 하지만 이 책은 파이썬 책이지 언어학 책이 아니므로, 이처럼 구현이 복잡한 정의는 무시하겠습니다. 우비

5 역주 예를 들어 speak은 ea가 함께 발음되므로, sp-ub-eak가 됩니다.

두비를 실제로 말해보면 굉장히 재미있습니다. 그리고 다른 사람들이 말하는 우비두비를 듣고 이해할 수 있게 되면 마법과 같은 느낌을 받게 됩니다. 이해하지 못 해도 그냥 듣기만 해도 신기하답니다. 우비두비가 실제로 발음되는 모습을 보고 싶다면 http://mng.bz/aRMY를 참고해보기 바랍니다.

이번 예제에서는 ubbi_dubbi라는 이름의 함수를 작성합니다. 이 함수는 매개변수로 단어를 입력받고, 이를 우비두비로 번역해서 리턴합니다. 따라서 예를 들어 함수에 'octopus'를 전달하면 'uboctubopubus'를 리턴하면 됩니다. 또한, 'elephant'를 전달하면 'ubelubephubant'를 리턴하면 됩니다.

피그 라틴 때와 마찬가지로 대문자, 구두점은 무시해도 됩니다. 또한, 앞에서 언급한 것처럼 우비두비의 원래 정의에 있는 모음으로 한꺼번에 발음되는 부분도 무시합니다. 모음으로 한꺼번에 발음되는 부분이 있어도, 각각의 모음 앞에 ub를 붙여주세요. 따라서 soap에서 oa가 한꺼번에 모음으로 발음되더라도, 간단하게 suboubap으로 만들어주세요.

이번 예제도 이전의 피그 라틴 예제처럼 문자열의 특정 패턴을 탐색하고, 파이썬의 자료 구조 또는 패턴을 다른 것으로 바꾸고, 어떻게 반복을 적용할 것인지와 관련한 예제입니다.

2.4.1 풀어보기

사용자에게 단어를 묻고, 이를 우비두비로 만드는 작업을 하면 됩니다. 이전 피그 라틴 예제와 비슷하게 느껴지겠지만, 이번에는 글자 하나하나를 확인해야 한다는 점에서 살짝 다릅니다.

단어를 분석하고, 해당 단어를 기반으로 출력을 만들어내기만 하면 됩니다. 이때 주의해야 하는 부분은 'u'를 'ub'로 변환하고, 또 다시 'ub'를 'ubb'로 변환하면서 발생할 수 있는 무한 반복입니다.

단어의 각 글자들을 반복하고, 리스트에 하나씩 넣으면서, 출력을 만들어내면 됩니다. 현재 읽어 들인 글자가 모음이라면 글자 앞에 'ub'를 추가해서 리스트에 넣습니다. 모음이 아니라면 글자를 곧바로 리스트에 넣으면 됩니다. 최종적으로 리스트의 내용을 str.join으로 결합해서 출력합니다. 이번 예제의 경우 단어를 결합해서 문장을 만드는 것이 아니라 글자를 결합해서 단어를 만들어내야 하므로 str.join으로 문자들을 결합할 때 공백 문자(' ')로 결합하면 안 되고, 빈 문자('')로 결합해야 합니다.

2.4.2 해답

```
def ubbi_dubbi(word):
    output = []
    for letter in word:
        if letter in 'aeiou':
            output.append(f'ub{letter}')
        else:
            output.append(letter)
    return ''.join(output)

print(ubbi_dubbi('python'))
```

메모리를 효율적으로 사용하기 위해서 문자열 연결을 사용하지 않고, 리스트를 활용했습니다. 물론 짧은 문자열이라면 크게 문제없지만, 반복문으로 긴 문자열을 처리해야 한다면 리스트를 사용하는 것이 좋습니다.

이 예제는 http://mng.bz/eQJZ에서 확인할 수 있습니다.

2.4.3 조금 더 나아가기

문자열 내부의 어떤 값을 다른 값으로 변경하는 처리는 굉장히 많이 활용됩니다. 파이썬은 이러한 처리를 위해서 몇 가지 처리를 지원합니다. 문자열들을 변경하는 str.replace(http://mng.bz/WPe0) 또는 문자들을 치환하는 str.translate(http://mng.bz/8pyP)라는 두 가지 문자열 메서드를 활용할 수 있습니다. 하지만 이러한 메서드를 활용할 수 없고 문자열을 대상으로 반복을 돌리고, 패턴을 찾고, 리스트를 활용해서 원하는 형태의 문자열을 만들어나가는 방법밖에 사용할 수 없는 경우가 있습니다.

- 대문자화(첫 번째 글자가 대문자이고, 나머지 글자는 소문자인 상태)한 단어를 처리합니다. 단어가 대문자화한 경우, 우비두비의 결과도 대문자화하게 만듭니다.
- 학계에서는 피어 리뷰(peer review)[6]할 때 논문에 등장하는 저자 이름을 모두 제거해서 살펴봅니다. 이름이 포함된 글이 들어 있는 문자열이 주어졌을 때, 저자 이름을 모두 _ 문자로 변경하는 프로그램을 작성해주세요.
- URL 인코딩할 때는 URL로 처리할 수 없는 특수한 문자를 % 기호와 함께 아스키 문자(ASCII 32)에 해당하는 값을 16진수로 입력해서 변환합니다. 예를 들어 URL에 띄어쓰기가 들어갔다면 아스키 문자로 0x20이므로, %20으로 변환합니다. 문자열이 주어졌을 때, 문자열 내부에 있는 글자와 숫자가 아닌 모든 것을 URL 인코딩하는 프로그램을 작성해보세요. 다만 한글 등의 인코딩까지 생각하면 너무 복잡해지므로 UTF-8 문자까지는 처리하지 말고, 그냥 단순하게 아스키 문자만 처리하게 만들기 바랍니다. 이 코드를 작성할 때는 ord 함수(http://mng.bz/EdnJ)와 hex 함수(http://mng.bz/nPxg)를 활용하므로 해당 문서도 함께 참고해보기 바랍니다.

6 역주 다른 동료들이 검토해주는 것을 피어 리뷰라고 부릅니다.

2.5 EXERCISE 08. 문자열 정렬하기

PYTHON

문자열이 이뮤터블이라면 한 번 만든 문자열은 영원히 그 상태로 계속 있다는 것일까요? 문자열은 한 번 만들면 영원히 그 상태로 있는 것이 맞습니다. 하지만 문자열에 적용할 수 있는 여러 함수로, 새로운 문자열을 만들어서 다양하게 활용할 수 있습니다. 따라서 문자열을 기반으로 어떤 조작을 가하고 새로운 문자열을 만들어내는 방법은 문자열 처리에서 굉장히 중요합니다.

이번 예제에서는 문자열을 입력받고, 문자열을 리턴하는 strsort라는 함수를 만듭니다. strsort 함수는 매개변수로 받은 문자열의 모든 글자를 유니코드 순서로 정렬한 새로운 문자열을 만들어 리턴하는 함수입니다. 예를 들어 strsort('cba')라고 입력하면 'abc'를 리턴하면 됩니다.

2.5.1 풀어보기

이번 예제는 파이썬의 문자열이 시퀀스라는 것을 활용하면 됩니다. 문자열이 시퀀스이므로, 문자열을 기반으로 for 반복문을 적용할 수 있습니다. 그런데도 많은 사람이 '문자열은 안 될 것 같다'고 생각하는 것이 많습니다.

예를 들어 파이썬이 기본적으로 제공하는 sorted 함수(http://mng.bz/pBEG)는 매개변수로 이터러블을 받습니다. 즉, 시퀀스뿐만 아니라 반복할 수 있는 것이라면 모두 사용할 수 있습니다. 따라서 sorted 함수의 매개변수에 문자열을 전달할 수도 있습니다. 이렇게 문자열을 전달하면 유니코드 순서로 정렬해줍니다. 하지만 최종 결과가 문자열이 아니라 리스트입니다.

이렇게 만들어진 리스트를 문자열로 바꾸고 싶을 때는 `str.join` 메서드(http://mng.bz/gyYl)를 사용합니다. `str.join` 메서드의 매개변수로 빈 문자열('')을 전달하면 리스트의 내용을 곧바로 문자열로 결합할 수 있습니다. 따라서 `sorted`와 `str.join` 메서드를 결합하면 문자들을 정렬한 뒤 문자열로 결과를 만들어낼 수 있습니다.

유니코드

유니코드란 무엇일까요? 개념은 굉장히 간단합니다. 하지만 이를 직접 구현하는 것은 매우 어렵습니다. 또한, 유니코드는 많은 개발자를 혼란스럽게 만듭니다.

유니코드는 컴퓨터 내부에서 지금까지 우리 인류가 갖고 있는 모든 글자를 표현하기 위해서 만들어졌습니다. 이는 굉장히 중요한 목적입니다. 따라서 유니코드를 활용하면 한국어, 러시아어, 중국어, 영어 등을 모두 같은 문서 안에 출력할 수 있습니다. 유니코드가 등장하기 전에는 언어별로 굉장히 다양한 문자 세트가 만들어졌습니다. 그래서 여러 언어를 한 문서 안에 출력해서 보여줄 수 없었습니다.

유니코드는 각각의 글자를 숫자에 일대일 대응시킵니다. 그런데 대충 생각해도 굉장히 많은 숫자가 포함될 것입니다. 이와 같은 유니코드 문자를 나타내는 숫자(코드 포인트라고 부릅니다)를 활용해서 여러 개의 바이트를 읽어 들이고,[7] 이를 적절한 글자로 변환합니다. 파이썬을 포함한 대부분의 프로그래밍 언어는 UTF-8을 지원합니다. UTF-8은 고정된 바이트 길이를 사용하지 않고, 가변적인 바이트 길이를 사용해서 글자를 표현합니다. 예를 들어 기존의 ASCII 코드에 존재하던 글자는 그대로 1바이트를 활용해서 표현합니다. 프랑스, 스페인, 히브리, 아랍, 그리스, 러시아 글자는 2바이트를 활용해서 표현합니다. 그리고 한글, 한자, 이모티콘은 3바이트 또는 3바이트 이상을 활용해서 표현합니다.

유니코드는 우리가 개발할 때 어떤 영향을 줄까요? 일단 개발할 때 따로 언어 종류를 구분해서 사용할 필요가 없습니다. 하지만 바이트과 글자 사이의 관계를 생각해줘야 합니다. 파일을 읽어 들일 때, 바이트를 글자로 변환하는 방법과 글자를 바이트로 변환하는 방법을 모두 기억해야 합니다.

파이썬이 글자와 문자열을 어떤 형태로 다루는지 더 자세하게 살펴보고 싶다면 파이콘 2012에서 발표한 Ned Batchelder의 http://mng.bz/NKdD를 참고해보기 바랍니다.

7 역주 1바이트는 8비트이므로, 256가지 종류의 대상을 표현할 수 있습니다. 따라서 수많은 글자를 표현하기 위해서는 더 많은 바이트를 활용해야 합니다.

2.5.2 해답

```
def strsort(a_string):
    return ''.join(sorted(a_string))

print(strsort('cbjeaf'))
```

이 예제는 http://mng.bz/pBd0에서 확인할 수 있습니다.

2.5.3 조금 더 나아가기

이번 예제는 문자열도 시퀀스의 일종이라는 것을 다시 생각해보기 위한 예제였습니다. 따라서 시퀀스(리스트 또는 튜플 등)를 사용할 수 있는 곳이라면 문자열도 사용할 수 있습니다.

문자열이 시퀀스라는 것은 알지만 리스트 등과 다르다고 생각해서, 정렬할 수 없다고 생각하는 경우가 꽤 많습니다. 하지만 시퀀스이므로 리스트와 튜플처럼 정렬할 수 있다는 것을 기억해주세요. 정렬은 sorted 함수(http://mng.bz/pBEG)로 합니다. sorted 함수는 매개변수로 받은 시퀀스를 정렬해서 리턴합니다.

그런데 sorted 함수는 리스트를 리턴합니다. 만약 리스트를 문자열로 변경하고 싶다면 str.join 함수를 사용해야 합니다. 참고로 str.join 함수(http://mng.bz/gyYl)와 str.split 함수(http://mng.bz/aR4z)는 굉장히 유용하고 많은 상황에 활용할 수 있는 메서드입니다. 꼭 기억해두기 바랍니다.

그럼 str.split과 str.join 함수를 활용하며 공부해볼 수 있는 예제를 몇 가지 소개하겠습니다.

- 'Tom Dick Harry'라는 문자열이 주어졌을 때, 이를 각각의 단어로 구분하고, 각각의 단어를 알파벳 순서로 정렬해주세요(이번 예제처럼 글자별로 정렬하는 것이 아니라 단어별로 정렬하는 것입니다). 정렬을 완료한 뒤에는 각각의 단어 사이에 쉼표를 넣어서 출력해주세요.
- 텍스트 파일을 읽어 들이고, 텍스트 파일의 모든 단어를 알파벳 순서로 정렬했을 때, 마지막 단어를 출력해주세요.
- 텍스트 파일을 읽어 들이고, 텍스트 파일에서 가장 긴 단어를 출력해주세요.

참고로 세 번째 프로그램을 만들 때는 `sorted` 함수에 키워드 매개변수로 전달할 수 있는 key 매개변수(http://mng.bz/D28E)를 참고해보기 바랍니다.

2.6 정리

파이썬으로 프로그램을 개발할 때는 끊임없이 문자열을 처리합니다. 파일을 읽어 들이고, 화면에 무언가를 출력하고, 딕셔너리를 사용할 때 등 모든 곳에 문자열을 사용합니다. 문자열은 대부분의 프로그래밍 언어에 있는 자료형이므로, 다른 프로그래밍 언어를 공부하다가 와도 쉽게 익숙해질 수 있을 것입니다.

하지만 파이썬의 문자열은 시퀀스라는 것을 기억해야 합니다. 문자열이 시퀀스이므로 검색(`in` 키워드), 정렬(`sorted` 함수), 슬라이싱 등을 할 수 있습니다. 문자열을 리스트로 변환(`str.split` 함수), 시퀀스를 문자열로 변환(`str.join` 함수)하는 방법은 파이썬으로 프로그램을 개발할 때 자주 사용하므로, 꼭 기억해 두기 바랍니다. 파이썬이 제공하는 문자열의 메서드는 내부적으로 C 언어로 구현되어 있으며, 오래 사용되어 안정성도 증명되었으므로, 따로 구현할 필요 없이 사용하면 됩니다.

3장

리스트와 튜플

문서를 작업하고, 사용자를 추적하고, 서버에 접근한 IP 주소를 기록하고, 학교에서 학생들의 이름과 생년월일을 저장하는 프로그램을 만들어야 한다고 생각해봅시다. 이 경우 모두 여러 정보를 저장해서 사용합니다. 그리고 이러한 정보를 출력하고, 탐색하고, 수정하며 활용할 것입니다.

모든 프로그래밍 언어는 이러한 상황에서 활용하기 위한 자료 구조로 컬렉션을 지원합니다. 파이썬의 내장 컬렉션으로는 리스트와 튜플이 있습니다. 기술적으로 리스트는 뮤터블 객체이지만, 튜플은 이뮤터블 객체입니다. 하지만 일반적으로 동일한 자료형을 갖는 시퀀스로는 리스트, 서로 다른 자료형을 갖는 시퀀스로는 튜플을 활용합니다.

예를 들어 문서들, 사용자들, IP 주소들을 저장한다면 리스트를 사용하는 것이 좋습니다. 모두 같은 자료형의 요소로 구성될 것이기 때문입니다. 반면 사용자들의 정보 하나하나에는 이름, 생년월일 등의 다양한 자료형이 포함될 것입니다. 따라서 튜플로 저장하는 것이 좋습니다. 사용자의 정보를 저장한다면 각각의 정보는 튜플, 그리고 그 전체는 리스트에 저장해서 사용합니다.[1]

튜플은 이뮤터블이므로 변경할 수 없습니다. 따라서 요소를 탐색하고, 내용을 기반으로 쿼리를 만드는 것 이외에 할 수 있는 기능이 거의 없습니다. 반면 리스트는 뮤터블 객체이므로 변경할 수 있습니다. 그래서 리스트가 요소를 추가하거나 제거하는 등의 더 많은 메서드와 연산자를 지원합니다.

예를 들어 학생 관리 프로그램을 만든다면 (이름, 생일)로 구성된 튜플에 신발 크기 등 다른 것들을 추가할 수 없습니다. 하지만 (이름, 생일) 형태의 튜플을 리스트에는 계속 추가할 수 있으며, 학생이 전학을 가거나 하면 학생을 리스트에서 제거할 수도 있습니다.

1 역주 예를 들어 이름과 가격을 포함하는 물건 리스트를 만든다면 [('가', 100), ('나', 200), ('다', 300), ('라', 400)]처럼 만든다는 의미입니다.

튜플과 리스트를 언제 사용하는지 적절하게 구분하는 데까지는 시간이 오래 걸립니다. 아직 어떻게 사용해야 하는지 구별하지 못한다고 해도 큰 문제없으므로 일단 걱정하지 마세요.

리스트와 튜플은 모두 파이썬 시퀀스입니다. 따라서 for 반복문을 활용할 수 있고, in 연산자를 활용해서 탐색할 수 있으며, 내부에서 인덱스 또는 슬라이싱을 활용해서 요소를 추출할 수 있습니다. 참고로 파이썬이 기본적으로 제공하는 리스트, 튜플 이외의 시퀀스는 이전 장에서 살펴본 문자열입니다. 필자는 시퀀스를 이렇게 3가지로 생각하는 것이 좋다고 생각합니다.

▼ 표 3-1 시퀀스 비교

자료형	뮤터블 여부	포함할 수 있는 요소	문법	예시
str	이뮤터블	한 글자 문자열	s = 'abc'	s[0] # 'a'를 리턴합니다.
list	뮤터블	모든 파이썬 자료형	mylist = [10, 20, 30, 40, 50]	mylist[2] # 30을 리턴합니다.
tuple	이뮤터블	모든 파이썬 자료형	t = (100, 200, 300, 400, 500)	t[3] # 400을 리턴합니다.

이번 장에서는 리스트와 튜플을 살펴볼 수 있는 여러 예제를 살펴보겠습니다. 리스트와 튜플을 만드는 방법, (리스트의 경우) 수정하는 방법, 이를 활용해서 자료를 추적하는 방법을 살펴보겠습니다. 또한, 많은 사람이 어려워하는 리스트 내포(list comprehension)를 살펴보겠습니다. 이번 장과 다음 장에서 내포(comprehension)와 관련한 내용을 많이 다룰 것입니다. 내포가 무엇인지 전혀 모르거나, 익숙하지 않다면 표 3-2에 있는 참고 자료를 확인해보세요.

▼ 표 3-2 이 장에서 다루는 내용

개념	설명	예시	참고 자료
list	순서가 있고 뮤터블인 시퀀스입니다.	[10, 20, 30]	http://mng.bz/NKAD
tuple	순서가 있고 이뮤터블인 스퀀스입니다.	(3, 'clubs')	http://mng.bz/D2VE
리스트 내포	이터러블을 기반으로 리스트를 만들어내는 문법입니다.	# ['10', '20', '30']을 리턴합니다. [str(x) for x in [10, 20, 30]]	http://mng.bz/OMpO
range	정수 시퀀스입니다.	# 10~50 범위의 정수를 3스텝씩 건너뛰는 정수 시퀀스를 만듭니다. numbers = range(10, 50, 3)	http://mng.bz/B2DJ

operator.itemgetter	sorted 함수 등의 key 키워드 매개변수에 넣어 정렬할 때, 이터러블의 원하는 부분을 추출할 수 있게 해주는 함수입니다.	# final('abcd') == 'd'처럼 사용합니다.
		final = operator.itemgetter(-1)
			http://mng.bz/dyPQ

collections.Counter	dict 클래스를 상속받아 만들어진 클래스로 쉽게 수를 셀 수 있게 해줍니다.	# {'a':2, 'b':2, 'c':1, 'd':1}과 비슷합니다. c = collections.Counter('abcdab')	http://mng.bz/rrBX
max	이터러블 내부에서 가장 큰 요소를 리턴하는 내장 함수입니다.	# 30을 리턴합니다. max([10, 20, 30])	http://mng.bz/Vgq5
str.format	템플릿을 기반으로 새로운 문자열을 만들어내는 메서드입니다(f-문자열과 비슷합니다).	# 'x = 100, y = [10, 20, 30]'을 리턴합니다. 'x = {0}, y = {1}'.format(100, [10, 20, 30])	http://mng.bz/Z2eZ

PYTHON

3.1 EXERCISE 09. 처음과 마지막 요소 찾기

자바 또는 C# 등의 프로그래밍 언어를 공부하다가 파이썬과 같은 동적 프로그래밍 언어를 공부하면 "변수에 자료형을 강제할 수 없으면 개발이 가능한가?"라는 의문을 갖습니다. 동적 프로그래밍 언어에 익숙한 사람이라면 "당연히 가능하며, 이를 기반으로 다양한 자료형을 처리할 수 있는 함수도 만들 수 있다."라고 대답할 수 있을 것입니다.

사실 여러 프로그래밍 언어들은 여러 종류의 자료형을 처리하는 함수를 만들기 위해서 여러 개의 함수를 만듭니다. 하지만 파이썬은 하나의 함수만 만들어서 이를 처리합니다(참고로 같은 이름으로 함수를 2개 만들면 뒤에 입력한 함수가 앞의 함수를 덮어씁니다). 따라서 여러 종류의 자료형을 구분해서 처리할 수 있는 테크닉이 필요합니다.

이처럼 하나의 함수에서 여러 종류의 자료형을 처리할 수 있다는 것이 동적 자료형 지정(dynamic typing)의 장점입니다. 동적 자료형 지정은 코드를 아름답고 강력하게 만들어줍니다.

파이썬의 여러 시퀀스(문자열, 리스트, 튜플)는 대부분 비슷한 API를 갖고 있습니다. 이는 당연히 의도를 갖고 설계한 결과입니다. 파이썬은 범용 함수를 활용해서 여러 종류의 시퀀스를 같은 방식으로 처리합니다. 예를 들어 모든 시퀀스에 `in`이라는 키워드를 사용할 수 있습니다. 또한 인덱스를 기반으로 특정 위치의 값을 추출할 수 있으며, 슬라이싱을 활용해서 여러 값을 추출할 수도 있습니다.

이번 예제에서는 이러한 의도를 어떻게 만들 수 있는지 살펴봅시다. firstlast라는 이름의 함수를 구현해주세요. 이 함수는 시퀀스(문자열, 리스트, 튜플)의 처음과 마지막 요소를 추출하고, 둘을 결합해서 원래 자료형으로 리턴합니다. 예를 들어 firstlast('abc')는 'ac'를 리턴하고, fistlast([1,2,3,4])는 [1,4]를 리턴하면 됩니다.

3.1.1 풀어보기

이번 예제는 굉장히 짧습니다. 하지만 이번 예제로 요소 하나를 추출하는 것과 요소 여러 개를 슬라이싱하는 것의 차이를 공부할 수 있습니다. 또한, 여러 개의 firstlast 함수를 구현하지 않고, 단 하나의 함수로 여러 자료형을 처리할 수 있게 만들어보면 동적 자료형 지정의 힘을 느낄 수 있을 것입니다.

처음 파이썬을 공부했을 때, 시퀀스(문자열, 리스트, 튜플) 뒤에 대괄호([])를 입력하고, 내부에 인덱스를 입력해서 요소 하나를 추출할 수 있다고 배웠을 것입니다. 예를 들어 s[0]으로 첫 요소를 추출할 수 있고, s[-1]으로 마지막 요소를 추출할 수 있습니다.

하지만 한 번에 여러 개의 요소를 추출할 수도 있습니다. 이를 슬라이싱(slicing)이라고 부르며, 대괄호 내부에 콜론(:)을 입력해서 사용할 수 있습니다. 예를 들어 s[2:5]라고 입력하면 s의 인덱스 2부터, 인덱스 5까지의 요소를 추출합니다. 다만 이때 인덱스 5의 요소는 포함되지 않습니다. 따라서 실질적으로는 인덱스 2부터 인덱스 4까지의 내용을 추출합니다.

시퀀스 내부에서 하나의 요소를 추출할 때(그림 3-1)는 해당 요소의 자료형이 결과로 나옵니다. 예를 들어 문자열의 경우는 문자 하나가 든 문자열이 나오지만, 리스트와 튜플은 해당 요소의 자료형으로 나옵니다.

▼ 그림 3-1 요소 하나 추출하기[2]

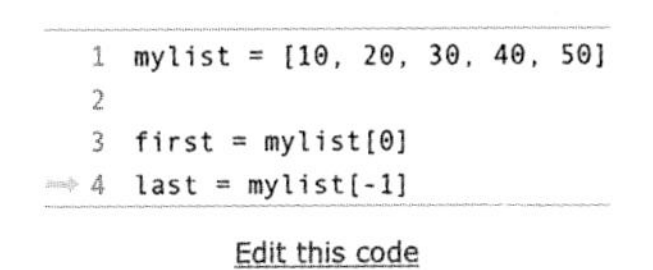

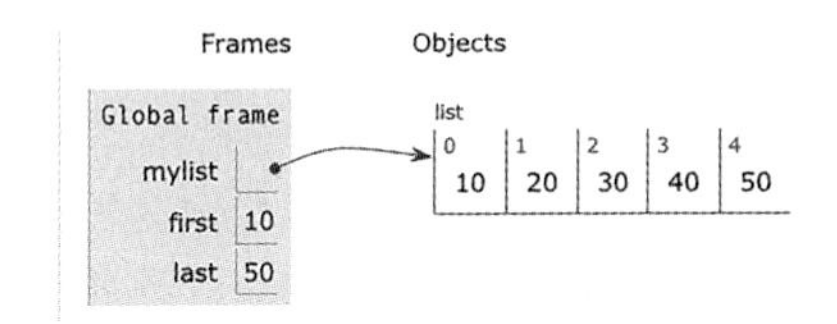

하지만 슬라이싱할 때는 원래 시퀀스의 종류에 해당하는 결과가 나옵니다. 예를 들어 튜플을 슬라이싱하면 튜플이 나오고(그림 3-2), 리스트를 슬라이싱하면 리스트가 나옵니다(그림 3-3). 이는 슬라이싱으로 추출하는 요소가 아무것도 없는 경우에도 동일합니다.

▼ 그림 3-2 리스트 슬라이싱하기

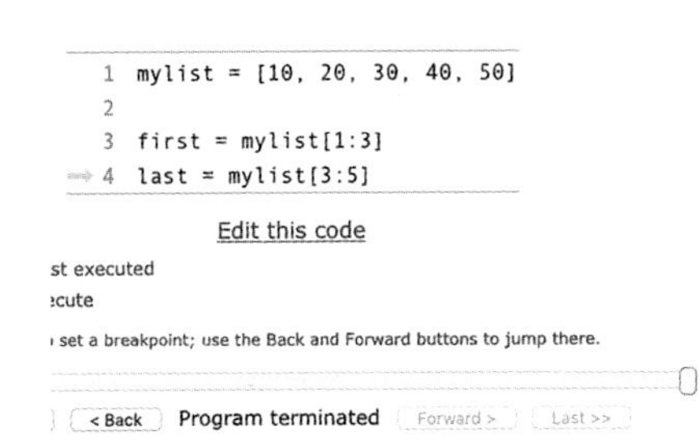

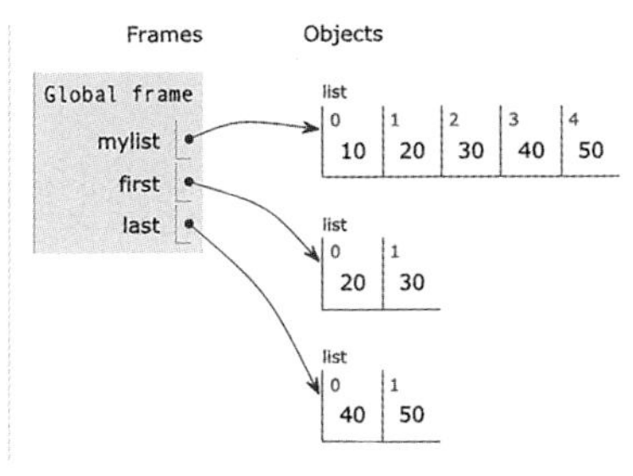

▼ 그림 3-3 튜플 내부의 값 슬라이싱하기

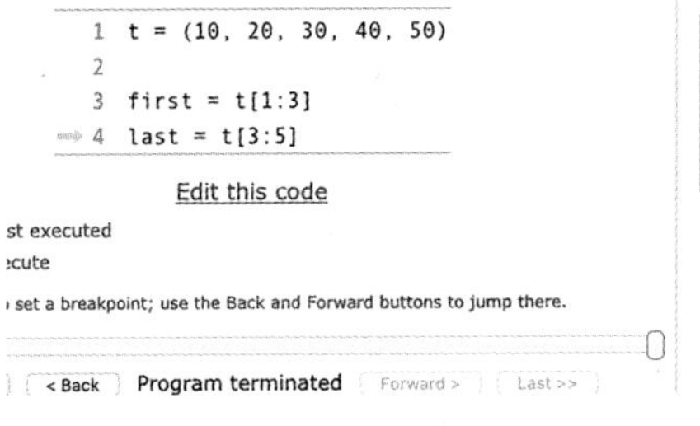

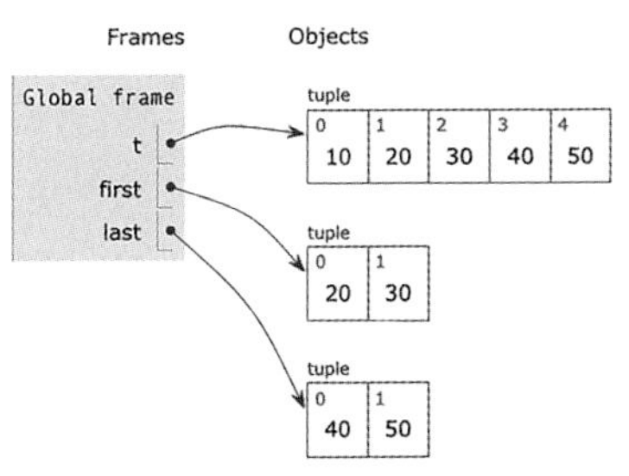

2 이 책의 모든 그림은 Python Tutor를 참조합니다.

IndexError 예외와 슬라이싱

인덱스를 기반으로 하나의 값을 추출할 때는 시퀀스의 범위를 넘어갈 수 없습니다.

```
s = 'abcd'
s[5]        # IndexError 예외가 발생합니다.
```

그런데 슬라이싱할 때는 자료 구조의 범위를 넘은 부분의 인덱스에 접근할 수 있습니다. 이때는 대상의 범위를 넘는 부분이 무시됩니다.

```
s = 'abcd'
s[3:100]    # 'd'를 리턴합니다.
```

따라서 그림 3-2와 그림 3-3에서 mylist[3:5]를 [3:10]이라고 입력해도 상관없고, 뒤의 숫자를 아예 생략해서 [3:]이라고 입력해도 상관없습니다.

그럼 이번 예제를 풀어봅시다. sequence라는 대상 내부에 있는 처음과 마지막 요소를 추출하고, 이를 결합해서 출력하고 싶다고 합시다. 인덱스를 기반으로 두 대상을 추출하고, 결합하는 다음과 같은 코드를 활용하면 된다고 생각할 수 있습니다.

```
# 답처럼 보일 수 있지만 답이 아닙니다!
def firstlast(sequence):
    return sequence[0] + sequence[-1]
```

하지만 이는 그림 3-4와 같이 실행됩니다. 이번 예제는 입력된 자료형을 그대로 리턴해야 하므로, 이는 정답 코드가 될 수 없습니다. 또한, 요소가 숫자인 경우에는 + 연산자로 숫자 덧셈이 실행되어 버립니다.

```
def firstlast(sequence): ------ 우리가 원하는 결과가 아닙니다.
    return sequence[0] + sequence[-1]

t1 = ('a', 'b', 'c')
output1 = firstlast(t1)
print(output1) ------ ('a', 'c')가 아니라 'ac'를 리턴합니다.
```

```
t2 = (1,2,3,4)
output2 = firstlast(t2)
print(output2) ------(1, 4)가 아니라 5를 리턴합니다.
```

▼ 그림 3-4 잘못된 코드

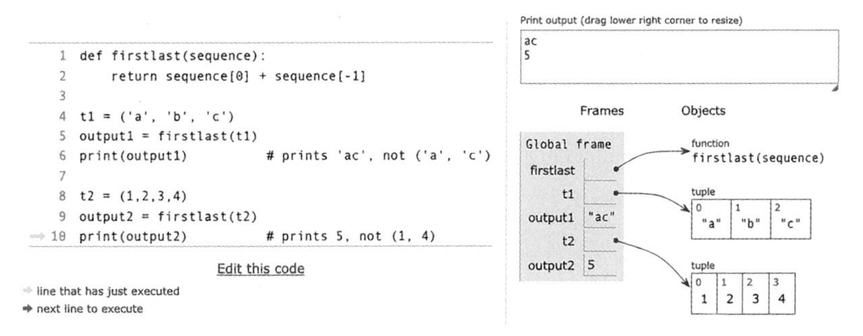

그럼 어떻게 해야 할까요? 가장 간단한 방법은 슬라이싱을 활용하는 것입니다. s[:1]이라는 코드를 사용해서 첫 번째 요소, s[-1:]이라는 코드를 사용해서 마지막 요소를 시퀀스로서 추출하고(그림 3-5), 이를 활용해서 결과를 만들어내면 됩니다. 참고로 s[-1:]이라는 코드가 이상하게 보일 수 있는데, 마지막 요소부터 끝까지 추출하라는 의미가 되어서 마지막 요소 하나만 추출됩니다.

▼ 그림 3-5 정답 코드

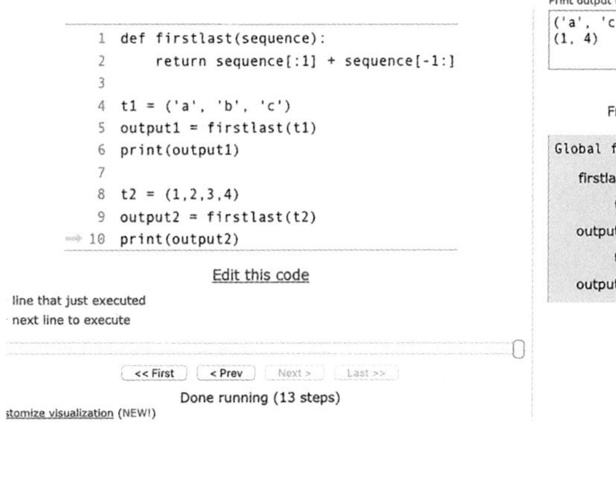

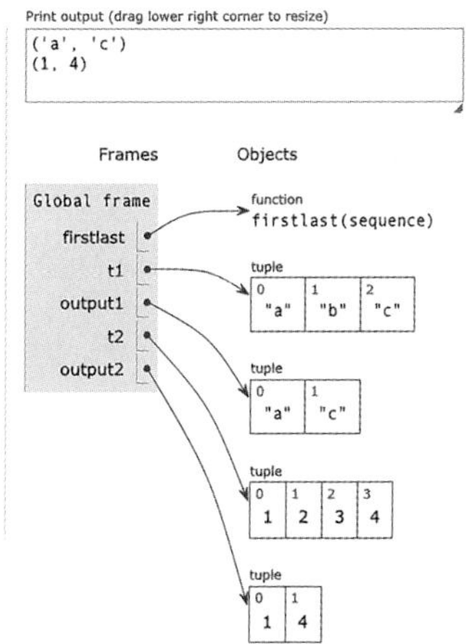

슬라이싱은 굉장히 재미있는 특성이 있습니다. 어떤 x 자료형의 객체를 슬라이싱하면 새로 만들어지는 객체의 자료형도 x가 됩니다.

3.1.2 해답

```
def firstlast(sequence):
    return sequence[:1] + sequence[-1:] ------슬라이싱을 활용합니다.
print(firstlast('abcd'))
```

이 예제는 http://mng.bz/RAPP에서 확인할 수 있습니다.

3.1.3 조금 더 나아가기

파이썬은 동적 자료형 지정 언어(동적 타이핑 언어)입니다. 즉, 파이썬의 변수들은 특정 자료형에 고정되지 않으며, 자유롭게 변경할 수 있습니다. 따라서 여러 자료형을 대상으로 하는 함수를 따로따로 만들 필요 없이, 한꺼번에 만들 수 있습니다. 동적 자료형 지정이라는 특성은 파이썬에서 굉장히 일반적으로 활용됩니다. 따라서 이를 익숙하게 활용할 수 있게 하는 것이 좋습니다. 예를 들면 다음과 같습니다.

- 정수를 제곱하는 함수와 부동소수점을 제곱하는 함수처럼 함수를 따로따로 만들려고 하지 마세요. 숫자는 모두 제곱할 수 있는 함수를 만드세요.
- 문자열에서 가장 큰 글자(유니코드 기준)를 찾는 함수, 리스트에서 가장 큰 요소를 찾는 함수, 튜플에서 가장 큰 요소를 찾는 함수를 따로따로 만들려고 하지 마세요. 시퀀스 내부에서 가장 큰 요소를 찾을 수 있는 함수를 만드세요.
- 파일 내부에서 가장 긴 단어를 찾는 함수, `io.StringIO`(http://mng.bz/PAOP)에서 가장 긴 단어를 찾는 함수를 따로따로 만들려고 하지 마세요. 한꺼번에 처리할 수 있는 함수를 만드세요.

슬라이싱은 자료의 일부만을 추출할 때 활용할 수 있는 굉장히 유용한 방법입니다. 또한, 슬라이싱은 문자열과 리스트 등의 모든 시퀀스에 적용할 수 있습니다. 필자는 가끔 학생들에게 마지막 요소 3개를 추출하는 코드를 작성해보라고 합니다. 파이썬은 굉장히 간단하게 mylist[-3:]과 같은 코드를 활용해 마지막 요소 3개를 추출할 수 있습니다. 학생들 대부분이 이런 코드를 처음 보면 자신이 생각한 코드보다 훨씬 간단해서 놀라기도 합니다.

그럼 인덱싱과 슬라이싱을 활용할 수 있는 예제를 몇 가지 더 소개하겠습니다.

1. 숫자로 구성된 리스트 또는 튜플을 매개변수로 받는 함수를 만들어주세요. 이 함수는 매개변수로 받은 숫자들을 기반으로 [홀수인_숫자의_합, 짝수인_숫자의_합] 형태의 리스트를 리턴해야 합니다. 따라서 even_odd_sums([10, 20, 30, 40, 50, 60])을 실행하면 [90, 120]을 리턴합니다.
2. 숫자로 구성된 리스트 또는 튜플을 매개변수로 받는 함수를 만들어주세요. 이 함수에서는 매개변수로 받은 숫자들을 더하고 빼고 더하고 빼고를 반복하는 형태로 번갈아가며 계산해서 만들어진 결과를 리턴합니다. 따라서 예를 들어 plus_minus([10, 20, 30, 40, 50, 60])이라면 10 + 20 - 30 + 40 - 50 + 60 = 50을 리턴합니다.
3. 파이썬이 기본적으로 제공하는 zip 함수(http://mng.bz/Jyzv)를 직접 구현해보세요. 이 함수는 매개변수로 여러 개의 이터러블을 받고, 튜플로 구성된 리스트를 리턴합니다. 각각의 튜플은 매개변수로 받은 이터러블의 해당 인덱스의 요소를 조합해서 만들어집니다. 예를 들어 myzip([10, 20, 30], 'abc')를 호출하면 [(10, 'a'), (20, 'b'), (30, 'c')]를 리턴하면 됩니다. 원래 zip 함수는 이터레이터를 리턴하지만, 간단하게 리스트로 리턴하게 구성해주세요. 또한 매개변수로 들어오는 모든 이터러블은 같은 길이를 갖는다고 가정해주세요.

리스트와 배열의 차이

C 언어 등의 프로그래밍 언어를 공부하다가 파이썬으로 넘어온 초보자는 여러 자료를 저장하기 위한 자료 구조로 먼저 배열(array)을 찾습니다. 하지만 일반적인 파이썬 개발에서는 배열을 활용하지 않으며, 리스트를 활용합니다.

리스트와 배열은 다릅니다. 배열은 고정된 길이를 갖고, 고정된 자료형의 요소만 저장할 수 있습니다. 반면 파이썬의 리스트는 고정된 길이를 갖지 않습니다(자료형은 "객체 지향 프로그래밍 언어에서 최상위 객체의 자료만 가질 수 있으며, 여러 종류의 자료형을 저장할 수 있는 것은 다형성에 의해서 만들어지는 것이다."라고 말할 수도 있지만 고정된 자료형을 갖는다고 말하지 않겠습니다).

Note 물론 파이썬도 표준 라이브러리로 배열(http://mng.bz/wBlQ)을 제공하며 자료 과학에서 널리 사용되는 NumPy 모듈도 배열(http://mng.bz/qMX2)을 제공합니다. 하지만 파이썬은 특별한 상황이 아닌 경우, 배열을 사용하지 않아도 됩니다. 동적 프로그래밍 언어의 장점을 활용할 수 있게, 리스트와 튜플을 활용하기 바랍니다.

사실 파이썬의 리스트는 파이썬 객체에 대한 포인터 배열이라고 할 수 있습니다. 하지만 기본적으로 배열은 고정된 크기를 갖는데, 파이썬은 어떻게 리스트의 크기가 유연하게 바뀔 수 있게 설계한 것일까요? 이는 파이썬이 미리 예비 공간을 확보해서 배열을 만들기 때문입니다. 따라서 요소 몇 개는 쉽게 추가할 수 있습니다. 만약 요소를 예비 공간보다 많이 추가하려고 하면(예비 공간이 꽉 차면), 파이썬은 리스트를 위한 새로운 배열을 크게 만들고, 여기에 요소들을 다시 할당합니다. 이러한 처리가 내부적으로 이루어지므로, 크게 신경 쓸 필요는 없습니다. 하지만 파이썬의 리스트에 요소를 많이 추가하는 경우, 내부적으로 연산 오버헤드(부하)가 발생할 수 있다는 점을 기억해주세요. 지금까지 설명한 내용은 `sys.getsizeof`(http://mng.bz/7Xzy)로 확인할 수 있습니다. 이 함수는 리스트(또는 여러 자료 구조)를 저장할 때 얼마나 많은 바이트가 필요한지 알려줍니다.

```
>>> import sys
>>> mylist = []
>>> for i in range(25):
...     l = len(mylist)
...     s = sys.getsizeof(mylist)
...     print(f'len = {l}, size = {s}')
...     mylist.append(i)
```

계속

이 코드를 실행하면 다음과 같은 결과를 확인할 수 있습니다.

```
len = 0, size = 64
len = 1, size = 96
len = 2, size = 96
len = 3, size = 96
len = 4, size = 96
len = 5, size = 128
len = 6, size = 128
len = 7, size = 128
len = 8, size = 128
len = 9, size = 192
len = 10, size = 192
len = 11, size = 192
len = 12, size = 192
len = 13, size = 192
len = 14, size = 192
len = 15, size = 192
len = 16, size = 192
len = 17, size = 264
len = 18, size = 264
len = 19, size = 264
len = 20, size = 264
len = 21, size = 264
len = 22, size = 264
len = 23, size = 264
len = 24, size = 264
```

실행 결과를 보면 알 수 있는 것처럼 리스트는 필요에 따라서 계속 커지며, 항상 예비 공간을 마련해줍니다. 이러한 예비 공간은 요소를 간단하게 몇 개 추가할 때, 오버헤드가 발생하는 것을 막아줍니다.

Note 파이썬의 버전, 파이썬이 설치되어 있는 운영 체제와 플랫폼에 따라서 이 실행 결과와 숫자가 조금 다르게 나올 수 있습니다.

계속

일반적으로 파이썬 개발할 때 이와 같은 내용을 얼마나 신경 써야 할까요? 크게 신경 쓰지는 않아도 괜찮지만, 기억하고 있으면 좋습니다. 이러한 배경지식은 프로그램을 최적화할 때도 도움이 되고, '파이썬으로 어떻게 프로그램을 작성하면 좋을지'라는 관점을 개선하는 데도 도움이 될 것입니다.

다만 파이썬으로 어떤 프로그램을 만드는 데 자료 구조의 크기와 메모리 할당 방식을 자주 고민한다면 쓸모없는 고민을 하고 있다고 말하고 싶습니다. 파이썬은 굉장히 멋진 프로그래밍 언어이며, 파이썬의 가비지 컬렉터는 메모리와 관련한 처리를 충분히 잘 해줍니다. 그리고 사실 파이썬은 가비지 컬렉터를 제어할 수 없는 언어입니다. 따라서 세부적인 메모리 할당 등까지 조절할 수 없습니다. 이와 같은 미세한 튜닝을 해야 한다면 다른 프로그래밍 언어를 활용한 뒤 파이썬에서 불러와서 사용하는 것이 좋습니다.

3.2 EXERCISE 10. 아무것이나 더하기

PYTHON

지금까지 다양한 종류의 자료형을 다루는 함수를 작성해보았습니다. 또한, 어떤 자료형의 매개변수를 받고, 다른 자료형으로 리턴하는 함수도 살펴보았습니다.

이번 예제에서는 자료형과 관련한 파이썬의 유연성을 더 살펴보겠습니다. 정수, 부동소수점, 문자열, 리스트 등 매개변수로 들어온 모든 것을 더하고 싶다면 어떻게 해야 할까요?

1장에서 만든 숫자를 매개변수로 받는 `mysum` 함수를 기반으로, + 연산자를 갖고 있는 자료형(숫자, 문자열, 리스트, 튜플 등)을 매개변수로 받게 확장해주세요. 참고로 더해야 하는 매개변수는 같은 자료형으로 입력된다고 가정합니다.

Note ≡ 파이썬 3.9버전부터는 딕셔너리에 | 연산자가 추가되어, 두 딕셔너리를 결합할 수 있게 되었습니다. 이와 관련한 자세한 내용은 PEP 584(http://mng.bz/mB42)를 참고해주세요. 가능하다면 이를 활용해서 딕셔너리와 세트에도 `mysum`을 적용할 수 있게 확장해보기 바랍니다.

함수의 실행 결과는 입력된 것과 같은 자료형이어야 합니다. 따라서 시퀀스를 매개변수로 입력한 경우, 더 큰 시퀀스를 새로 만들어 리턴하면 됩니다. 예를 들어 `mysum('abc', 'def')`는 abcdef라는 문자열, `mysum([1,2,3], [4,5,6])`은 `[1,2,3,4,5,6]`이라는 리스트가 되면 됩니다.

이번 예제를 통해서 한 함수에서 여러 종류의 자료형을 리턴할 때 어떻게 해야 하는지 알 수 있을 것입니다. 또한, 시퀀스에 대해서도 더 자세히 알 수 있을 것입니다.

3.2.1 풀어보기

이번에 만들어야 하는 mysum은 이전에 살펴본 mysum보다 훨씬 복잡합니다. 일단 같은 것부터 생각해봅시다. 매개변수를 여러 개 받을 수 있어야 하므로, 매개변수를 튜플로 받을 수 있게 전개 연산자(*)를 사용해야 할 것입니다.

> **Tip** 전통적으로 '여러 개의 매개변수를 받아야 하는 상황'에는 *args라는 이름을 활용합니다. 하지만 다른 이름을 사용해도 상관없습니다. 중요한 것은 이름이 아니라 * 부분입니다. 이번 예제에서는 items라는 이름을 사용해보겠습니다.

함수 내부에서 처음 해야 하는 일은 매개변수를 잘 받았는지 확인하는 것입니다. 매개변수를 제대로 받아야 무언가를 더할 수 있기 때문입니다. 만약 매개변수 자체를 받지 못했다면 빈 튜플이 들어올 것입니다. 이와 같이 매개변수가 없다면 무언가를 더하는 것 자체가 불가능합니다.

빈 튜플인지 확인할 때 ()를 비교하거나, 길이가 0인지 비교하는 방법을 생각할 수 있겠지만, 이런 방법을 사용하지는 않을 것입니다. 파이썬스럽지 않기 때문입니다. 파이썬스러운 코드로 빈 튜플인지 확인하려면 if not items와 같은 코드를 사용하는 것이 좋습니다. 파이썬은 빈 시퀀스를 불로 변환하면 False가 나옵니다. 이를 활용해서 튜플이 비었는지 확인하는 것입니다.

이어서 다음 줄에서 items의 첫 번째 요소를 output이라는 변수에 할당합니다(그림 3-6). 예를 들어 매개변수들이 숫자라면 output도 숫자로 초기화될 것입니다. 그리고 매개변수들이 문자열이라면 문자열로 초기화될 것입니다. 이처럼 첫 번째 요소로 초기화해야, 이어지는 요소를 더할 때(+ 연산자를 사용할 때) 문제가 없습니다.

이어지는 부분은 이전에 살펴본 mysum과 비슷합니다. 다만 이미 첫 번째 요소로 output을 초기화했으므로, 이를 제외하고 나머지로 반복을 돌며 더해야 할 것입니다. 첫 번째 요소를 제외하고 반복을 돌리면 items[1:]을 활용하면 됩니다(그림 3-7). 다시 한 번 파이썬의 슬라이싱을 활용했습니다.

▼ 그림 3-6 첫 번째 요소를 output에 할당한 상태

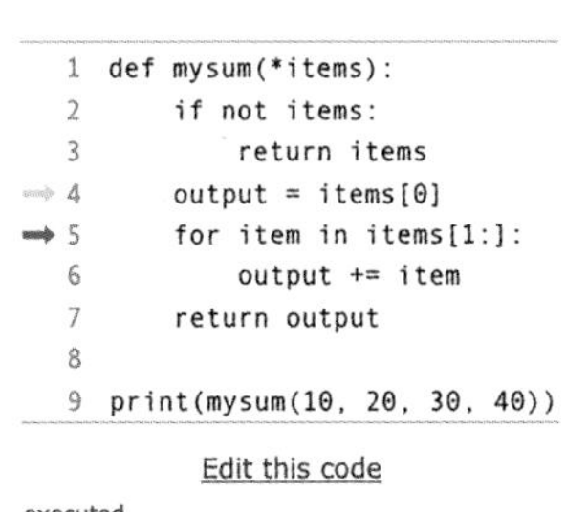

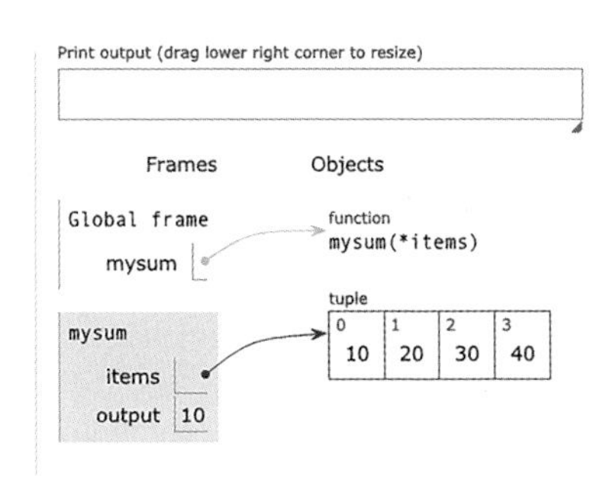

▼ 그림 3-7 모든 요소를 output에 더한 상태

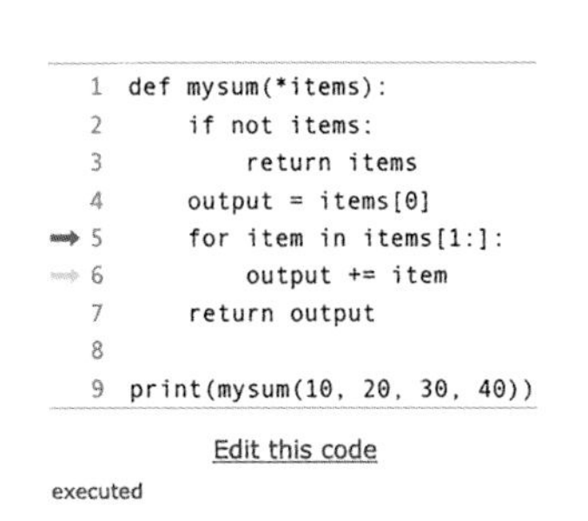

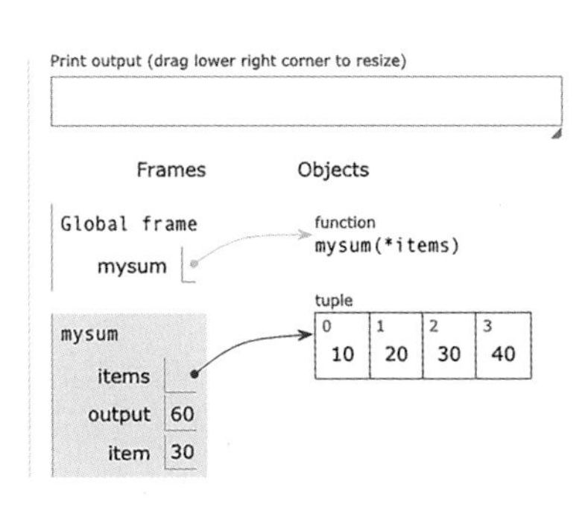

요소들을 0부터 더하는 것이 아니라 items[0]부터 더한다는 것을 제외하면 별로 차이가 없다고 느낄 수 있을 것입니다.

그런데 만약 이 함수를 사용하는 사람이 매개변수를 1개만 입력했다면 어떨까요? 슬라이싱하는 items[1:]에서 문제가 생기지는 않을까요? 괜찮습니다. 파이썬의 슬라이싱은 시퀀스의 길이를 넘는 인덱스를 지정해도 문제없이 동작합니다. 단순하게 빈 인덱스를 리턴할 뿐입니다. 따라서 반복문이 동작하지 않습니다. 결과적으로 items[0]이 들어 있는 output만 리턴합니다.

3.2.2 해답

```
def mysum(*items):
    if not items: ------
      return items
    output = items[0]

    for item in items[1:]:
        output += item ------items 내부의 요소들은 + 연산자를 적용할 수 있다고 가정합니다.
    return output

print(mysum())
print(mysum(10, 20, 30, 40))
print(mysum('a', 'b', 'c', 'd'))
print(mysum([10, 20, 30], [40, 50, 60], [70, 80]))
```

파이썬은 None, False, 0, 빈 컬렉션을 False로 변환하며, 이외의 모든 것은 True로 변환합니다. 따라서 items가 빈 튜플이라면 조건문 내부로 들어가서 빈 튜플을 리턴합니다.

이 예제는 http://mng.bz/5aA1에서 확인할 수 있습니다.

3.2.3 조금 더 나아가기

이번 예제에서는 파이썬의 동적 자료형 지정이라는 특성을 활용해서 다양한 종류의 자료형을 처리할 수 있는 함수를 만들어보았습니다. 이 내용을 더 연습해 볼 수 있는 예제를 몇 가지 소개하겠습니다.

- mysum과 비슷하게 작동하는 mysum_bigger_than을 만들어주세요. 이 함수는 *items 앞에 매개변수 하나를 추가로 가져야 합니다. mysum_bigger_than은 첫 번째 매개변수보다 큰 요소만 더해서 리턴합니다. 예를 들어 mysum_bigger_than(10, 5, 20, 30, 6)은 첫 번째 매개변수가 10입니다. 따라서 뒤에 있는 숫자 중에서 이것보다 작은 5와 6을 제외하고, 20과 30만 더해서 50을 리턴합니다. 참고로 〉와 〈은 숫자뿐만 아니라 다른 자료형에도 동작합니다.

- 여러 개의 매개변수를 받는 `sum_numeric` 함수를 만들어주세요. 이 함수는 정수 또는 정수로 변환할 수 있는 값만 더해서 리턴합니다. 이를 제외한 값들은 무시하면 됩니다. 예를 들어 `sum_numeric(10, 20, 'a', '30', 'bcd')`는 60을 리턴합니다.
- 여러 개의 딕셔너리를 매개변수로 받고, 모든 키와 값을 하나의 딕셔너리로 결합하는 함수로 만들어주세요. 여러 개의 딕셔너리에서 키가 겹치는 경우, 값으로 매개변수들을 모두 포함하는 리스트를 갖게 만들어주세요.

PYTHON

3.3 EXERCISE 11. 이름을 알파벳 순서로 정렬하기

다음과 같은 리스트가 있다고 해봅시다.

```
PEOPLE = [{
    'first':'Reuven', 'last':'Lerner',
    'email':'reuven@lerner.co.il'
}, {
    'first':'Donald', 'last':'Trump',
    'email':'president@whitehouse.gov'
}, {
    'first':'Vladimir', 'last':'Putin',
    'email':'president@kremvax.ru'
}]
```

alphabetize_names라는 함수를 작성해주세요. 리스트는 PEOPLE이라는 상수로 처음부터 존재한다고 가정합니다. 이 함수는 매개변수로 앞에서의 설명과 같은 리스트를 받고, 리스트 내부에 있는 딕셔너리의 last 속성을 기준으로 리스트를 정렬한 뒤 리턴합니다. last 속성이 같을 경우 first 속성으로 정렬합니다.

Note 파이썬은 상수(constant)가 없습니다. 일부 자료 구조를 제외하면 모두 수정할 수 있습니다. 일반적으로 파이썬에서는 함수 외부에 정의되어 있는 대문자로 구성된 변수를 '상수'라고 부릅니다.[3]

3 역주 '변경할 수 있는데 왜 상수라고 할까?'라고 생각할 수 있는데요. 관례적으로 '대문자로 구성된 변수는 변경하지 말자.'라는 규칙이 있으므로, '대문자로 구성된 변수'를 '상수'라고 부릅니다. 본문에서는 '함수 외부에 정의되어 있다.'라는 말이 있지만, 일반적으로 함수 내부에 있어도 대문자로 구성되어 있다면 상수로 취급합니다.

이번 예제는 굉장히 다양한 방법으로 해결할 수 있습니다. 그래도 일단 이전에 살펴본 sorted 메서드를 활용해야 할 것입니다. 그렇다면 어떻게 딕셔너리의 키로 정렬할 수 있을까요? 이와 관련한 자세한 내용은 http://mng.bz/D28E 에서 확인할 수 있습니다. 이번 예제를 풀 수 있는 방법 중 하나를 소개하면 operator.itemgetter(http://mng.bz/dyPQ)를 활용하는 것입니다.

3.3.1 풀어보기

파이썬의 자료 구조들은 하나하나가 굉장히 강력합니다. 이러한 자료 구조를 함께 활용하면 시너지 효과가 발생해서 더 강력해집니다. 리스트, 튜플, 딕셔너리를 요소로 갖는 리스트는 굉장히 다양한 곳에 활용합니다. 이번 예제는 이러한 자료 구조를 활용해서 자료를 저장하고, 이를 기반으로 탐색, 조작, 정렬하는 방법을 다룹니다.

필자가 제안하는 답은 크게 두 부분입니다. 일단 첫 번째는 last와 first를 기반으로 리스트의 내용을 정렬하는 부분입니다. 그리고 두 번째는 사용자가 쉽게 볼 수 있는 형태로 리스트의 내용을 출력하는 부분입니다.

두 번째 부분부터 살펴봅시다. 일단 딕셔너리를 요소로 갖는 리스트가 있습니다. 따라서 반복문에 리스트를 넣으면 반복 변수에 딕셔너리가 들어갑니다. 현재 딕셔너리는 first, last, email이라는 속성을 갖고 있습니다. 이 키를 활용해서 내용을 출력한다면 다음과 같은 코드를 작성할 수 있습니다.

```
for person in people:
    print(f'{person["last"]}, {person["first"]}: {person["email"]}')
```

두 번째 부분은 해결하였습니다. 그렇다면 첫 번째 부분(last와 first를 기반으로 리스트를 정렬)은 어떻게 해야 할까요? 파이썬의 sorted 함수는 딕셔너리로 구성된 리스트를 정렬할 수 없습니다.[4] 따라서 정렬하고자 하는 last와 first를 리스트로 만든 뒤 이를 활용해서 정렬해야 합니다.

따라서 다음과 같은 딕셔너리를,

```
{'first':'Vladimir', 'last':'Putin', 'email':'president@kremvax.ru'}
```

다음과 같은 리스트로 변환해서 활용해야 합니다.

```
['Putin', 'Vladimir']
```

이렇게 리스트를 만들었다면 sorted 함수의 key 키워드 매개변수를 활용합니다. key 매개변수에는 매개변수 하나를 받고, 비교 가능한 값을 리턴하는 함수를 지정합니다. 이 함수는 요소별로 한 번씩만 호출되며, 값을 정렬하는 데 활용합니다.

예를 들어 다음 코드와 같이 사용합니다.

```
mylist = ['abcd', 'efg', 'hi', 'j']
mylist = sorted(mylist, key=len)
```

이 코드를 실행하면 mylist의 요소가 문자열의 길이를 기준으로 정렬됩니다. len 함수가 각각의 요소에 적용되고, 리턴된 숫자를 기반으로 정렬하기 때문입니다. 이번 예제에서도 이처럼 (1) sorted 함수의 key 매개변수와, (2) 다음과 같이 딕셔너리의 값을 리스트로 변환해주는 함수를 활용하면 될 것입니다.

```
def person_dict_to_list(d):
    return [d['last'], d['first']]
```

이 함수를 활용해서 sorted 함수를 다음과 같이 구성합니다.

```
print(sorted(people, key=person_dict_to_list))
```

4 역주 sorted 함수는 시퀀스의 요소가 대소 비교를 할 수 있어야 합니다.

이러한 코드로 정렬된 리스트를 만들었다면 이전에 살펴본 출력 코드를 활용하면 됩니다.

그런데 한 번만 사용하는, 특수한 목적으로 활용하는 person_dict_to_list를 따로 빼서 정의할 필요가 있을까요? 이처럼 간단하게 활용하는 함수는 람다(http://mng.bz/GVy8)를 사용해서 만드는 것이 좋습니다. 람다를 활용하면 코드를 다음과 같이 만들 수 있습니다.

```
for p in sorted(people, key=lambda x: [x['last'], x['first']]):
    print(f'{p["last"]}, {p["first"]}: {p["email"]}')
```

그런데 필자가 만나본 많은 파이썬 개발자는 람다를 잘 사용하지 못했습니다(람다와 관련한 자세한 내용은 이번 예제의 마지막 부분에 있는 참고 부분을 확인해주세요). 그래서 람다는 사람들이 코드를 읽기 힘들게 만들 수 있습니다.

코드를 더 읽기 쉽게 만들려면 operator 모듈의 itemgetter 함수를 활용하면 됩니다. itemgetter는 원하는 만큼의 매개변수를 받을 수 있으며, 매개변수에 입력한 값을 기반으로 요소를 추출해서 튜플로 리턴하는 함수를 리턴합니다. 표현이 조금 어려운데요. 다음 코드를 살펴봅시다.

```
s = 'abcdef'
t = (10, 20, 30, 40, 50, 60)
get_2_and_4 = operator.itemgetter(2, 4) ------ itemgetter는 함수를 리턴합니다.
print(get_2_and_4(s)) ------ ('c', 'e')를 리턴합니다.
print(get_2_and_4(t)) ------ (30, 50)을 리턴합니다.
```

itemgetter('last', 'first')라는 코드를 활용하면 딕셔너리를 (last_속성, first_속성) 형태의 튜플로 변환하는 함수를 만들 수 있습니다.

따라서 이전의 코드를 다음과 같이 작성할 수 있습니다.

```
from operator import itemgetter
for p in sorted(people, key=itemgetter('last', 'first')):
    print(f'{p["last"]}, {p["first"]}: {p["email"]}')
```

3.3.2 해답[5]

```
import operator

PEOPLE = [{
    'first':'Reuven', 'last':'Lerner',
    'email':'reuven@lerner.co.il'
}, {
    'first':'Donald', 'last':'Trump',
    'email':'president@whitehouse.gov'
}, {
    'first':'Vladimir', 'last':'Putin',
    'email':'president@kremvax.ru'
}]

def alphabetize_names(list_of_dicts):
  return sorted(list_of_dicts, key=operator.itemgetter('last',
  ➥'first')) ------sorted 함수의 key 키워드 매개변수를 지정해서 어떤 것으로 정렬할지 지정합니다.

print(alphabetize_names(PEOPLE))
```

이 예제는 http://mng.bz/Yr6Q에서 확인할 수 있습니다.

3.3.3 조금 더 나아가기

이번 예제에서는 파이썬의 자료 구조를 조합해서 만든 리스트를 정렬하는 방법에 대해서 살펴보았습니다. 단순하게 sorted 함수를 사용하면 자료 구조를 조합해서 만든 리스트를 정렬할 수 없습니다. 따라서 이번 예제에서 살펴본 sorted 함수의 key 키워드 매개변수를 사용하는 방법에 대해서 알아야 합니다. 이를 활용할 수 있는 예제를 몇 가지 더 소개하겠습니다.

5 역주 다음 코드는 딕셔너리를 요소로 갖는 리스트를 정렬만 하고, 형식화해서 출력하는 부분은 생략되었습니다.

- 양의 정수와 음의 정수를 매개변수로 받고, 절댓값으로 이를 정렬하는 함수를 만들어주세요.
- 문자열 리스트를 매개변수로 받고, 문자열에 포함되어 있는 모음의 수로 이를 정렬하는 함수를 만들어주세요.
- 0개 이상의 숫자가 포함된 리스트를 요소로 갖는 리스트를 매개변수로 받고, 내부 리스트에 있는 숫자 합을 기준으로 이를 정렬하는 함수를 만들어주세요.

람다

많은 초보 파이썬 개발자가 자주 묻는 질문으로 람다가 있습니다. 람다가 무엇이고, 람다를 대체 어디에 써야 하는지 살펴봅시다.

람다는 함수 객체를 만들어내는 방법 중 하나이며, 이를 활용해서 만들어진 함수를 익명 함수(anonymous function)라고 부릅니다. 함수 객체이므로 일반적인 함수를 사용할 수 있는 곳이라면 어디에나 활용할 수 있습니다. 그리고 이름을 갖지 않으므로, 변수 이름의 낭비를 줄일 수 있다는 장점이 있습니다.

예를 들어 다음 코드를 살펴봅시다.

```
glue = '*'
s = 'abc'
print(glue.join(s))
```

`glue.join(s)`는 a*b*c라는 문자열을 리턴합니다. 그런데 사실 `glue`와 `s`를 변수로 정의할 필요도 없습니다. 그냥 다음과 같이 한 줄로 입력할 수 있으니까요.

```
print('*'.join('abc'))
```

이 코드도 이전과 같은 결과를 출력합니다. 차이는 단순하게 변수를 사용하지 않고, 문자열 리터럴을 그대로 사용했다는 것입니다. 이러한 문자열은 우리가 필요할 때 생성되며, 해당 코드가 실행된 뒤에 사라집니다. 이름이 없는 문자열이므로, 익명 문자열이라고 부를 수도 있습니다. 이러한 익명 문자열(= 문자열 리터럴)은 굉장히 일반적으로 사용되는 형태입니다.

계속

이제 다시 함수를 생각해봅시다. def를 활용해서 함수를 선언한다는 것은 실제로 (1) 함수 객체를 만들고 (2) 이를 어떤 변수에 할당하는, 두 가지 과정이 결합된 것입니다. 이러한 변수를 함수라고 부르지만, 이는 단순하게 x = 5라는 코드에서 'x는 정수다.'라고 부르는 것과 같이 안에 들어 있는 자료형을 말하는 것뿐입니다. 파이썬에서 할당이란 이름으로 객체를 참조할 수 있게 만든다는 의미입니다. 따라서 함수도 마찬가지로 객체이므로, 이를 이름으로 참조할 수 있게 만드는 것은 할당입니다.

예를 들어 다음 코드를 생각해봅시다.

```
mylist = [10, 20, 30]

def hello(name):
    return f'Hello, {name}'
```

이 코드를 Python tutor에서 실행해보면 2개의 변수가 정의된 것으로 나옵니다(그림 3-8). 하나는 리스트 자료형을 가리키는 mylist이며, 다른 하나는 함수 자료형을 가리키는 hello입니다.

▼ 그림 3-8 mylist와 hello는 모두 객체를 가리킨다

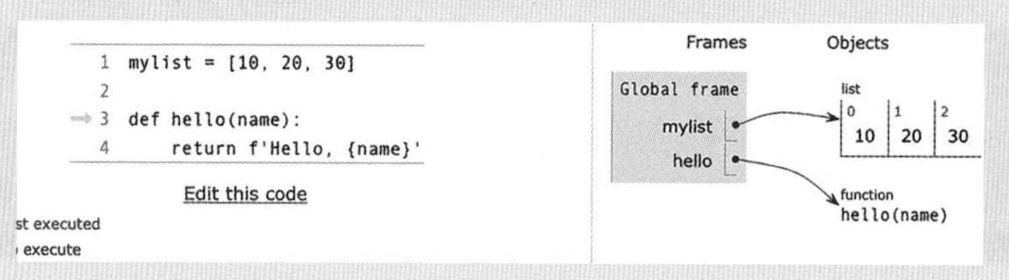

함수는 객체이므로, 다른 함수의 매개변수로 전달할 수 있습니다. 이러한 코드가 처음에는 이상하게 보일 수도 있지만, 함수도 단순한 객체라는 사실에 익숙해지면 쉽게 활용할 수 있게 됩니다.

예를 들어 다음 코드는 함수를 매개변수로 받을 것이라 가정한 run_func_with_world를 정의하고, 이 함수에 매개변수로 함수 객체를 전달하는 코드입니다.

```
def hello(name):
    return f'Hello, {name}'

def run_func_with_world(func):
    return func('world')

print(run_func_with_world(hello))
```

계속

run_func_with_world의 매개변수로 hello라는 함수를 전달했습니다(그림 3-9). 이 코드는 파이썬에서 매우 정상적으로 동작하는 코드입니다.

▼ 그림 3-9 run_func_with_world의 매개변수로 hello라는 함수를 전달해서 호출한다

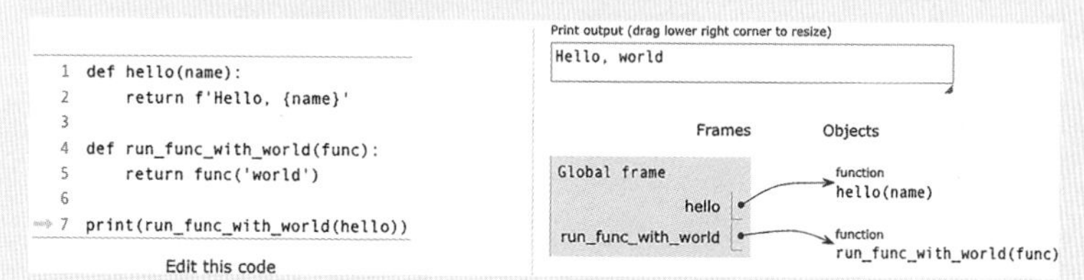

정렬 등을 하는 경우에 다른 함수를 매개변수로 받는 함수 등을 많이 활용합니다.

그렇다면 이 코드와 람다가 어떤 관련이 있을까요? def를 사용해서 함수를 만드는 코드는 이전에 살펴본 문자열 때의 예처럼 변수를 활용하는 것과 같습니다. 그런데 딱 한 번만 사용하는 함수를 변수까지 만들어야 할 필요가 있을까요? 이전의 문자열 때와 마찬가지로 변수에 넣지 않고도 함수를 사용할 수 있다면 좋을 것입니다.

람다가 등장할 때입니다. 람다를 활용하면 다른 함수에 전달하기 위한 익명 함수를 만들 수 있습니다. 이러한 익명 함수는 우리가 필요할 때 생성되며, 해당 코드가 실행된 뒤에 사라집니다.

람다는 def를 활용해서 함수를 만드는 두 가지 과정, (1) 함수 객체를 만들고, (2) 이를 어떤 변수에 할당하는 것에서 (1)만 수행하는 것이라 생각하면 됩니다. 앞의 코드를 람다를 사용하는 형태로 변경한다면 다음과 같은 코드가 만들어집니다.

```
def run_func_with_world(f):
    return f('world')

print(run_func_with_world(lambda name: f'Hello, {name}'))
```

hello라는 함수를 람다를 활용한 익명 함수로 바꾸었으며, 이전과 같은 형태로 동작합니다.

▼ 그림 3-10 익명 함수를 활용해 매개변수를 전달한다

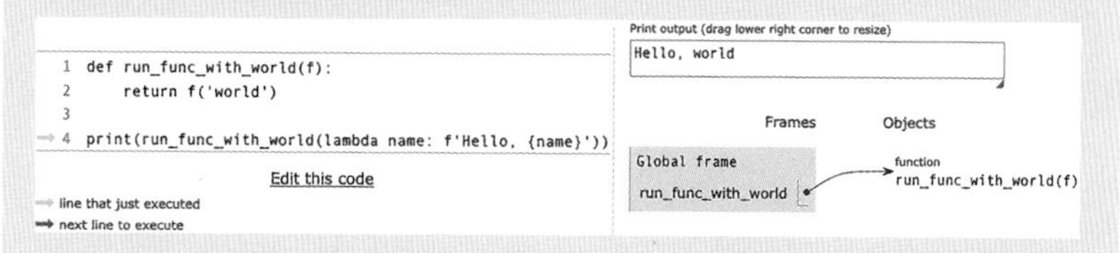

람다를 사용해서 익명 함수를 만들려면 lambda라는 키워드를 사용하고, 매개변수를 입력한 뒤, 콜론을 입력합니다. 이어서 람다에서 리턴할 한 줄의 표현식을 작성합니다. 람다에는 한 줄

계속

의 표현식만 입력할 수 있습니다. 할당 등은 허용되지 않으며, 모든 내용이 이처럼 한 줄에 있어야 합니다.

람다는 제한이 많습니다. 또한, `itemgetter`와 같은 더 쉬운 방법을 활용할 수 있으므로, 최근에는 파이썬 개발자들이 거의 사용하지 않습니다. 물론 필자는 람다를 사용하는 것에 딱히 제한을 두지 않으며, 람다를 사용하는 것을 좋아합니다. 하지만 많은 개발자에게 람다는 코드의 가독성을 떨어뜨리고, 유지보수를 힘들게 만듭니다.

PYTHON

3.4 EXERCISE 12. 특정 글자를 가장 많이 가진 단어 찾기

문자열 시퀀스를 매개변수로 받는 most_repeating_word 함수를 작성해주세요. 이 함수는 해당 단어에서 특정 글자를 가장 많이 포함된 문자열을 리턴합니다. 한 줄로 설명하기는 복잡한데요. 풀어서 설명하면 다음과 같습니다.

- 각 단어에서 가장 많이 등장하는 글자의 수를 셉니다.
- 그 글자의 수가 가장 많은 단어를 리턴합니다.

예를 들어 다음과 같은 문자열 시퀀스가 있다면,

```
words = ['this', 'is', 'an', 'elementary', 'test', 'example']
```

elementary를 리턴해야 합니다. 왜냐하면,

- this는 반복되는 글자가 없습니다.
- is는 반복되는 글자가 없습니다.
- an은 반복되는 글자가 없습니다.
- elementary는 반복되는 글자로 e가 있으며, 3번 등장합니다.
- test는 반복되는 글자로 t가 있으며, 2번 등장합니다.
- example는 반복되는 글자로 e가 있으며, 2번 등장합니다.

따라서 elementary에서 가장 많이 등장하는 글자는 다른 단어에서 가장 많이 등장하는 글자보다 많이 등장합니다. 참고로 만약 그 수가 같은 경우, 둘 중 아무것이나 하나 리턴합니다.

시퀀스에서 어떤 요소가 몇 번 등장하는지 확인할 때는 collections 모듈의 Counter(http://mng.bz/rrBX)를 사용하면 됩니다. Counter가 가진 메서드 중에 이번 예제를 풀 때는 most_common 메서드(http://mng.bz/vxlJ)를 유용하게 활용할 수 있습니다.

3.4.1 풀어보기

이번 예제는 필자가 좋아하는 여러 파이썬 테크닉이 등장합니다.

- 일단 딕셔너리 클래스를 상속받아 만든 collections 모듈의 Counter 클래스입니다. 이를 활용하면 어떤 대상을 쉽게 셀 수 있습니다.
- max 함수도 key 키워드 매개변수가 있습니다. 이를 활용하면 이전에 살펴본 sorted의 key 키워드 매개변수처럼 무엇을 비교할지 지정할 수 있습니다.

일단 단어에서 각각의 글자들이 몇 번 등장하는지 확인할 수 있어야 합니다. Counter를 활용하면 굉장히 쉽게 구현할 수 있습니다. Counter는 dict를 상속받아 만들어졌습니다. 따라서 dict로 할 수 있는 것을 모두 할 수 있습니다. Counter는 일반적으로 특정 시퀀스를 기반으로 만들어냅니다. 예를 들어 문자열을 기반으로 만든다면 다음과 같습니다.

```
>>> Counter('abcabcabbbc')
Counter({'a': 3, 'b': 5, 'c': 3})
```

실행 결과를 보면 알 수 있듯, 문자열 내부에 어떤 단어가 몇 번 등장하는지 곧바로 알 수 있습니다. 반복문을 활용하면 가장 많이 등장하는 글자를 찾을 수 있습니다. 하지만 반복문을 활용할 필요도 없이 Counter.most_common을 활용하면 가장 많이 등장하는 글자를 곧바로 찾을 수 있습니다.

```
>>> Counter('abcabcabbbc').most_common()
[('b', 5), ('a', 3), ('c', 3)]
```

가장 많이 등장하는 글자부터 가장 적게 등장하는 글자 순서로 정렬되어 출력됩니다.

Counter.most_common은 (값, 등장_횟수) 형태의 튜플을 요소로 갖는 리스트를 리턴합니다. 그리고 이 리스트는 등장 횟수를 기반으로 내림차순으로 정렬되어 있습니다. 이 실행 결과를 보면 b가 5번, a가 3번, c가 3번 등장합니다. b가 가장 많이 등장하므로 앞에 위치하는 것입니다. Counter.most_common에는 매개변수로 정수 n을 지정할 수 있으며, 리턴되는 튜플의 요소 개수를 n개로 제한할 수 있습니다.

```
>>> Counter('abcabcabbbc').most_common(1)
[('b', 5)]
```

가장 많이 등장하는 글자만 출력됩니다.

이를 이번 예제에 활용하면 좋을 것입니다. 쉽게 사용할 수 있게 다음과 같이 함수로 만들면 단어에서 가장 많이 등장하는 글자의 등장 횟수를 간단히 알 수 있습니다.

```
def most_repeating_letter_count(word):
    return Counter(word).most_common(1)[0][1]
```

이 코드에서 (1)[0][1]이라고 쓰인 부분이 이상하게 느껴질 수도 있는데요. 풀어서 쓰면 다음과 같습니다.

1. 가장 많이 등장한 글자 하나만 확인하고 싶으므로, most_common의 매개변수로 1을 전달합니다.
2. 리스트의 첫 번째 요소(튜플)를 추출합니다.
3. 튜플의 인덱스 1에 접근해서 등장 횟수를 추출합니다.

등장 횟수만 알면 되고, 어떤 글자가 가장 많이 등장하는지는 몰라도 됩니다. 필자는 개인적으로 [0][1]처럼 인덱스를 여러 번 활용하는 것을 싫어합니다. 그래서 함수로 만든 이유 중에는 이러한 코드가 외부로 보이지 않게 하기 위함도 있습니다.

이어서 문자열 시퀀스에서 이렇게 구한 등장 횟수가 가장 많은 단어를 찾아야 합니다. 여러 방법이 있겠지만, 이전에 살펴본 sorted 함수의 key 키워드 매개변수에 앞에서 만든 most_repeating_letter_count를 넣어서 가장 큰 요소를 추출하는 방법을 사용해볼 수 있습니다. sorted 함수는 기본적으로 낮은 숫자에서 큰 숫자 순서로 정렬하므로, 마지막에 있는 요소(인덱스 -1)를 추출하면 원하는 답을 얻을 수 있습니다.

그런데 사실 더 좋은 방법이 있습니다. max 함수도 key 키워드 매개변수를 받을 수 있습니다. 이를 활용하면 곧바로 등장 횟수가 가장 많은 단어를 추출할 수 있습니다. 따라서 다음과 같이 코드를 구성하면 됩니다.

```
def most_repeating_word(words):
    return max(words, key=most_repeating_letter_count)
```

3.4.2 해답

```
from collections import Counter
import operator

WORDS = ['this', 'is', 'an',
    'elementary', 'test', 'example']

def most_repeating_letter_count(word):
    return Counter(word).most_common(1)[0][1]

def most_repeating_word(words):
    return max(words,
        key=most_repeating_letter_count)

print(most_repeating_word(WORDS))
```

어떤 글자가 가장 많이 등장하는지 확인하고, 등장 횟수를 리턴하는 함수입니다.

Counter.most_common은 (값, 등장_횟수) 형태의 튜플을 갖는 리스트를 리턴합니다. 이때 리스트는 내림차순으로 정렬되어 있습니다.

sorted 함수의 매개변수로 key 키워드 매개변수를 전달한 것처럼, max 함수에도 key 키워드 매개변수를 전달할 수 있습니다.

이 예제는 http://mng.bz/MdjW에서 확인할 수 있습니다.

3.4.3 조금 더 나아가기

정렬을 포함해서 복잡한 자료 구조를 조작하고, 함수를 다른 함수의 매개변수로 전달하는 내용들은 모두 따로 시간을 내서 공부할 가치가 있는 중요한 주제입니다. 이와 관련한 내용을 더 연습해볼 수 있는 예제를 소개하겠습니다.

- 이번 예제에서 모든 글자를 모음으로 한정해서, 같은 모음이 가장 많이 등장하는 단어를 찾아보세요.
- 유닉스 컴퓨터의 /etc/passwd를 읽어 들이는 프로그램을 작성해주세요. /etc/passwd의 첫 번째 필드에는 사용자 이름이 있고, 마지막 필드에는 사용자가 사용한 셸 인터프리터가 들어갑니다. 가장 많이 사용된 셸을 가장 앞에 출력하고, 이어지는 줄에 다른 셸 인터프리터들을 내림차순으로 출력해주세요.
- 추가로 각각의 셸을 출력한 이후, 해당 셸을 사용한 사용자 이름도 알파벳 순서로 정렬해서 출력해주세요.

PYTHON

3.5 EXERCISE 13. 튜플 레코드 출력하기

튜플은 보통 레코드로 많이 활용됩니다. 그리고 이러한 레코드를 테이블(표) 형태로 출력하는 기능은 많이 활용됩니다. 이번 예제에서는 튜플로 구성된 리스트를 읽어 들이고, 테이블 형식으로 변환해서 출력하는 두 가지 처리를 해볼 것입니다.

예를 들어 런던에서 열리는 국제 정상 회의를 위한 프로그램을 만들어야 한다고 가정해봅시다. 세계 정상들이 런던에 도착하는 데까지 몇 시간이 걸리는지 이미 알고 있다고 합시다.

```
PEOPLE = [('Donald', 'Trump', 7.85),
          ('Vladimir', 'Putin', 3.626),
          ('Jinping', 'Xi', 10.603)]
```

이를 정리해서 테이블 형식으로 출력해주세요. 참고로 이때 컴퓨터가 제공하는 정도의 정확도는 필요 없어서, 시간의 경우 소수점 아래 두 자리만 있으면 충분하다고 합시다.

예를 들어 이 코드의 PEOPLE 리스트를 읽어 들이고, 다음과 같은 테이블 형태의 문자열을 리턴하는 format_sort_records를 만들면 됩니다.

```
Trump    Donald      7.85
Putin    Vladimir    3.63
Xi       Jinping    10.60
```

가장 앞에 lastname(성), 중간에 firstname(이름), 마지막에 도착하는 데까지 걸리는 시간을 출력하면 됩니다. 이때 성과 이름을 기준으로 알파벳 순서로 정렬해주세요. 각각의 이름은 10글자 필드에 출력되어야 하며, 시간은 5글자 필드에 출력해야 합니다. 각각의 필드 사이에는 공백 문자를 하나 출력해주세요. 이동 시간은 소수점 아래 둘째 자리까지만 출력합니다. 따라서 이 예에서 'Xi Jinping'의 비행 시간이 10.603이라도, 10.60으로만 출력하면 됩니다.

3.5.1 풀어보기

튜플은 구조화된 자료를 표현할 때 많이 활용됩니다. 특히 관계형 데이터베이스를 활용하는 라이브러리는 튜플로 데이터베이스 레코드를 리턴합니다. 참고로 이렇게 튜플을 리턴받으면 인덱스를 활용해서 각각의 필드에 접근할 수 있습니다.

이번 예제는 여러 부분으로 구성되어 있습니다. 일단 사람들을 성과 이름을 기준으로 정렬해야 합니다. 이전에 살펴본 sorted 함수의 key 키워드 매개변수를 활용하면 쉽게 정렬할 수 있습니다. 이어서 이렇게 정렬된 대상을 활용해서 반복문을 돌리며, 각각의 사람들을 원하는 형태로 출력하면 될 것입니다(그림 3-11).

▼ 그림 3-11 정렬하고 반복문 적용하기

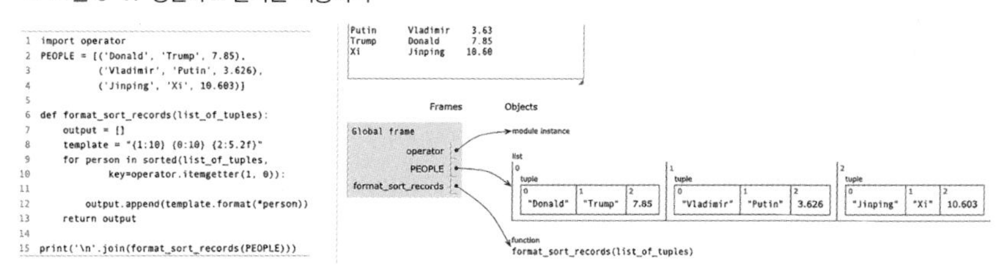

이어서 튜플의 내용을 형식화해서 출력해야 합니다. f-문자열 또는 str.format(http://mng.bz/Z2eZ)을 활용하면 됩니다. 이번 예제는 str.format을 활용하는 것이 편합니다. 반복 변수를 person이라고 할 때, *person처럼 전개 연산자를 활용하면 튜플의 내용을 전개해서 함수로 쉽게 전달할 수 있기 때문입니다. 따라서 str.format 메서드의 문자열에 {0} {1} {2} 형태의 문자열만 지정하면 성, 이름, 도착하는 데 걸리는 시간을 출력할 수 있습니다.

성과 이름은 10글자 필드를 활용해야 합니다. 이때는 콜론을 입력하고, 그 뒤에 필드 수를 지정하면 됩니다. 따라서 성과 이름을 출력할 위치에 {0:10}과 {1:10}처럼 입력하면 됩니다.

세 번째 컬럼이 약간 복잡한데요. 소수점 아래 둘째 자리까지 5글자 필드에 걸쳐서 출력해야 합니다.

str.format(그리고 f-문자열)에서 각각의 자료형은 다른 방식으로 처리됩니다. 따라서 이전과 같이 {2:10} 형태로 지정하면 일반 문자열처럼 숫자가 오른쪽으로 정렬되어 출력됩니다. {2:10f}처럼 끝에 f를 넣으면 숫자를 출력하는 것처럼 왼쪽에 정렬할 수 있지만, 소수점 아래 부분이 0으로 채워집니다. 예제에서 제시한 것처럼 5글자 필드를 갖고, 소수점 아래 두 자리까지 출력하려면 {2:5.2f} 형태의 코드를 활용해야 합니다.

3.5.2 해답

```
import operator

PEOPLE = [('Donald', 'Trump', 7.85),
          ('Vladimir', 'Putin', 3.626),
          ('Jinping', 'Xi', 10.603)]

def format_sort_records(list_of_tuples):
    output = []
    template = '{1:10} {0:10} {2:5.2f}'
    for person in sorted(list_of_tuples,
            key=operator.itemgetter(1, 0)):

        output.append(template.format(*person))
```

이처럼 operator.itemgetter를 활용해서 둘 이상의 매개변수를 추출해서 정렬할 수도 있습니다.

```
    return output

print('\n'.join(format_sort_records(PEOPLE)))
```

이 예제는 http://mng.bz/04KW에서 확인할 수 있습니다.

3.5.3 조금 더 나아가기

이번 예제와 같은 내용을 더 공부해볼 수 있는 예제를 소개하겠습니다.

- 튜플의 요소에 접근할 때 인덱스를 사용해서, 무엇이 들어 있는지 알기 힘들 수 있습니다. 이런 경우에는 collections 모듈에 있는 namedtuple 객체(http://mng.bz/gyWl)를 활용하면 좋습니다. 이번 예제의 튜플을 namedtuple로 바꿔서 구현해보세요. namedtuple은 가독성도 좋고 성능 측면에서도 효율적이라서 많이 사용됩니다.
- 작년 오스카 최우수 작품상 후보에 이름을 올린 영화의 이름, 상영 시간(분), 감독으로 구성된 튜플로 이루어진 리스트를 정의해주세요. 그리고 사용자에게 어떤 것을 기준으로 정렬할지 묻고, 그것을 기준으로 정렬해서 출력하는 프로그램을 만들어주세요.
- 오스카상 예제를 더 확장해서 사용자에게 정렬할 필드를 1~3개까지 입력받고, 이를 기반으로 정렬해주세요. 사용자에게 쉼표로 구분된 입력을 받고, str.split을 활용해 쉼표로 자른 뒤, 이를 활용해 정렬하면 됩니다.

PYTHON

3.6 정리

이번 장에서는 리스트와 튜플을 조작하는 다양한 방법에 대해서 살펴보았습니다. 리스트와 튜플은 프로그램 개발 때 굉장히 많이 활용되므로, 이번 장에서 살펴본 내용을 꼭 기억하기 바랍니다. 그럼 이번 장에서 기억해야 하는 내용 몇 가지를 정리하겠습니다.

- 리스트는 뮤터블 객체이고, 튜플은 이뮤터블 객체입니다. 하지만 실제 사용할 때는 이것보다 상황에 사용되는지가 더 중요합니다. 리스트는 동일한 자료형을 저장하는 시퀀스로 활용하고, 튜플은 다른 자료형의 자료를 저장하는 레코드용으로 사용합니다.
- 리스트와 튜플 모두 sorted 함수를 활용해서 정렬할 수 있습니다. sorted 함수로 정렬할 방식을 따로 지정하고 싶은 경우에는 key 키워드 매개변수를 활용합니다. key에는 정렬할 방식을 함수로 지정합니다.
- 시퀀스에 포함된 어떤 요소의 수를 세고 싶다면 collections 모듈의 Counter 클래스를 활용해보세요. Counter 클래스를 활용하면 굉장히 쉽게 요소의 수를 셀 수 있습니다. 또한, most_common 등의 편리한 메서드를 제공합니다. Counter 클래스는 dict를 상속받아 만들어진 클래스이므로, dict가 가진 모든 기능을 사용할 수 있습니다.

4장

딕셔너리와 세트

4.1 개요

딕셔너리(dict 객체, http://mng.bz/5aAz)는 파이썬이 제공하는 굉장히 중요하고 강력한 자료 구조입니다. 다른 프로그래밍 언어에서 '해시(hash)', '연관 배열(associative array)', '해시맵(hash map)', '해시 테이블(hash table)'에 해당하는 자료형이 바로 딕셔너리입니다.

딕셔너리는 리스트 또는 튜플과 달리 단순하게 요소를 독립적으로 저장하는 객체가 아니라, 키와 값이라고 부르는 요소의 쌍을 저장하는 객체입니다. 문자열, 리스트, 튜플은 0부터 시작하는 인덱스라고 부르는 정수 값을 활용해 자료에 접근하지만, 딕셔너리는 다양한 자료형(일반적으로 정수와 문자열이지만)을 활용해서 키를 만들고, 이를 기반으로 자료에 접근할 수 있습니다.

값에 접근할 때 정수가 아닌 것을 활용할 수 있다는 점이 굉장히 작은 차이처럼 보일 수도 있겠지만, 실질적으로는 굉장히 큰 차이입니다. 여러 프로그램에서 (사용자_이름, 사용자_ID), (IP_주소, 호스트_이름), (이메일_주소, 암호화_된_비밀번호)처럼 (이름, 값)으로 구성된 쌍을 많이 활용합니다. 참고로 파이썬의 많은 내부 구조들은 딕셔너리를 기반으로 구현되었습니다. 따라서 딕셔너리가 어떻게 작동하는지 이해하면, 그리고 어떻게 더 잘 활용할 수 있는지를 이해하면 파이썬의 내부 구조들을 훨씬 잘 이해할 수 있습니다.

필자는 딕셔너리를 크게 3가지 방법으로 사용합니다.

- 작은 데이터베이스 또는 레코드로 사용합니다. 딕셔너리는 이름-값 쌍을 저장할 때 굉장히 유용합니다. 딕셔너리는 설정 파일을 파이썬으로 읽어 들이고, 이렇게 읽어 들인 값을 추출해서 활용할 때 유용합니다. 딕셔너리를 활용하면 파일, 사용자 설정 등과 관련한 정보를 쉽게 저장하고 관리할 수 있습니다. 이런 형태로 사용한다면 일반적으로 프로그램의 처음

부분에 딕셔너리를 한 개만 선언해서 사용하게 됩니다. 또한 한 번 선언한 딕셔너리를 이후에 수정하는 일이 크게 없습니다.

- 밀접한 관련이 있는 이름과 값을 저장할 때는 변수를 여러 개 선언할 필요 없이, 딕셔너리를 하나 선언하고, 딕셔너리 하나에 여러 개의 키-값 쌍을 넣어서 사용합니다. 필자의 경우 어떤 사이트에 대한 URL, ID, 마지막으로 방문한 날짜 등을 딕셔너리로 저장합니다. 물론 여러 개의 변수를 활용해서 이런 정보를 추적할 수도 있겠지만, 딕셔너리를 활용하면 함수와 메서드의 매개변수로 한꺼번에 전달할 수 있는 등의 장점이 있으므로 훨씬 쉽게 활용할 수 있습니다.
- 시간에 따라 변화하는 정보를 누적해서 기록할 때 사용합니다. 예를 들어 프로그램에서 어떤 오류가 발생하고 있는지, 해당 오류가 얼마나 많이 발생하는지 등을 딕셔너리를 활용해 쉽게 추적할 수 있습니다. 일반적으로 이를 구현할 때는 딕셔너리를 상속받아서 만들어진 `Counter` 또는 `defaultdict`라는 클래스를 많이 활용합니다. 이 클래스들은 `collections` 모듈(http://mng.bz/6Qwy)에 들어 있습니다.

필자는 이러한 3가지 상황에서 딕셔너리를 많이 활용하지만, 이 이외에도 굉장히 많은 상황에서 딕셔너리를 활용합니다.

4.1.1 딕셔너리와 해싱

파이썬의 모든 객체를 딕셔너리의 키 또는 값으로 사용할 수 있다고 생각하는 경우가 있지만, 그렇지 않습니다. 값 부분에는 모든 파이썬 값을 저장할 수 있지만, 키 부분에는 해시 함수를 적용해서 해시를 만들어낼 수 있는 것만 사용할 수 있습니다. 해시 함수는 딕셔너리의 키가 유일하다는 것을 보장해주며, 키를 굉장히 빠르게 탐색할 수 있게 도와줍니다.

그럼 해시 함수가 무엇일까요? 파이썬은 왜 해시 함수를 사용할까요?

개념은 굉장히 간단합니다. 예를 들어 사무실이 14개 있는 건물이 있다고 해봅시다. 이러한 건물에 와서 '윤인성'이라는 사람을 찾으려면 어떻게 찾는 것이 효율적일까요? 건물 로비에 안내 직원이 없거나, 직접 전화를 걸 수 있는 전화번호가 없다면 건물의 사무실을 하나하나 방문하면서 '윤인성'이 어디 있는지 찾아야 할 것입니다.

파이썬의 문자열, 리스트, 튜플이 이런 형태로 요소를 탐색합니다. 이러한 시퀀스의 요소를 탐색하는 데 걸리는 시간은 컴퓨터 과학에서 복잡도라는 개념으로 O(n)이라고 설명합니다. 이는 시퀀스의 크기가 길어지면 길어질수록, 시퀀스 내부에서 요소를 탐색하는 시간이 길어진다는 뜻입니다.

다시 사무실 예를 생각해봅시다. 만약 사무실에 직원들을 배치할 때, 성의 초성을 기준으로 ㄱ=1, ㄴ=2, ㄷ=3, ㄹ=4… 형태로 배치했다면 어떨까요?

윤인성은 성의 초성이 ㅇ입니다. ㅇ은 가나다 순서로 8번째 자음이므로, 윤인성을 8번째 방에서 찾을 수 있을 것입니다. 마찬가지로 '김철수'라는 사람이 있다면 ㄱ은 가나다 순서로 1번째 자음이므로, 1번째 방에서 찾을 수 있을 것입니다.

이러한 탐색 방법은 이전의 시퀀스 탐색 방법보다 시간이 짧게 걸립니다. 회사의 직원이 2명이든, 100명이든 크게 상관없습니다. 회사가 성장해도 방문자는 매우 빠르게 직원이 어떤 사무실에 있는지 찾을 수 있을 것입니다. 이러한 탐색 방법의 복잡도는 O(1)이라고 표현합니다. 따로 하나하나 보지 않아도 곧바로 탐색할 수 있다는 의미입니다.

물론 회사에 성의 초성이 ㅇ인 사람은 한 명이 아닐 것입니다. 따라서 초성이 ㅇ으로 시작하는 사람들이 있는 사무실에 들어가서 윤인성이라는 사람을 다시 찾아야 할 것입니다. 하지만 모든 사무실을 뒤지면서 사람을 하나하나 찾는 방법에 비해서는 훨씬 빠르게 사람을 찾아낼 수 있습니다.

지금까지 설명한 내용이 바로 해시 함수입니다. 이러한 해시 함수는 프로그래밍 세계의 다양한 곳에서 활용합니다. 예를 들어 사용자의 암호를 안전하게 저장할 때 많이 활용합니다. 또한, 파이썬의 딕셔너리를 구현할 때도 사용했습니다.

딕셔너리의 모든 항목은 키-값 쌍으로 구성됩니다. 키는 키-값 쌍이 저장된 위치를 리턴하는 파이썬의 해시 함수로 전달되며, 이를 기반으로 항목(키-값 쌍)을 탐색합니다. 예를 들어 `d['a'] = 1`이라고 지정하면 파이썬은 `hash('a')`를 실행하고, 리턴된 값을 활용해서 해당 위치에 키-값 쌍을 저장합니다. 그리고 `d['a']`라고 입력하면 파이썬은 이번에도 `hash('a')`를 실행해서 곧바로 키-값 쌍이 있는 메모리 위치를 찾아냅니다. 딕셔너리는 파이썬 세계에서 '매핑(mapping)'이라고 부르기도 합니다. 키를 정수 값으로 매핑[1]하고, 이를 기반으로 키-값 쌍을 저장하고 탐색하기 때문입니다.

이 책에서 자세하게 설명하지는 않겠지만, 파이썬은 3.6버전에서 딕셔너리와 관련한 중요한 변경을 했습니다. 예를 들어 키-값 쌍이 시간순으로 저장(또는 탐색)되게 만들었으면서, 메모리 사용량을 1/3로 크게 줄였습니다. 새로운 구현과 관련한 자세한 설명은 Raymond Hettinger의 영상(http://mng.bz/oPmM)을 참고하기 바랍니다.

파이썬의 딕셔너리는 해시 함수를 사용하므로,

- 키-값 쌍을 항상 함께 저장합니다.
- 키를 굉장히 빠르게 탐색합니다.
- 키의 유일성(uniqueness)을 보장합니다.
- 키에는 제약이 있지만, 값에는 딱히 제약이 없습니다.

파이썬의 딕셔너리는 리스트를 포함한 뮤터블 객체를 키로 사용할 수 없습니다. 키가 변경되면 해시 함수의 실행 결과가 바뀌어서 값을 제대로 저장하거나 탐색할 수 없는 문제가 발생하기 때문입니다. 따라서 키는 반드시 이뮤터블 객체여야 합니다. 물론 '해시로 만들 수 있다(hashable)'와 이뮤터블이라는 것이 동일한 의미는 아닙니다. 하지만 초보 단계에서 또는 대부분의 상황에서는 거의 비슷한 것으로 취급해도 상관없습니다.

---

1 역주 매핑이란 '대응 관계를 만들어내는 것'을 의미합니다.

4.1.2 세트

딕셔너리와 깊은 관련이 있는 객체로 세트(set)(http://mng.bz/vxlM)가 있습니다. 세트는 기본적으로 값이 없는 딕셔너리로 생각하면 됩니다.

세트는 파일 이름, 이메일 주소, 우편 번호와 같은 거대한 컬렉션에서 무언가를 탐색해야 할 때 굉장히 유용합니다. 탐색할 때 딕셔너리와 마찬가지로 O(1)의 복잡도를 갖기 때문입니다. 또한, 로그 파일의 IP 주소, 특정 날짜에 주차장에 들어온 차량의 번호 등과 같은 자료 목록에서 중복을 제거할 때도 세트를 많이 활용합니다.

이번 장에서는 딕셔너리와 세트를 활용할 수 있는 다양한 문제를 살펴볼 것입니다. 수많은 실제 프로그램이 파이썬의 딕셔너리(또는 딕셔너리를 상속받은 `collections` 모듈의 `defaultdict` 등)를 활용하므로, 큰 도움이 될 것입니다.

▼ 표 4-1 이 장에서 다루는 내용

개념	설명	예시	참고 자료
`input`	프롬프트를 출력해서 사용자에게 문자열을 입력받고, 해당 문자열을 리턴하는 함수입니다.	`input('Enter your name: ')`	http://mng.bz/wB27

`dict`	파이썬에서 키-값 쌍을 저장할 때 활용하는 딕셔너리입니다. dict는 새로운 딕셔너리를 만들 때도 활용할 수 있습니다.	`d = {'a':1, 'b':2}`
		또는
		`d = dict([('a', 1), ('b', 2)])`
			http://mng.bz/5aAz

`d[k]`	딕셔너리 d에서 키 k의 값을 추출하는 코드입니다.	`x = d[k]`	http://mng.bz/5aAz

`dict.get`	d[k]와 같게 동작하지만, d에 k라는 키가 없는 경우에 None(또는 두 번째 옵션 매개변수에 지정한 값)을 리턴합니다.	`x = d.get(k)`
		또는
		`x = d.get(k, 10)`
			http://mng.bz/4AeV

계속

개념	설명	예시	참고 자료
dict.items	키-값 쌍을 튜플로 구성된 이터레이터를 리턴하는 함수입니다.	for key, value in d.items():	http://mng.bz/4AeV
set	해시로 만들 수 있는 값을 기반으로 값을 유일하게 저장할 수 있는 파이썬의 세트입니다. set는 새로운 세트를 만들 때도 활용할 수 있습니다.	s = {1,2,3} # 3개의 요소를 갖는 세트가 만들어집니다.	http://mng.bz/K2eE
set.add	세트에 새로운 항목 하나를 추가합니다.	s.add(10)	http://mng.bz/yyzq
set.update	세트에 하나 또는 여러 개의 항목을 추가합니다.	s.update([10, 20, 30, 40, 50])	http://mng.bz/MdOn
str.isdigit	문자열이 0-9라는 문자로 구성되어 있을 때 True를 리턴하는 함수입니다.	# True를 리턴합니다. '12345'.isdigit()	http://mng.bz/oPVN

PYTHON

4.2 EXERCISE 14. 식당 주문 프로그램 만들기

딕셔너리는 프로그램에서 간단한 데이터베이스로 많이 활용됩니다. 딕셔너리를 프로그램의 가장 상단에 배치해서 프로그램 전체에서 접근할 수 있는 자료 저장소로 활용하는 것입니다.

예를 들어 월 이름(January, February, …)을 키로 사용하고, 여기에 숫자를 넣어서 월 딕셔너리를 만들 수 있습니다. 또한 사용자 ID를 키로, 이메일 주소를 값으로 저장하는 사용자 딕셔너리를 만들 수도 있습니다.

이번 예제에서는 식당에서 주문할 수 있는 항목을 나타내는 MENU라는 딕셔너리를 만들어서 사용합니다. MENU 딕셔너리는 키로 음식 이름(문자열), 값으로 가격(정수)을 저장합니다. 그리고 restaurant라는 이름의 함수를 만들고, 사용자에게 주문을 요청합니다.

- 만약 사용자가 메뉴에 있는 음식 이름을 입력하면 해당 음식의 가격과 지금까지의 합계를 출력합니다. 그리고 사용자에게 다시 입력을 요청합니다.
- 만약 사용자가 메뉴에 없는 음식 이름을 입력하면 사용자에게 입력이 잘못되었다고 알립니다. 그리고 사용자에게 다시 입력을 요청합니다.
- 만약 사용자가 빈 문자열을 입력하면 지금까지의 합계를 출력하고 프로그램을 종료합니다.

예를 들어 다음과 같은 형태로 사용합니다.

```
Order: sandwich
sandwich costs 10, total is 10
Order: tea
```

```
tea costs 7, total is 17
Order: elephant
Sorry, we are fresh out of elephant today.
Order: Enter
Your total is 17
```

참고로 딕셔너리 내부에 키가 있는지 확인할 때는 in 연산자를 사용합니다. in 연산자는 딕셔너리 내부에 키가 있을 경우 True, 없는 경우 False를 리턴합니다.

4.2.1 풀어보기

이번 예제에서 딕셔너리는 프로그램의 앞부분에서 한 번만 정의하고, 계속해서 활용합니다. 물론 리스트 또는 튜플을 여러 개 리스트에 넣어서 사용할 수도 있겠지만, 키-값 쌍을 활용해야 하므로 딕셔너리를 활용하는 것이 훨씬 자연스럽고 좋습니다.

일단 MENU라는 이름의 딕셔너리를 만듭니다. 또한, 합계 금액을 구할 수 있게 total이라는 변수도 만들어야 할 것입니다. 이어서 사용자에게 문자열을 입력받습니다. 그리고 사용자의 입력에 strip 함수를 적용해서, 양쪽 공백을 제거해서 활용합니다.

사용자가 빈 문자열을 입력했다면 반복문을 벗어나면 됩니다. 빈 문자열인지 확인할 때는 if order == '' 또는 if len(order) == 0을 활용할 수도 있겠지만, 파이썬스러운 코드를 작성하려면 if not order를 활용하는 것이 좋습니다.

사용자가 일반 문자열을 입력했다면 딕셔너리에 있는 키인지 확인합니다. in 연산자를 활용하면 딕셔너리에 해당 문자열이 키로 있는지 확인할 수 있습니다. 해당 문자열이 있는 경우, 해당 값과 합계 금액을 출력하면 됩니다. 문자열이 딕셔너리에 없다면 사용자에게 잘못 입력했다고 이야기합니다.

딕셔너리는 굉장히 유용한 자료 구조입니다. 그러면서도 딕셔너리는 프로그램 내부에서 여러 자료를 처리할 때 굉장히 빠른 속도로 동작하며, 쉽게 사용할 수 있습니다.

4.2.2 해답

```
MENU = {'sandwich': 10, 'tea': 7, 'salad': 9} ----- 음식 이름(문자열)과 가격(정수)을 저장하는 딕셔너리를 만듭니다.

def restaurant():
    total = 0
    while True: ------ 무한 반복문을 만들어서 사용자의 입력을 받습니다.
        order = input('Order: ').strip() ----- 사용자에게 입력받고, str.strip 함수를 활용해서 양쪽 공백을 제거합니다.
        if not order: ------ 빈 문자열이 입력되었으면 반복문을 벗어납니다.
            break
        if order in MENU: ------- 딕셔너리에 있는 문자열을 입력했다면 가격을 출력하고 합계 금액에 더합니다.
            price = MENU[order]
            total += price
            print(f'{order} is {price}, total is {total}')
        else: ------ 딕셔너리에 없는 문자열을 입력했다면 잘못 입력했다고 출력합니다.
            print(f'We are fresh out of {order} today')

    print(f'Your total is {total}')

restaurant()
```

이 예제는 http://mng.bz/jgPV에서 확인할 수 있습니다.

4.2.3 조금 더 나아가기

키-값 저장소를 데이터베이스로 사용하는 것이 처음이라면 이상하게 보일 수도 있습니다. 하지만 이처럼 키-값 저장소를 데이터베이스로 사용하는 코드는 굉장히 널리 유용하게 활용되고 있습니다. 이를 활용할 수 있는 예제를 몇 가지 추가로 소개하겠습니다.

- 키를 사용자 이름, 값으로 비밀번호를 저장하는 딕셔너리를 만들어주세요. 둘 다 문자열로 만들면 됩니다. 이 딕셔너리를 기반으로 사용자가 딕셔너리에 있는 사용자 이름과 암호를 입력하면 '로그인 성공'이라고 출력하는 간단한 로그인 시스템을 만들어주세요. 딕셔너리에 없는 사용자 이름과 암호를 입력했다면 '로그인 실패'라고 출력해주세요(참고로 굉장히 간단한 예제입니다. 암호화하지 않고 비밀번호를 그대로 저장하는 프로그램은 보안상 문제가 있으므로, 일반 애플리케이션에서는 활용하면 안 됩니다).
- 키로 날짜(문자열), 값으로 온도를 갖는 딕셔너리를 만들어주세요. 그리고 사용자에게 날짜를 입력받고, 해당 날짜의 온도를 출력하는 프로그램을 만들어주세요. 가능하다면 해당 날짜의 이전 날과 다음날의 온도도 함께 출력해주세요.
- 키로 가족의 이름, 값으로 생일을 date 객체(http://mng.bz/jggr)로 갖는 딕셔너리를 만들어주세요. 그리고 사용자에게 가족의 이름을 입력받고, 이를 기반으로 나이를 계산해서 출력해주세요.

4.3 EXERCISE 15. 강수량 계산하기

딕셔너리는 시간에 따른 변화를 누적할 때도 활용합니다.

이번 예제에서는 여러 도시의 강수량을 추적하는 get_rainfall 함수를 만듭니다. 사용자에게 도시를 입력받을 예정인데요. 사용자가 아무것도 입력하지 않으면 보고서(이후에 설명하겠습니다)를 출력하고 프로그램을 종료합니다.

도시 이름을 입력했다면 사용자에게 해당 도시의 강수량을 물어봅니다(일반적으로 강수량은 mm 단위로 측정합니다). 사용자가 강수량을 입력하면 다시 사용자에게 도시 이름을 입력받습니다. 아무것도 입력하지 않으면 이전에 설명한 것처럼 보고서를 출력하고 프로그램을 종료합니다. 무언가를 입력했다면 계속해서 강수량 입력을 진행하며 반복합니다.

사용자 입력의 예를 들어 보면 다음과 같습니다. 도시 이름과 강수량을 입력합니다.

```
Boston
5
New York
7
Boston
5
[엔터(빈 문자열 입력)]
```

최종적으로 다음과 같이 출력합니다.

```
Boston: 10
New York: 7
```

도시의 출력 순서는 아무 상관없습니다. 따로 신경 쓰지 않아도 괜찮습니다.

4.3.1 풀어보기

딕셔너리로 정보를 축적하는 상황은 굉장히 널리 활용됩니다. 이번 예제에서도 도시와 강수량을 저장하는 딕셔너리를 활용해서, 계속해서 정보를 축적합니다.

사용자에게 계속 입력받을 때는 while True 형태의 무한 반복문을 활용하면 됩니다. 프로그램을 종료하려면 반복문을 벗어나야 합니다. 따라서 반복문 내부에서 break를 사용해야 할 것입니다.

반복문의 가장 앞부분에서는 사용자에게 도시의 이름을 입력받습니다. 이때 입력이 빈 문자열이면 리포트를 출력하고 프로그램을 종료해야 합니다. 이전에 언급한 것처럼 문자열이 빈 문자열인지 확인할 때 문자열의 길이를 확인하는 코드는 파이썬스럽지 않은 코드입니다. 빈 문자열은 불로 변환했을 때 False가 나옵니다. 이를 활용하는 것이 더 파이썬스러운 코드입니다. 예를 들어 사용자에게 city_name이라는 변수로 도시 이름을 입력받았다면 if not city_names와 같은 코드를 활용해서 빈 문자열이라는 것을 확인할 수 있습니다.

그럼 프로그램의 흐름을 확인하는 프로그램을 활용해서, 이번 프로그램이 어떠한 형태로 동작하는지 확인해보겠습니다. 사용자가 처음 프로그램을 실행하면 input 함수로 사용자에게 프롬프트를 출력합니다(그림 4-1). 이때 rainfall이라는 딕셔너리는 이미 정의되어 있으며, 사용자에게 입력받아서 이 딕셔너리를 채워 넣을 것입니다.

▼ 그림 4-1 사용자에게 입력받을 때

```
 1 def get_rainfall():
 2     rainfall = {}
 3     while True:
 4         city_name = input('Enter city name: ')
 5         if not city_name:
 6             break
 7 
 8         mm_rain = input('Enter mm rain: ')
 9         rainfall[city_name] = rainfall.get(city_name,
10                     0) + int(mm_rain)
11 
12     for city, rain in rainfall.items():
13         print(f'{city}: {rain}')
14 
15 get_rainfall()
```

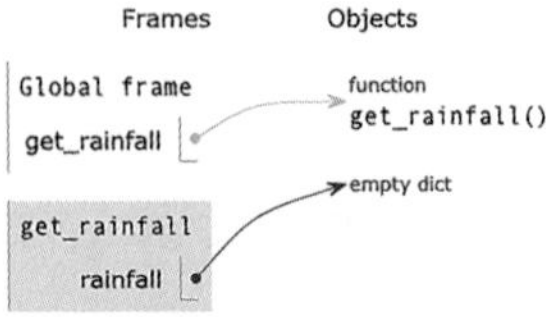

사용자가 도시 이름(Boston)과 강수량(5)을 입력했다고 가정합시다. 일단 딕셔너리에 해당 도시(Boston)가 없으므로, 새로운 키-값 쌍을 만들어야 합니다. 키로 도시 이름을 지정하고, 값으로 강수량을 지정하면 될 것입니다(그림 4-2).

초보 파이썬 개발자가 이번 예제를 풀 때 막힐 수 있는 부분이 크게 두 가지 있습니다. 첫 번째는 input 함수(http://mng.bz/wB27)가 문자열을 리턴한다는 사실입니다. 이는 사용자가 도시 이름을 입력할 때는 문제없지만, 강수량을 입력할 때 문제가 됩니다. 특정 도시 이름이 한 번만 입력된다면 강수량을 문자열 입력 그대로 저장해도 큰 문제없습니다. 하지만 도시의 강수량을 2번 이상 입력하게 된다면 문자열끼리 + 연산자로 결합되어 원하지 않는 결과가 나올 수 있습니다. 문자열 결합이 아니라 숫자 덧셈이 일어나게 하려면 입력을 숫자로 바꿔서 저장하고, 더할 수 있어야 합니다. 그래서 코드를 보면 mm_rain에 int 함수를 적용했습니다. 물론 필요하다면 int 함수가 아니라 float 함수를 활용해서 소수점을 입력할 수 있게 만들 수도 있습니다. 사용자에게 입력받은 것을 숫자로 다루어야 한다면 반드시 자료형 변환을 거쳐야 한다는 사실을 기억하기 바랍니다.

▼ 그림 4-2 딕셔너리에 키-값 쌍을 추가한 뒤

```
 1 def get_rainfall():
 2     rainfall = {}
 3     while True:
 4         city_name = input('Enter city name: ')
 5         if not city_name:
 6             break
 7
 8         mm_rain = input('Enter mm rain: ')
 9         rainfall[city_name] = rainfall.get(city_name,
10                         0) + int(mm_rain)
11
12     for city, rain in rainfall.items():
13         print(f'{city}: {rain}')
14
15 get_rainfall()
```

Print output (drag lower right corner to resize)

```
Enter city name: Boston
Enter mm rain: 5
```

Frames / Objects

Global frame	
get_rainfall	→ function get_rainfall()

get_rainfall	
rainfall	→ dict "Boston" 5
city_name	"Boston"
mm_rain	"5"

사용자의 입력 오류 처리하기

필자의 답은 사용자가 정수를 입력할 것이라고 가정했습니다. 따라서 사용자가 0~9 사이의 숫자로 이루어진 문자열이 아닌 값을 입력했다면 오류가 발생합니다. 이번 예제에서 중요한 내용은 딕셔너리이므로, 오류 처리로 코드를 복잡하게 만들고 싶지 않아서 간단하게 구현한 것입니다.

만약 오류를 처리하고 싶다면 기본적으로 두 가지 방법이 있습니다. 첫 번째 방법은 try 블록 내부에서 int 함수를 호출하는 것입니다. int 함수가 입력을 정수로 바꾸는 데 실패하면 예외가 발생할 것입니다.

```
try:
    mm_rain = int(input('Enter mm rain: '))
except ValueError:
    print('You didn't enter a valid integer; try again.')
    continue

rainfall[city_name] = rainfall.get(city_name, 0) + mm_rain
```

두 번째 방법은 str.isdigit 메서드를 사용하는 것입니다. 이 메서드는 매개변수로 넣은 문자열이 0~9라는 글자로 구성되어 있을 때만 True를 리턴하고, 다른 글자가 섞여 있는 경우에는 False를 리턴합니다.

계속

```
mm_rain = input('Enter mm rain: ').strip()
if mm_rain.isdigit():
    mm_rain = int(mm_rain)
else:
    print('You didn't enter a valid number; try again.')
    continue
```

사용자의 입력과 관련한 문제를 발견했다면 사용자에게 '입력이 잘못되었다'는 것을 알리고, while 반복문의 앞부분으로 돌아가서 도시 이름을 다시 물어봅니다. 물론 지금 코드는 mm_rain을 정수로 사용하는 경우입니다. str.isdigit은 소수점이 껴 있는 경우에 False를 리턴할 것이므로, 부동소수점 처리를 하고 싶다면 다른 방법을 사용해야 합니다.

파이썬에는 이처럼 문자열이 숫자로 이루어져 있는지 확인하는 메서드로 isdigit, isdecimal, isnumeric를 제공합니다. 일반적인 경우에는 큰 차이 없이 사용해도 괜찮습니다. 만약 세부 차이를 알고 싶다면 http://mng.bz/eQDv를 참고해보기 바랍니다.

이번 예제를 풀 때 두 번째로 막힐 만한 부분은 같은 도시를 여러 번 입력해서 강수량을 누적하는 경우 어떻게 처리해야 할지 하는 부분입니다.

사용자가 처음에 Boston이라는 도시 이름을 입력했다면 이를 키로 활용해서 딕셔너리에 새로운 키-값 쌍을 만들고, 도시 이름과 강수량을 저장해야 합니다. 사용자가 또다시 Boston이라는 도시 이름을 입력했다면 딕셔너리에 해당 도시 이름과 강수량이 이미 저장되어 있을 것입니다. 따라서 도시 이름을 기반으로 기존의 강수량을 찾고, 추가로 입력된 강수량과 더해서 다시 저장해야 합니다.

여러 방법을 생각해볼 수 있을 텐데요. dict.get 메서드의 두 번째 매개변수를 사용하는 코드가 가장 간단합니다. dict.get 메서드에 매개변수를 하나만 입력하면 딕셔너리에 매개변수로 입력한 키가 없을 때 None을 리턴합니다. 하지만 두 번째 매개변수를 입력했다면 첫 번째 매개변수로 입력한 키가 없을 때 두 번째 매개변수에 입력한 값을 리턴합니다(그림 4-3).

그림 4-3 딕셔너리에 이미 존재하는 도시에 추가로 강수량 저장하기

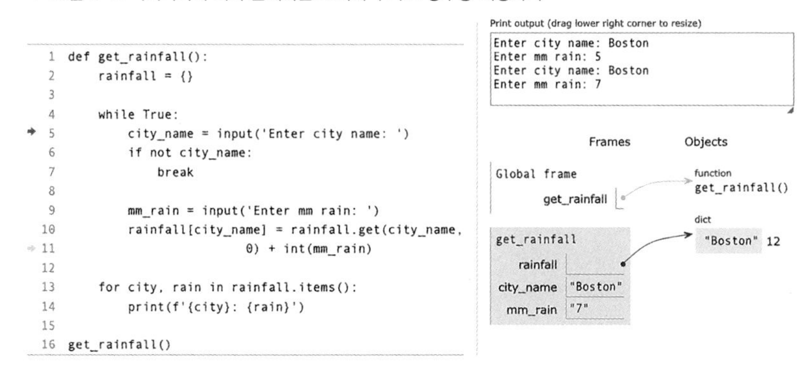

따라서 rainfall.get(city_name, 0)이라고 입력하면 딕셔너리에 도시가 이미 있을 때는 해당 도시의 강수량을 리턴하고, 딕셔너리에 도시 이름이 없을 때는 0을 리턴합니다.

참고로 collections 모듈(http://mng.bz/6Qwy)에 정의되어 있는 defaultdict(http://mng.bz/pBy8)를 활용하는 형태로 문제를 풀어도 좋습니다. defaultdict는 존재하지 않는 키에 접근하는 코드를 사용할 때, defaultdict를 생성할 때 지정한 자료형의 기본값으로 키-값 쌍을 자동으로 만들어줍니다.

```
from collections import defaultdict
rainfall = defaultdict(int)
rainfall['Boston'] += 30
rainfall          # defaultdict(<type 'int'>, {'Boston': 30})

rainfall['Boston'] += 30

rainfall          # defaultdict(<type 'int'>, {'Boston': 60})
```

defaultdict(int)라고 지정했으므로, rainfall[k]로 값에 접근했는데 k라는 키가 존재하지 않으면 int 함수의 기본값인 0으로 해당 키를 초기화해버립니다.

4.3.2 해답

```
def get_rainfall():
    rainfall = {} ------ 사용자가 어떤 도시를 입력할지 모르므로, 빈 딕셔너리를 준비해둡니다.

    while True:
        city_name = input('Enter city name: ')
        if not city_name:
            break

        mm_rain = input('Enter mm rain: ')
        rainfall[city_name] = rainfall.get(city_name, 0)
            + int(mm_rain) ------ 처음 입력된 도시는 0과 입력된 강수량을 더합니다. 이후에 같
                                  은 도시가 입력되면 저장되어 있는 강수량과 입력된 강수량을
                                  더합니다. dict.get을 활용해서 이 코드를 구현합니다.
    for city, rain in rainfall.items():
        print(f'{city}: {rain}')

get_rainfall()
```

4.3.3 조금 더 나아가기

횟수 또는 합계 금액 등을 계속해서 누적하고 싶을 때는 일반적으로 딕셔너리를 활용합니다. 딕셔너리의 키로 어떤 것을 추적하고 있는지, 그리고 딕셔너리의 값으로 해당 키의 값을 누적해서 추적할 수 있습니다. 이를 연습해볼 수 있는 예제를 몇 가지 추가로 소개하겠습니다.

- 단순하게 모든 도시의 강수량 합계만 출력하지 말고, 평균도 함께 출력해 주세요. 즉, Boston이라는 도시에 30, 20, 40을 입력했다면 합계로 90을 출력하고, 평균으로 30을 출력하면 됩니다.

- 유닉스/리눅스 시스템(예를 들어 아파치 서버)의 로그 파일을 읽어 들이고, 각각의 응답 코드(3자리로 구성되어 HTTP 요청의 성공과 실패 등을 나타내는 코드)에 따라서 IP 주소를 리스트에 저장하는 프로그램을 작성해주세요.
- 텍스트 파일을 읽어 들이고, 딕셔너리를 사용해서 특정 길이의 단어가 몇 번 등장하는지 조사하는 프로그램을 만들어주세요. 예를 들어 1글자짜리 단어 몇 개, 2글자짜리 단어 몇 개, 3글자짜리 단어 몇 개 등으로 출력하면 됩니다.

4.4 EXERCISE 16. 두 딕셔너리의 차이 찾기

PYTHON

파이썬 개발자는 딕셔너리를 얼마나 잘 다룰 수 있는지로 평가받기도 합니다. 무엇보다도 dict.get 메서드를 효율적으로 사용하면 코드를 더욱더 짧고 우아하고 유지보수하기 좋게 만들 수 있습니다.

매개변수로 2개의 딕셔너리를 입력받는 dictdiff 함수를 만들어주세요. 이 함수는 두 딕셔너리에 차이가 있는 부분을 리턴합니다.

dictdiff는 두 딕셔너리에 차이가 없다면 빈 딕셔너리를 리턴합니다. dictdiff의 리턴 값은 딕셔너리로 만들어주세요. 이 딕셔너리는 키로 서로 다른 점이 있는 키, 값으로 각 딕셔너리의 값을 요소로 갖는 리스트를 갖게 합니다. 한쪽 딕셔너리에만 있고 다른 쪽 딕셔너리에 없는 값은 다음과 같이 None을 활용해서 차이를 출력해주세요.

```
d1 = {'a':1, 'b':2, 'c':3}
d2 = {'a':1, 'b':2, 'c':4}
print(dictdiff(d1, d1))
print(dictdiff(d1, d2))
```

자기 자신과 비교하므로 차이가 없을 것입니다. 따라서 빈 딕셔너리를 출력합니다.

d1에는 c:3이 있고, d2에는 c:4가 있으므로, {'c': [3, 4]}를 출력합니다.

```
d3 = {'a':1, 'b':2, 'd':3}
d4 = {'a':1, 'b':2, 'c':4}
print(dictdiff(d3, d4))
```

d4에는 c:4가 있고, d3에는 d:3이 있으므로, {'c': [None, 4], 'd': [3, None]}를 출력합니다.

```
d5 = {'a':1, 'b':2, 'd':4}
print(dictdiff(d1, d5))
```

d1에는 c:3이 있고, d5에는 d:4가 있으므로, {'c': [3, None], 'd': [None, 4]}를 출력합니다.

4.4.1 풀어보기

그럼 이번 프로그램의 전체 설계부터 잡아봅시다.

- 일단 output이라는 이름의 빈 딕셔너리를 만듭니다.
- 매개변수로 받은 두 딕셔너리(first와 second라는 이름으로 만듭니다)를 기반으로 반복문을 돌립니다.
- 각각의 키로 반복을 돌면서 다른 쪽 딕셔너리에 해당 키가 존재하는지 확인합니다.
- 키가 양쪽 모두에 존재한다면 값이 같은지 확인합니다.
- 값이 같다면 output에 어떠한 처리도 하지 않습니다.
- 값이 다르다면 output에 새로운 키-값 쌍을 추가합니다. 키는 현재 확인하고 있는 키, 값은 양쪽 딕셔너리에 있는 값을 리스트로 만들어 사용합니다.
- 키가 한쪽에만 존재한다면 None을 활용해서 값을 만들어냅니다.

크게 문제없는 방법처럼 들리지만, 이 접근 방법은 첫 번째 딕셔너리와 두 번째 딕셔너리로 각각 반복을 돌아야 하므로, 반복문을 2번 사용한다는 문제가 있습니다. 일부 키가 겹칠 가능성이 높으므로, 이러한 접근 방법은 비효율적입니다. 따라서 각각의 딕셔너리에 포함되어 있는 키를 세트로 만들고, 이를 결합해서 각각의 키가 한 번만 등장하는 세트를 만든 뒤, 이를 기반으로 반복하는 것이 더 좋을 것입니다.

dict.keys()는 dict_keys라는 특별한 객체를 리턴합니다. dict_keys 객체는 세트에서 사용할 수 있는 여러 메서드를 활용할 수 있으며, |(합집합)과 &(교집합) 연산자를 사용할 수 있습니다. 이 연산자를 사용하면 양쪽 키를 모두 포함하는 세트를 만들 수 있습니다.

```
all_keys = first.keys() | second.keys()
```

세트는 값이 없는 딕셔너리라고 할 수도 있습니다. 따라서 합집합 연산으로 두 세트를 결합하면 중복 없이 유일한 키로 구성된 세트를 얻을 수 있습니다. 추가로 딕셔너리 내부에 어떤 키가 있는지 없는지 확인하는 코드보다 dict.get 메서드(http://mng.bz/4AeV)를 사용하면 키가 없을 때 None을 리턴하므로 코드를 더 간단하게 만들 수 있습니다. 또한, dict.get 메서드를 사용하면 KeyError 예외가 발생할 가능성도 원천 차단됩니다.

그럼 살펴본 예시로, 어떤 형태로 동작하는지 확인해봅시다.

```
d1 = {'a':1, 'b':2, 'c':3}
print(dictdiff(d1, d1))
```

이러한 코드가 어떻게 실행되는지 그림 4-4를 확인해봅시다. 그림을 보면 매개변수 first와 second가 모두 같은 딕셔너리(d1)를 가리킵니다.

그림 4-4 같은 딕셔너리의 차이 확인하기

```
➡ 1 def dictdiff(first, second):
  2     output = {}
  3     all_keys = first.keys() | second.keys()
  4
  5     for key in all_keys:
  6         if first.get(key) != second.get(key):
  7             output[key] = [first.get(key),
  8                            second.get(key)]
  9     return output
 10
 11 d1 = {'a':1, 'b':2, 'c':3}
➡ 12 print(dictdiff(d1, d1))
```

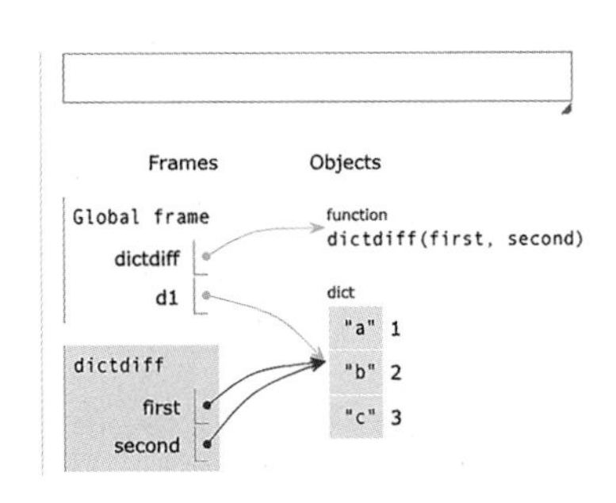

같은 딕셔너리의 키를 합집합 연산하므로, all_keys 세트에 d1 딕셔너리의 모든 키가 들어갑니다(그림 4-5). 또한, 차이도 전혀 없으므로 최종 값(output)으로 {}를 리턴합니다.

✔ 그림 4-5 d1의 키를 기반으로 반복하기

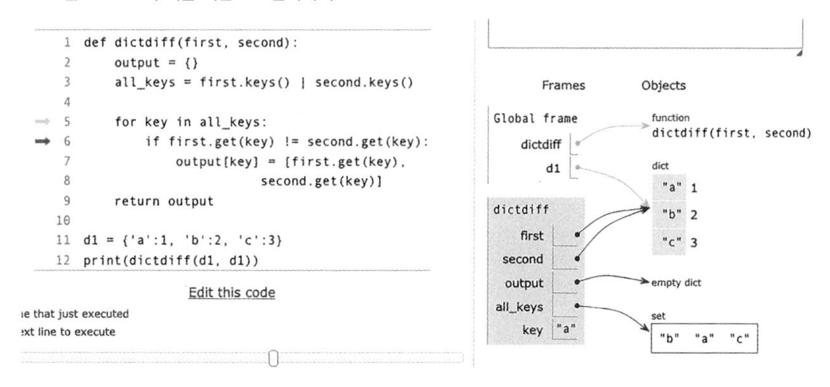

d1과 d2를 결합하는 경우, 매개변수 first와 second가 서로 다른 딕셔너리를 가리킵니다(그림 4-6).

✔ 그림 4-6 d1과 d2 비교하기

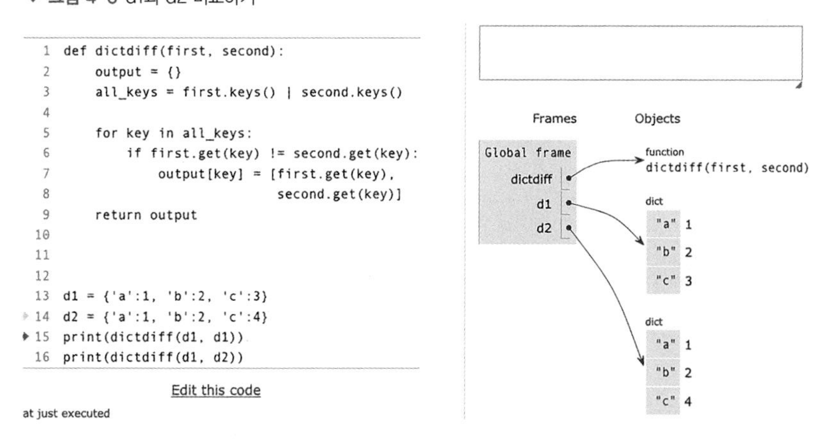

두 딕셔너리는 같은 키를 갖고 있지만, c의 값이 다릅니다. 따라서 그림 4-7처럼 output 딕셔너리에 새로운 키-값 쌍을 만들고, 값을 리스트로 저장합니다.

✔ 그림 4-7 output에 값 추가하기

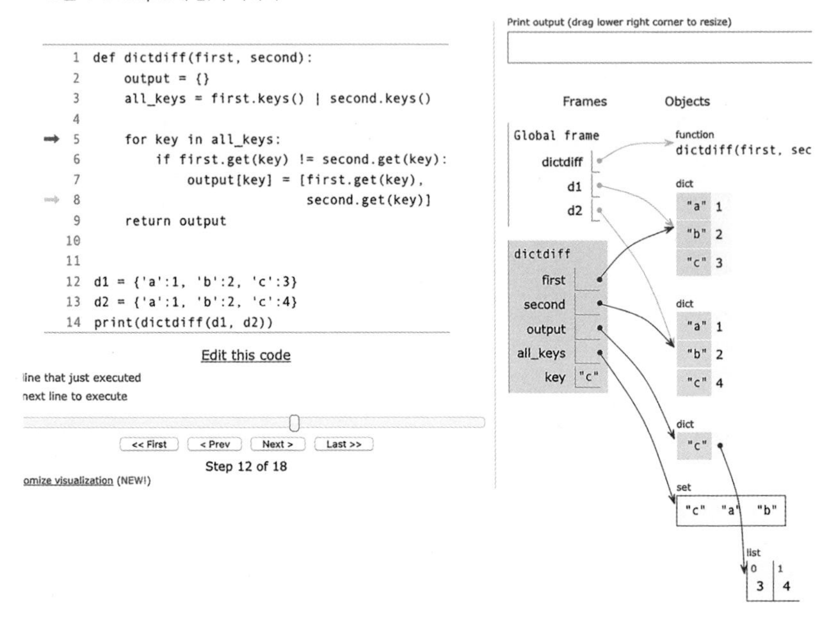

d3와 d4를 비교할 때는 조금 더 복잡한 처리가 일어납니다. output 딕셔너리는 2개의 키-값 쌍을 갖고, 각 딕셔너리의 값을 리스트로 갖습니다. 이와 같은 방법을 사용하면 두 딕셔너리의 차이를 비교하고, 이를 새로운 딕셔너리로 정리해서 출력할 수 있습니다.

4.4.2 해답

```
def dictdiff(first, second):
    output = {}
    all_keys = first.keys() | second.keys()
```

두 딕셔너리에서 키를 모두 추출하고, 합집합 연산으로 결합합니다.

```
    for key in all_keys:
        if first.get(key) != second.get(key):
```

```python
            output[key] = [first.get(key), second.get(key)]
    return output

d1 = {'a':1, 'b':2, 'c':3}
d2 = {'a':1, 'b':2, 'd':4}
print(dictdiff(d1, d2))
```

dict.get 메서드를 활용하므로, 키가 없는 경우에는 None을 리턴합니다.

이 예제는 http://mng.bz/8prW에서 확인할 수 있습니다.

4.4.3 조금 더 나아가기

파이썬 함수는 모든 종류의 객체를 리턴할 수 있습니다. 따라서 딕셔너리도 리턴할 수 있습니다. 그래서 파이썬은 딕셔너리를 만들어내는 함수를 유용하게 활용합니다. 이번 예제처럼 딕셔너리로 원하는 정보를 정리해서 리턴하기도 하고, 다른 객체를 딕셔너리로 변환해서 리턴하기도 합니다.

이와 같은 내용을 더 연습해볼 수 있는 예제를 몇 가지 소개합니다.

- `dict.update` 메서드는 두 딕셔너리를 결합합니다. 2개 이상의 딕셔너리를 매개변수로 받고, 이를 모두 결합해서 리턴하는 함수를 만들어주세요. 만약 같은 키가 중복되는 경우에는 마지막에 결합한 딕셔너리의 값을 지정해주세요.
- 짝수 개의 매개변수를 입력받고, 이를 기반으로 딕셔너리를 만들어서 리턴하는 함수를 만들어주세요. 짝수 위치에 있는 매개변수가 딕셔너리의 키로, 홀수 위치에 있는 매개변수가 딕셔너리의 값으로 들어가면 됩니다. 즉, `('a', 1, 'b', 2)`라는 형태로 호출했다면 `{'a':1, 'b':2}`를 리턴하면 됩니다.

- 매개변수로 1개의 딕셔너리(d)와 1개의 함수(f)를 입력받는 dict_partition이라는 이름의 함수를 만들어주세요. dict_partition은 매개변수로 받은 딕셔너리의 값을 매개변수로 받은 함수에 전달하고, 리턴 값에 따라 키-값 쌍을 분배합니다. 만약 f가 True를 리턴하면 키-값 쌍을 첫 번째 딕셔너리에 넣습니다. 만약 f가 False를 리턴하면 키-값 쌍을 두 번째 딕셔너리에 넣습니다. 그리고 최종적으로 (1번째_딕셔너리, 2번째_딕셔너리) 형태의 튜플을 리턴합니다.

PYTHON

4.5 EXERCISE 17. 서로 다른 숫자의 개수 찾기

필자는 여러 컨설팅 업무 중에 로그 파일에서 오류 메시지, IP 주소, 사용자 이름을 찾는 업무를 많이 합니다. 대부분의 경우에서 각각의 대상을 한 번만 살펴보면 되므로 두 번 이상 등장하는 메시지, 주소, 사용자 이름은 로그 파일을 복잡하게 만들 뿐입니다.

이번 예제에서는 정수 리스트에 중복을 제거하는 처리를 하는 프로그램을 만들어봅시다. 리스트 내부에 포함되어 있는 서로 다른 숫자의 개수를 출력하면 됩니다. 다음과 같은 정수 리스트가 주어지는 경우를 생각해봅시다.

```
numbers = [1, 2, 3, 1, 2, 3, 4, 1]
```

리스트의 요소가 7개이므로, `len(numbers)`를 실행하면 7을 리턴할 것입니다. 리스트 내부에 있는 서로 다른 숫자의 개수는 4입니다. 어떤 처리를 해야 이와 같은 4라는 숫자를 얻을 수 있을까요? 매개변수로 정수 리스트 하나를 받고, 그 안에 있는 서로 다른 숫자의 개수를 출력하는 `how_many_different_numbers` 함수를 만들어주세요.

4.5.1 풀어보기

세트는 딕셔너리의 키처럼 요소의 유일성을 보장합니다. 따라서 요소 중복이 포함되어 있는 리스트에서 중복을 모두 제거하고 싶다면 단순하게 이를 세트로 변환해보면 됩니다.

```
unique_numbers = set(numbers)
```

이렇게 끝내면 아쉬우니 세트와 관련한 조작을 더 살펴보겠습니다. 빈 세트를 만들고, 여기에 요소를 하나하나 추가하는 형태로 구현한다면 다음과 같이 구현할 수 있습니다.

```
numbers = [1, 2, 3, 1, 2, 3, 4, 1]
unique_numbers = set()
for number in numbers:
    unique_numbers.add(number)
```

이 코드의 set.add는 세트에 요소 하나만 추가합니다. 만약 여러 개의 요소를 한꺼번에 추가하고 싶다면 매개변수로 이터러블을 전달할 수 있는 set.update를 사용합니다.

```
numbers = [1, 2, 3, 1, 2, 3, 4, 1]
unique_numbers = set()
unique_numbers.update(numbers)
```

set.update의 매개변수로는 이터러블을 전달합니다. 이 코드에서 반복문과 set.add를 활용한 형태의 축약형이라고 생각하면 됩니다.

일부 독자는 다음과 같이 '중괄호({})를 사용해 세트를 만드는 문법으로 세트를 만들 수 있지 않을까?'라고 생각할 수도 있습니다.

```
numbers = [1, 2, 3, 1, 2, 3, 4, 1]
unique_numbers = {numbers}
```

동작하지 않습니다.

하지만 이 코드는 동작하지 않습니다. 요소를 하나 갖는 세트를 만드는 코드입니다. 그리고 리스트를 딕셔너리의 키로 사용할 수 없는 것처럼, 리스트를 세트의 요소로 사용할 수는 없습니다.

numbers라는 리스트를 요소로 추가하려는 코드가 아니라 내부에 있는 숫자들을 요소로 추가하고 싶은 것이므로 전개 연산자를 활용하면 됩니다. 리스트의 요소를 세트의 요소로 전개하고 싶을 때는 다음과 같이 전개 연산자(*)를 활용합니다.

```
numbers = [1, 2, 3, 1, 2, 3, 4, 1]
unique_numbers = {*numbers}
```

지금까지 살펴본 코드 중에 어떤 코드를 사용해야 좋을지는 사람과 상황에 따라서 다를 수 있습니다. 필자는 중괄호와 전개 연산자를 사용하는 코드도 물론 괜찮다고 생각하지만, 이 코드가 많은 사람에게 혼란을 줄 수 있다는 사실도 인정합니다. 따라서 가독성을 위해서는 메서드를 활용하는 코드가 더 좋습니다.

4.5.2 해답

```
def how_many_different_numbers(numbers):
    unique_numbers = set(numbers)
    return len(unique_numbers) numbers를 세트로 만들어서 중복을 제거한 뒤,
                               세트의 요소 개수를 리턴합니다.

print(how_many_different_numbers([1, 2, 3, 1, 2, 3, 4, 1]))
```

이 예제는 http://mng.bz/EdQD에서 확인할 수 있습니다.

4.5.3 조금 더 나아가기

'유일하다' 또는 '중복을 제거한다' 등의 말을 들으면 이를 자동으로 처리해주는 세트의 사용을 검토해보세요. 사용자 이름, 날짜, IP 주소, 메일 주소, 제품 종류 등이 중복해서 등장하는 상황에서 중복을 제거할 때는 세트를 굉장히 유용하게 활용할 수 있습니다.

이번 예제의 내용을 더 활용해볼 수 있는 예제를 소개하겠습니다.

- 서버 로그 파일(아파치 또는 엔진엑스 로그)을 읽고, 서버에 접속한 서로 다른 IP 주소의 개수를 구해보세요.

- 마찬가지로 서버 로그 파일을 읽고, 응답 코드가 몇 종류 나오는지 확인해보세요. 응답 코드 200은 'OK'(정상)를 의미하고 403, 404, 500 등은 오류를 의미합니다. 정규 표현식 등을 사용하지 않아도 간단하게 문제를 풀 수 있습니다(물론 정규 표현식을 알면 더 쉽게 풀 수 있습니다).
- `os.listdir`(http://mng.bz/YreB)을 사용해서 현재 디렉터리에 있는 파일들의 이름을 읽고, 어떤 확장자들이 있는지 정리해보세요. 이를 구현할 때 `os.path.splitext`(http://mng.bz/GV4v)를 활용하면 좋습니다.

4.6 정리

PYTHON 1

딕셔너리는 파이썬 세계에서 굉장히 널리 사용되는 중요한 자료 구조입니다. 따라서 딕셔너리를 효과적이면서 효율적으로 활용할 수 있는 능력을 기르는 것이 좋습니다. 이번 장에서는 딕셔너리를 활용해서 사용자로부터 입력받은 값을 추적하는 등 다양한 예제를 풀어보았습니다. 또한, 요소를 추출할 때 해당 키가 없으면 None(또는 두 번째 매개변수로 지정한 값)을 리턴하는 dict.get 메서드도 살펴보았습니다.

딕셔너리를 활용할 때는 다음 내용을 기억해주세요.

- 딕셔너리의 키는 숫자 또는 문자열처럼 해시로 만들 수 있어야 합니다(hasable).
- 딕셔너리의 값으로는 모든 것을 지정할 수 있습니다.
- 딕셔너리의 키는 해당 딕셔너리 내부에서 유일합니다.
- for 반복문 또는 내포를 활용해서 딕셔너리의 키를 기반으로 반복할 수 있습니다.

5장

파일

파일 처리는 컴퓨터에서 빼놓을 수 없는 부분입니다. 따라서 프로그래밍에서도 빼놓을 수 없습니다. 프로그램은 파일에서 데이터를 읽어 들일 수 있고, 파일로 데이터를 출력할 수 있습니다. 파일과 전혀 관련없어 보이는 네트워크 처리도 파일 처리와 비슷한 방법(인터페이스)을 사용합니다.

일반적으로 컴퓨터를 사용하면서 워드 파일, 엑셀 파일, 파워포인트 파일, PDF 파일 등 여러 파일을 사용합니다. 프로그래밍에서 파일 처리는 간단하면서도 어렵습니다. 파일을 단순하게 문자열을 읽고 쓸 수 있는 자료 구조로 본다면 굉장히 간단합니다. 하지만 파일을 자료 구조에 맞게 파싱(분석)해야 한다는 부분까지 생각해보면 파일 처리는 생각보다 복잡한 일입니다.

파일 처리는 파이썬으로 할 수 있는 무척 쉬우면서도 간단한 처리입니다. 파일 시스템과 상호 작용하지 않는 프로그램은 굉장히 재미없습니다. 따라서 파일 처리는 파이썬을 활용할 때 반드시 해야 하는 일입니다. 이번 장에서는 파일을 쓰고, 읽고, 조작하는 방법들을 살펴볼 것입니다. 여러 예제를 통해서 파일 객체와 반복문을 함께 사용하는 방법, `with` 블록을 활용하는 방법처럼 파이썬으로 파일 처리를 할 때 활용하는 일반적인 내용과 익숙해질 수 있을 것입니다.

일부 예제에서는 CSV(Comma-Separated Values, 쉼표로 구분된 값) 또는 JSON(JavaScript Object Notaion)을 처리할 때 활용할 수 있는 파이썬의 표준 모듈도 다룹니다. CSV와 JSON에 대해서 모르는 분을 위해서 간단하게 추가 설명도 할 예정입니다.

이번 장을 마치면 파이썬의 기본적인 파일 처리 방법, 인메모리 자료 구조(리스트, 딕셔너리 등)와 디스크에 저장된 데이터 형식(CSV, JSON 등)을 서로 변환하는 방법에 익숙해질 수 있을 것입니다. 파일과 관련한 내용을 배우면 프로그램 또는 컴퓨터가 종료되어도 이전에 활용하던 데이터를 복구할 수 있으며, 네트워크 통신 등을 통해서 데이터를 다른 컴퓨터로 전달할 수도 있습니다.

✔ 표 5-1 이 장에서 다루는 내용

개념	설명	예시	참고 자료
파일	파이썬에서 파일 처리를 할 때 사용하는 객체입니다.	`f = open('/etc/passwd')`	http://mng.bz/D22R
with	특정 객체를 콘텍스트 관리자(context manager)로 관리하게 합니다. 파일 객체가 블록을 벗어나면 자동으로 파일을 닫아줍니다.	`with open ('file.text') as f:`	http://mng.bz/6QJy
콘텍스트 관리자	with 구문으로 만든 객체를 관리해줍니다.	`with MyObject() as m:`	http://mng.bz/B221
set.update	세트에 요소를 추가합니다.	`s.update([10, 20, 30])`	http://mng.bz/MdOn
os.stat	파일과 관련한 정보(크기, 권한, 타입)를 확인합니다.	`os.stat('file.txt')`	http://mng.bz/dyyo
os.listdir	디렉터리 내부의 파일을 리스트로 리턴합니다.	`os.listdir('/etc/')`	http://mng.bz/YreB
glob.glob	특정 패턴에 맞는 파일 리스트를 리턴합니다.	`glob.glob('/etc/*.conf')`	http://mng.bz/044N
딕셔너리 내포	반복을 통해서 딕셔너리를 만드는 방법입니다.	`{word : len(word) for word in 'ab cde'.split()}`	http://mng.bz/Vggy
str.split	문자열을 특정 문자열로 잘라서 리스트로 만듭니다.	`# ['ab', 'cd', 'ef']` 를 리턴합니다. `'ab cd ef'.split()`	http://mng.bz/aR4z
hashlib	암호화 함수 등을 제공하는 모듈입니다.	`import hashlib`	http://mng.bz/NK2x
csv	CSV 파일을 처리할 때 활용하는 모듈입니다.	`x = csv.reader(f)`	http://mng.bz/xWWd
json	JSON 파일을 처리할 때 활용하는 모듈입니다.	`json.loads(json_string)`	http://mng.bz/AAAo

PYTHON

5.1 EXERCISE 18. 마지막 줄 추출하기

일반적으로 파이썬을 공부할 때 파일에 있는 내용들을 한 줄씩 반복해서 출력하는 프로그램을 만들어보았을 것입니다. 그런데 만약 파일의 다른 줄은 전혀 필요 없고, 마지막 줄만 필요하다면 어떻게 해야 할까요?

사실 파일의 마지막 줄을 추출하는 코드가 유용하지 않다고 생각할 수도 있습니다. 하지만 유닉스에서 첫 번째 줄과 마지막 줄을 출력해주는 head와 tail 유틸리티 프로그램은 로그 파일 또는 설정 파일의 내용을 확인할 때 많이 활용합니다.

파일의 이름을 매개변수로 받고, 해당 파일의 마지막 줄을 리턴하는 get_final_line 함수를 만들어주세요.

5.1.1 풀어보기

이번 예제는 파이썬에서 많이 활용하는 관용구(idiom)를 다룹니다. 이러한 관용구를 활용하면 쉽게 읽을 수 있는 코드를 만들 수 있을 뿐만 아니라 효율적으로 실행되는 코드를 만들 수 있습니다.

open 함수는 매개변수로 어떤 것을 넣는지에 따라서 TextIOWrapper 또는 BufferedReader 등과 같은 다양한 객체를 리턴합니다. 이러한 객체는 모두 파일을 처리하는 API와 같은 API로 구현되어 있습니다. 그래서 이러한 객체들을 '파일 유사 객체(file-like object)'라고 부릅니다. 이러한 객체들은 버퍼링과 같이 운영 체제에서 지원하는 다양한 최적화를 활용하므로, 처리 속도와 효율이 좋습니다.

일반적으로 open 함수는 다음과 같은 형태로 활용합니다.

```
f = open(filename)
```

이 코드에서 filename은 실제 파일 이름을 나타내는 문자열 변수라고 생각해주세요.

open 함수의 첫 번째 매개변수는 파일 이름을 의미합니다. open 함수의 두 번째 매개변수는 옵션 매개변수로, 파일을 어떤 모드로 열지를 나타냅니다. 기본적으로 글자 단위로 텍스트를 읽어 들이는 텍스트 읽기 모드(r), 쓰기 모드(w), append 모드(a)[1]가 있으며, 바이트 단위로 읽어 들이는 바이트 읽기 모드(rb), 쓰기 모드(wb), append 모드(ab)가 있습니다(바이트 모드 또는 바이너리 모드라고 불리는 'b' 모드와 관련한 내용은 이후에 참고 부분에 정리하겠습니다). 따라서 파일을 텍스트 읽기 모드로 연다면 다음과 같은 코드를 사용합니다.

```
f = open(filename, 'r')
```

일반적으로 파일은 읽기 모드로 여는 경우가 많으므로, 두 번째 매개변수를 따로 지정하지 않으면 기본적으로 'r'이 들어간 텍스트 읽기 모드로 파일을 열게 됩니다. 텍스트 읽기 모드로 파일을 읽을 때는 두 번째 매개변수를 지정하지 않는 편입니다.

이 코드를 보면 open 함수의 리턴 값을 변수 f에 할당했습니다. 변수 f와 같은 파일 객체들은 모두 이터러블이며, 한 번 반복할 때마다 파일의 내용을 한 줄씩 리턴합니다. 따라서 다음과 같은 형태로 파일의 내용을 한 줄씩 출력할 수 있습니다.

```
for current_line in f:
    print(current_line)
```

1 역주 append 모드는 한국어로 덧붙이기 모드 또는 추가 모드라고 부릅니다. 기존의 파일 내용 뒤에 내용을 이어서 쓸 때 사용하는 모드입니다. '덧붙이기'와 '추가'가 익숙한 표현은 아닐 수 있으므로, append 모드로 표기하겠습니다.

이처럼 반복문을 사용해서 파일을 반복할 때는 한 줄씩 반복이 일어납니다. 이때 한 줄의 끝에 있는 줄바꿈 문자(\n)가 포함된다는 사실을 꼭 기억해주세요. 참고로 빈 줄이라도 줄바꿈 문자가 포함되어 있습니다.

이론적으로 파일은 반드시 줄바꿈 문자로 끝나야 합니다. 하지만 실제로 직접 파일을 작성할 때는 물론이고, 다른 사람들이 만든 파일을 보아도 줄바꿈 문자로 끝나지 않는 경우가 많습니다. 따라서 파일의 끝이 줄바꿈으로 끝날 것이라고 가정하고 코드를 작성하면 문제가 생길 수 있습니다.

그런데 이 코드는 파일을 열기만 하고 닫지 않고 있습니다. 물론 코드는 정상적으로 실행됩니다. 작은 파일 몇 개를 열 때는 큰 문제가 없지만, 한 번에 큰 파일을 여러 개 열어서 사용한다면 쓸데없이 리소스를 낭비할 수 있습니다. 또한, 예상하지 못한 문제로 파일이 완전히 닫히지 않는 일이 생길 수도 있습니다. 따라서 파일을 열고 모두 사용했다면 닫아주는 것이 좋습니다.

일반적으로 파이썬은 with 구문을 활용해서 파일을 열고, 구문을 빠져나갈 때 파일이 닫히게 만듭니다. 이전 코드에 with 구문을 추가한다면 다음과 같이 변경합니다.

```
with open(filename) as f:
    for one_line in f:
        print(len(one_line))
```

파일을 열고 f라는 변수에 직접 할당하지 않고, with 구문의 일부로서 파일을 f라는 변수에 할당했습니다.

with 구문과 관련한 콘텍스트 관리자(context manager)는 이후의 'with 구문과 콘텍스트 관리자' 노트 박스(159쪽)에서 자세하게 다룰 예정입니다. 일단은 이처럼 with 구문을 사용해서 파일을 여는 것이 파이썬스러운 방법이며, with 구문은 블록을 벗어날 때 자동으로 파일을 닫는다는 사실을 기억해주세요.

바이트 모드 b

PDF와 JPEG 파일처럼 텍스트 파일이 아닌 파일을 r 모드로 열고, 반복문으로 한 줄씩 읽어 들이려고 하면 어떻게 될까요?

일단 오류가 발생합니다. r 모드는 파일에 UTF-8 형식의 유니코드 문자열이 들어 있을 것이라고 예측하기 때문입니다. 하지만 바이너리 파일은 유니코드가 아닙니다. 파이썬으로 유니코드가 아닌 문자열을 읽어 들이려고 하면 예외가 발생하며, 해당 내용을 유니코드 문자열로 읽어 들일 수 없다고 이야기합니다.

이러한 문제를 피하려면 파일을 바이트 모드(바이너리 모드라고도 부릅니다)로 열어야 합니다. 파일을 바이너리 또는 바이트 모드로 열고 싶다면 open 함수의 두 번째 매개변수로 넣는 r, w, a 뒤에 b를 붙입니다.

```
for current_line in open(filename, 'rb'):   # 파일을 읽기(r) 모드와 바이너리(b) 모드로 엽니다.
    print(current_line)   # 이렇게 코드를 작성할 경우, current_line은 바이트열(bytes)입니다.
```

이렇게 코드를 작성하면 이전에 언급한 오류가 발생하지 않습니다. 그런데 이전에 파일을 반복문에 넣으면 반복문 내부에서 마지막에 \n이 들어가 있는 줄을 하나씩 얻을 수 있다고 했습니다. 바이너리 파일은 이미지 파일처럼 어떤 줄을 기준으로 구분되는 파일이 아닙니다. 따라서 한 줄씩 읽어 들이는 코드는 바이너리 파일을 대상으로 큰 의미가 없습니다.

그래서 일반적으로 바이너리 파일은 다음과 같이 read 메서드를 활용해서 고정 크기의 바이트씩 읽어 들입니다. 만약 더 이상 읽어 들일 바이트가 남아 있지 않을 경우, 파일의 끝에 도달했다는 의미입니다.

```
with open(filename, 'rb') as f:   # with 구문을 활용해서 파일을 엽니다.
    while True:
        one_chunk = f.read(1000)   # 1,000바이트를 읽어 들이고, 이를 바이트열 객체로 리턴합니다.
        if not one_chunk:
            break
        print(f'This chunk contains {len(one_chunk)} bytes')
```

이번 예제는 파일의 마지막 줄을 출력해야 합니다. 일단 다음과 같은 코드를 사용해서 파일의 마지막 줄을 출력하는 방법이 있습니다.

```
for current_line in open(filename):
    pass

print(current_line)
```

이 방법은 반복문으로 한 줄씩 반복을 돌리면서 current_line에 각 줄을 할당하지만, 반복문의 내부에서 아무것도 하지 않습니다. 파이썬은 for 반복문과 같은 들여쓰기를 만들어야 하는 부분에서 아무것도 안 한다고 해도, 코드를 반드시 한 줄 이상 입력해야 합니다. 따라서 아무것도 안 한다는 것을 나타내는 pass 구문을 넣었습니다. 최종적으로 반복문이 끝나면 current_line에는 파일의 마지막 줄이 들어 있게 됩니다.

파일의 마지막 줄을 얻기 위해서 파일에 반복문을 적용하는 코드는, 동작은 하지만 이상하게 보이는 것이 사실입니다. 그래서 필자는 그림 5-1과 같은 코드를 작성하는 것을 추천합니다. currernt_line을 final_line에 할당한다는 것을 제외하면 큰 차이가 없지만, 파일의 마지막 줄을 얻는다는 것이 더 명확하게 나타납니다.

▼ 그림 5-1 마지막 줄을 출력하는 코드

```
 1 from io import StringIO
 2 
 3 fakefile = StringIO('''
 4 nobody:*:-2:-2::0:0:Unprivileged User:/var/empty:/usr/bin/false
 5 root:*:0:0::0:0:System Administrator:/var/root:/bin/sh
 6 daemon:*:1:1::0:0:System Services:/var/root:/usr/bin/false
 7 ''')
 8 
 9 def get_final_line(filename):
10     final_line = ''
11     for current_line in fakefile:
12         final_line = current_line
13     return final_line
14 
15 print(get_final_line('/etc/passwd'))
```

모두 돌고 나면 final_line에 파일의 마지막 줄이 들어 있을 것이므로, 이를 리턴하게 코드를 구성합니다.

기본적으로 print는 내용을 출력한 뒤에 줄바꿈 문자를 출력합니다. 하지만 이전에 언급한 것처럼 파일을 반복문으로 돌릴 때, 반복 변수에 들어 있는 각 줄의 내용은 마지막에 줄바꿈을 포함합니다. 그래서 그냥 출력하면 줄바꿈이 2번 연속으로 출력되어서 이상하게 보일 수 있습니다. 이러한 문제를 해결하려면 print에 end='' 매개변수를 지정하면 됩니다. end 매개변수는 print로 출력한 뒤에 출력할 문자를 나타냅니다. 이를 빈 문자열로 지정하면 줄바꿈 문자가 두 번 연속으로 출력되는 문제를 해결할 수 있습니다. print 함수에 넣을 수 있는 다른 매개변수들도 알고 싶다면 http://mng.bz/RAAZ를 참고해보세요.

5.1.2 해답

```
def get_final_line(filename):
    final_line = ''
    for current_line in open(filename):
        final_line = current_line
    return final_line

print(get_final_line('/etc/passwd'))
```

이 예제는 http://mng.bz/D24g에서 확인할 수 있습니다.

Python Tutor에서 파일 사용하기

이 책에서 코드 실행 흐름을 확인할 때 사용하는 Python Tutor 사이트는 파일을 지원하지 않습니다. Python Tutor 사이트는 무료로 제공되는 사이트라서 큰 규모의 프로그램을 돌릴 수 없고, 여러 보안 문제가 발생할 수 있기 때문에 파일을 지원하지 않는 것입니다.

이 책에서는 파일을 유사하게 구현할 수 있게 StringIO(http://mng.bz/PAOP) 객체를 활용하는 형태로 예제를 제공합니다. StringIO 객체는 파일을 사용할 때와 같은 API를 활용합니다. 따라서 파일처럼 읽어 들이고, 파일처럼 쓸 수 있습니다. 다만 파일 시스템에 접근하지는 않습니다.

계속

참고로 StringIO는 테스트할 때 많이 활용됩니다. 실제로 파일 시스템에 접근해서 파일을 조작하는 행위는 느리기 때문에, 파일과 비슷한 StringIO를 활용해서 빠르게 테스트하기 위함입니다.

StringIO는 다음과 같은 형태로 읽어 들입니다.

```
from io import StringIO
```

이 책의 예제 중에서 파일 처리를 하는 코드들은 Python Tutor 링크의 코드가 조금 다릅니다. 파일 처리를 StringIO를 활용하는 형태로 변경했기 때문입니다. 다만 디렉터리를 활용하는 코드는 Python Tutor에서 재현할 수 없기 때문에 Python Tutor 링크를 제공하지 않습니다.

5.1.3 조금 더 나아가기

파일을 반복문과 함께 조합해서 사용하면서 파일을 조작하는 테크닉은 굉장히 많이 사용됩니다. 반복문을 돌면서 파일을 어떤 형태로 조작할 수 있는지와 관련한 내용은 이번 장의 이후에 있는 예제에서 계속해서 살펴보겠습니다. 그럼 파일과 반복문을 함께 활용해볼 수 있는 예제를 몇 가지 소개하겠습니다.

- 텍스트 파일을 읽어 들이고, 한 줄씩 반복문을 돌리면서 정수만 포함하고 있는 단어를 찾아서 더한 뒤 출력해주세요.
- 텍스트 파일을 읽어 들이고, 한 줄씩 반복문을 돌리면서 모음(a, e, i, o, u)이 몇 개 있는지 세고 출력해주세요. 딕셔너리를 활용하면 쉽게 셀 수 있습니다.

5.2 EXERCISE 19. /etc/passwd를 딕셔너리로 바꾸기

기본적으로 파일 객체를 반복하면 각 파일의 내용을 한 줄씩 가져옵니다. 따라서 파일의 내용을 문자열 시퀀스로 다루는 경우가 많습니다. 하지만 단순한 시퀀스보다 딕셔너리와 같은 복잡한 자료 구조를 활용해서 파일을 표현하는 것이 좋을 때가 있습니다.

이번 예제에서는 passwd_to_dict라는 이름의 함수를 만듭니다. 이 함수는 유닉스 시스템에서 /etc/passwd 위치에 있는 '패스워드 파일(password file)'을 읽어 들이고, 이를 적절한 딕셔너리로 바꾸어 리턴하는 함수입니다. 해당 파일에 접근할 수 없는 환경(윈도우 시스템 등)이라면 http://mng.bz/2XXg에서 파일을 내려받아서 사용하기 바랍니다.

이 파일은 다음과 같은 형태를 갖고 있습니다.

```
nobody:*:-2:-2::0:0:Unprivileged User:/var/empty:/usr/bin/false
root:*:0:0::0:0:System Administrator:/var/root:/bin/sh
daemon:*:1:1::0:0:System Services:/var/root:/usr/bin/false
```

각 줄은 한 명의 사용자 정보를 의미합니다. 사용자 정보는 콜론(:)으로 구분되어 있습니다. 첫 번째 필드(인덱스 0)는 사용자 이름(username)을 나타내고, 세 번째 필드(인덱스 2)는 사용자의 유니크 ID를 나타냅니다(앞에서 /etc/passwd 파일의 경우, nobody는 -2, root는 0, daemon은 1의 ID를 갖고 있습니다). 이번 예제에서 이 두 필드 이외의 다른 필드는 모두 무시합니다.

참고로 이러한 형식에 따르지 않는 줄이 포함되어 있을 수 있습니다. 예를 들어 내용이 들어 있지 않은 빈 줄이 포함되어 있을 수 있고, 일부 벤더(애플 등)는 /etc/passwd 파일에 #으로 시작하는 주석 줄을 포함합니다. 이러한 줄들은 무시해주세요.

passwd_to_dict 함수는 /etc/passwd의 내용을 기반으로 사용자 이름을 키로, 그리고 유니크 ID를 값으로 갖는 딕셔너리를 리턴하게 만듭니다.

이번 예제에서 활용하는 추가적인 문자열 메서드

이번 예제에서 str.startswith, str.endswith, str.strip을 활용하면 편리합니다.

예를 들어 str.startswith는 문자열이 특정 문자열로 시작하는지에 따라서 True 또는 False를 리턴합니다.

```
s = 'abcd'
s.startswith('a')
s.startswith('abc')
s.startswith('b')
```

마찬가지로 str.endswith는 문자열이 특정 문자열로 끝나는지를 확인할 때 사용합니다.

```
s = 'abcd'
s.endswith('d')
s.endswith('cd')
s.endswith('b')
```

str.strip은 문자열 양옆 공백을 제거합니다. 이때 공백은 \n, \r, \t, \v를 의미합니다. 마찬가지로 str.lstrip은 왼쪽 공백, str.rstrip은 오른쪽 공백을 제거할 때 사용합니다. str.strip, str.lstrip, str.rstrip 메서드는 모두 문자열을 리턴합니다.

```
s = ' \t\t\ta b c \t\t\n'
s.strip()
s.lstrip()
s.rstrip()
```

5.2.1 풀어보기

이미 파일의 형식을 잘 알고, 어떤 형식의 줄에서 어떤 필드를 추출해야 하는지 알고 있으므로, 파일을 열고 한 줄씩 반복을 돌리면서 적절한 처리를 하면 됩니다.

일단 str.split 메서드(http://mng.bz/aR4z)를 사용해서 각각의 줄을 :으로 자릅니다. str.split은 항상 문자열 리스트를 리턴합니다. 이 리스트의 길이는 문자열 내부에서 :이 몇 개 있는지에 따라서 달라질 것입니다.

/etc/passwd 파일에는 #으로 시작하는 주석 줄이 있습니다. 만약 이러한 문자열에 str.split을 적용하면 주석 전체 문자열이 요소 하나로 들어 있는 리스트를 리턴할 것입니다. 이러한 리스트에 user_info[2]와 같은 코드를 적용하면 IndexError 예외가 발생합니다.

따라서 #으로 시작하는 줄은 무시해야 합니다. str.startswith 메서드(http://mng.bz/PAAw)를 사용하면 됩니다. 아무 내용도 들어 있지 않은 빈 문자도 무시할 수 있게, 다음과 같은 코드를 사용합니다.

```
if not line.startswith(('#', '\n')):
```

str.startswith를 호출할 때 문자열 2개를 담은 튜플을 매개변수로 전달했습니다. 이렇게 하면 튜플 내부에 있는 문자열 중에서 하나로만 시작해도 True를 리턴합니다.

정보를 가진 줄을 찾았다면 딕셔너리에 사용자 정보를 넣으면 됩니다. 키로 user_info[0], 값으로 user_info[2]를 넣습니다. 참고로 키로 user_info[0]를 사용하는 코드가 이상하게 보일 수 있는데, user_info[0] 안에 담겨 있는 값을 키로 사용하는 것뿐입니다.

마지막으로 파일을 열 때는 with(http://mng.bz/lGG2)를 사용했습니다. with 블록을 사용하면 블록이 끝날 때 파일이 자동으로 닫힙니다.

5.2.2 해답

```
def passwd_to_dict(filename):
    users = {}
    with open(filename) as passwd:
        for line in passwd:                            주석과 내용이 없는 줄을 무시합니다.
            if not line.startswith(('#', '\n')):
                user_info = line.split(':')
                                               줄을 문자열의 리스트로 변환합니다.
                users[user_info[0]] = int(user_info[2])
    return users

print(passwd_to_dict('/etc/passwd'))
```

이 예제는 http://mng.bz/lGWR에서 확인할 수 있습니다.

5.2.3 조금 더 나아가기

파이썬을 어느 정도 공부하다 보면 파일을 디스크에 저장된 단순한 문자열로 보는 관점을 넘어서, 어떤 자료 구조로 변환할 수 있는 원시 데이터라는 관점으로 보게 됩니다. 예를 들어 우리가 작성하는 프로그램도 단순한 문자열이 아니라 어떤 자료 구조(딕셔너리 등)가 의미를 갖고 조합된 것입니다. 파일을 단순한 문자열이 아니라 어떤 자료 구조로 바라보면 파일을 기반으로 더 많은 것을 할 수 있습니다.

예를 들어 국가 이름과 인구가 적혀 있는 CSV 파일을 생각해봅시다. 이 파일을 단순하게 문자열로 읽어 들인다면 파일의 내용을 볼 수 있습니다. 하지만 프랑스와 태국의 인구를 비교하는 등을 작업하기는 약간 힘듭니다. 만약 이를 딕셔너리로 읽어 들인다면 이와 같은 작업을 더 쉽게 할 수 있을 것입니다.

필자는 이처럼 파일을 딕셔너리로 읽는 것을 굉장히 좋아합니다. 대부분의 파일들은 이와 같이 딕셔너리로 읽어 들였을 때 활용성이 늘어납니다. 물론 당연히 더 복잡한 자료 구조를 활용할 수도 있습니다. 이와 관련한 예제를 몇 가지 소개하겠습니다.

- /etc/passwd를 읽어 들이고 키로 '로그인 셸(각 줄의 마지막 필드)', 값으로 '해당 셸을 로그인 셸로 사용하는 사용자'를 리스트로 갖는 딕셔너리를 만들어보세요.
- /etc/passwd를 읽어 들이고 키로 '(이번 예제처럼) 사용자 이름'을 갖게 만들어주세요. 그리고 값으로 '사용자 ID', '홈 디렉터리', '셸'을 갖는 딕셔너리를 지정해주세요.

with 구문과 콘텍스트 관리자

이전에 살펴본 것처럼 파일은 다음과 같은 형태로 사용합니다.

```
with open('myfile.txt', 'w') as f:
    f.write('abc\n')
    f.write('def\n')
```

with 구문을 사용하면 구문이 끝날 때 파일이 정상적으로 닫힙니다(따라서 명시적으로 f.close()와 같은 코드를 사용하지 않아도 됩니다). with 구문은 파일과 함께 사용되는 경우가 많으므로, 많은 개발자가 with 구문은 파일과 함께 사용하는 것이라고 생각합니다. 하지만 with 구문은 콘텍스트 관리자로서 파일 이외에도 더 범용적인 목적으로 사용할 수 있습니다.

기본 개념은 다음과 같습니다.

1. with 블록은 __enter__와 __exit__ 메서드가 정의된 객체와 함께 사용합니다.
2. with 블록은 객체의 __enter__ 메서드를 실행합니다. 파일 객체도 __enter__가 정의되어 있으며, __enter__ 메서드는 파일 객체를 리턴합니다. __enter__ 메서드에서 리턴이 일어나면 with 구문은 as 뒤에 있는 식별자에 리턴된 객체를 할당합니다.
3. with 블록이 끝나면 객체의 __exit__ 메서드를 호출합니다. 이 메서드에서는 파일을 닫는 등 객체의 상태를 변경합니다.

그래서 with 블록과 파일을 함께 사용하면 파일을 열고 닫는 과정이 함께 이루어집니다. 참고로 with 블록을 2개 이상의 객체와 함께 사용하면 순서대로 __enter__와 __exit__ 메서드가 호출됩니다.

계속

이처럼 `__enter__`와 `__exit__` 메서드가 정의된 객체라면 모두 `with` 구문(콘텍스트 관리자)과 함께 사용할 수 있습니다. 또한 `__enter__`와 `__exit__` 메서드만 만든다면 직접 만든 객체도 `with` 구문과 함께 사용할 수 있습니다.

`with` 구문은 (1) 데이터베이스 트랜잭션을 처리하는 경우, (2) 다중 스레드에서 특정 세션에 락(lock)을 거는 경우 등에도 사용됩니다.

5.3 EXERCISE 20. 글자 수 세기

유닉스 시스템에는 굉장히 많은 유틸리티 프로그램들이 있습니다. 이번 예제는 이 중에서 wc(http://mng.bz/Jyyo)라는 프로그램을 만들어봅시다. wc는 텍스트 파일을 매개변수로 전달했을 때, 텍스트 파일의 글자 수, 단어 수, 줄 수를 출력해줍니다.

이를 파이썬으로 구현해봅시다. 매개변수로 파일 이름을 입력받고, 다음과 같은 4가지 요소를 출력해주세요.

1. 글자 수(공백을 포함합니다)
2. 단어 수(띄어쓰기로 구분된 요소 수)
3. 줄 수
4. 유일한 단어 수('No'와 'no'는 다른 것으로 대소문자를 구분해서 처리합니다)

테스트할 때 사용할 수 있는 텍스트 파일(wcfile.txt)을 http://mng.bz/B2ml에 올려 두었습니다. 이 파일을 내려받아 직접 만든 wc를 테스트해보기 바랍니다. 어떤 파일을 사용해도 괜찮지만, 이 파일을 사용하면 결과가 책과 일치하므로 제대로 구현했는지 쉽게 알 수 있을 것입니다. 해당 파일에는 다음과 같은 내용이 들어 있습니다.

```
This is a test file.

It contains 28 words and 20 different words.

It also contains 165 characters.

It also contains 11 lines.
```

```
It is also self-referential.

Wow!
```

5.3.1 풀어보기

프로그래밍 초보자는 파일에서 4가지 특징을 파악하려면 파일을 4번 읽어 들여야 한다고 생각하는 경우가 있습니다. 그럴 필요 없이 파일을 1번 열고, 1번 읽어 들이면서 여러 특징을 한꺼번에 파악하면 됩니다.

어떻게 여러 특징을 한꺼번에 파악할 수 있을까요? 여러 개의 변수를 활용해도 되겠지만, 그림 5-2의 코드처럼 딕셔너리를 활용하는 것이 좋습니다. 밀접한 정보를 이렇게 모으면 이후에 정리해서 출력할 때 훨씬 쉽기 때문입니다.

그럼 각각의 특징을 어떻게 파악할 수 있을지 생각해봅시다. 일단 줄 수를 세는 것이 가장 쉽습니다. 반복문의 가장 앞부분에 counts['lines']를 1씩 추가하면 될 것입니다.

이어서 파일 내부의 문자 수를 어떻게 셀 수 있을지 생각해봅시다. 반복문을 한 번 반복할 때 한 줄의 내용이 읽어 들여지므로, 각 반복 단계에서 counts['characters']에 len(one_line)을 추가하면 됩니다.

가끔 반복문의 반복 변수로 들어오는 one_line은 마지막에 있는 줄바꿈 문자가 제외되므로, 이를 따로 세어줘야 한다고 생각하는 사람도 있습니다. 하지만 one_line에는 줄바꿈 문자도 포함됩니다. 따라서 len(one_line)으로 끝의 줄바꿈 문자도 세어집니다.

이어서 단어 수를 어떻게 셀 수 있을지 생각해봅시다. one_line을 one_line.split으로 단어 리스트로 만든 뒤, 이 수를 세면 될 것입니다. split 메서드에 어떠한 매개변수도 지정하지 않으면 자동으로 모든 공백 문자(띄어쓰기, 탭, 줄바꿈 등)가 지정됩니다. 이렇게 만들어진 리스트의 길이를 counts['words']에 더합니다.

▼ 그림 5-2 딕셔너리 내부의 숫자 초기화하기

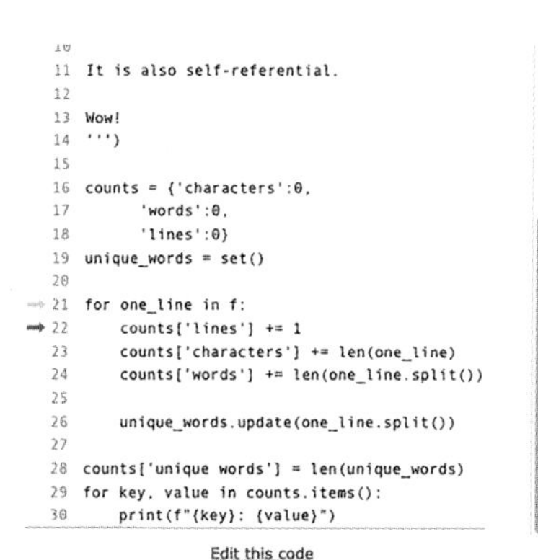

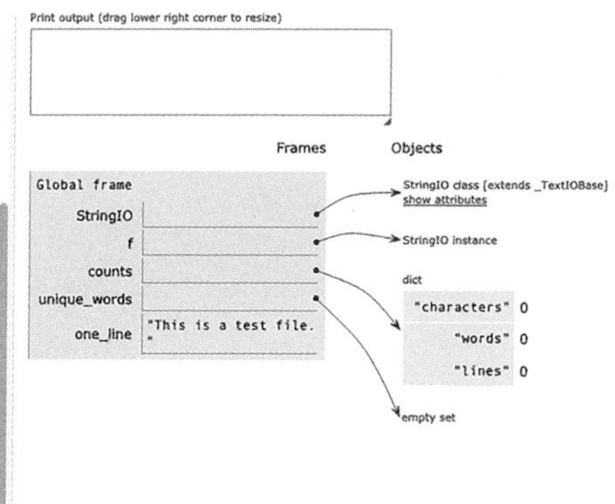

이제 마지막으로 유일한 단어 수를 어떻게 셀 수 있을지 생각해봅시다. 중복을 제거할 때는 set를 활용하면 됩니다. 단어 수를 셀 때 활용한 `one_line.split`으로 만들어지는 리스트를 `unique_words`라는 세트의 `unique_words.update` 메서드(http://mng.bz/MdOn)에 매개변수로 지정합니다. 이어서 최종적으로 만들어진 세트를 `len(unique_words)`로 세면 될 것입니다(그림 5-3).

▼ 그림 5-3 최종 결과 확인하기

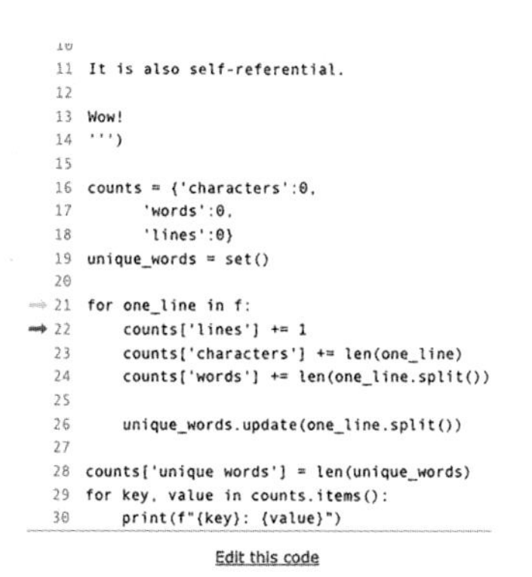

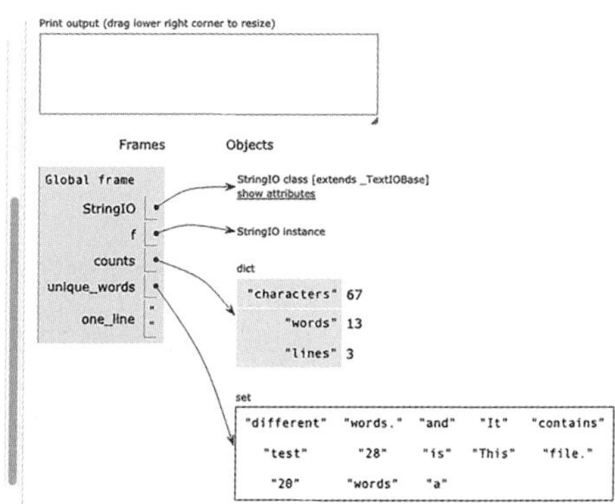

5.3.2 해답

```
def wordcount(filename):
    counts = {'characters': 0,
              'words': 0,
              'lines': 0}
    unique_words = set()  ------set()로 빈 세트를 만들었습니다.

    for one_line in open(filename):
        counts['lines'] += 1
        counts['characters'] += len(one_line)
        counts['words'] += len(one_line.split())
                              set.update로 이터러블의 모든 요소를 세트에 추가합니다.
        unique_words.update(one_line.split()) ------
                              이렇게 만들어진 세트의 길이를 통해서 유일한 단어 개수를 확인합니다.
    counts['unique words'] = len(unique_words) ------
    for key, value in counts.items():
        print(f'{key}: {value}')

wordcount('wcfile.txt')
```

이 예제는 http://mng.bz/MdZo에서 확인할 수 있습니다.

5.3.3 조금 더 나아가기

파일의 내용을 기반으로 어떤 리포트를 만들 때는 이번 예제처럼 딕셔너리를 활용하는 것이 일반적입니다. 이러한 내용을 더 연습해볼 수 있는 예제를 소개하겠습니다.

- 사용자로부터 '텍스트 파일의 이름'과 '빈도를 계산할 단어들'을 띄어쓰기로 구분해서 입력받습니다. 이어서 사용자가 입력한 단어들을 키로, 텍스트 파일 내부에서 해당 키가 등장하는 횟수를 값으로 갖는 딕셔너리를 만들어주세요.

- 키로 시스템에 있는 파일의 이름, 값으로 해당 파일의 크기를 갖는 딕셔너리를 만들어주세요. 파일의 크기를 구할 때는 os.stat(http://mng.bz/dyyo)을 사용합니다.
- 디렉터리를 지정하면 디렉터리 내부의 모든 텍스트 파일을 읽고 문자의 빈도를 계산해주세요(문자를 모두 소문자로 변환해서 빈도를 계산하고, 알파벳이 아닌 글자는 무시해주세요). 딕셔너리를 활용해서 문자의 빈도를 추적하고, 가장 많이 사용한 글자 5개를 출력해보세요.

5.4 EXERCISE 21. 파일에서 가장 긴 단어 찾기

PYTHON

지금까지는 파일 하나를 대상으로 살펴보았습니다. 하지만 실제로는 여러 파일을 기반으로 처리하는 경우가 많습니다. 이번 예제에서는 이처럼 여러 파일을 기반으로 값을 집계하는 방법에 대해서 살펴봅시다.

이번 예제에서는 함수 2개를 만들어야 합니다. 첫 번째는 매개변수로 파일 이름을 받고, 해당 파일에서 가장 긴 단어를 리턴하는 `find_longest_word`입니다. 두 번째 함수는 디렉터리 이름을 받고, 키로 '해당 디렉터리 내부의 파일 이름', 값으로 '해당 파일 내부에서 가장 긴 단어'를 갖는 딕셔너리를 리턴하는 `find_all_longest_words`입니다.

이번 예제에서 사용할 텍스트 파일이 따로 없다면 http://mng.bz/rrWj에서 zip 파일을 내려받아서 사용해주세요. 해당 zip 파일에는 구텐베르크 프로젝트(https://gutenberg.org)에서 제공하는 책 5권의 텍스트 파일이 들어 있습니다.

> **Note** 이 예제는 다양한 방법으로 풀 수 있습니다. 만약 딕셔너리 내포 등의 방법을 알고 이를 사용해서 예제를 풀었다면 가장 파이썬스러운 방법으로 문제를 푼 것입니다. 하지만 내포는 7장에서 자세하게 다룰 것이므로, 내포에 익숙하지 않다면 `for` 반복문으로 풀어도 괜찮습니다.

5.4.1 풀어보기

이번 예제는 사용자에게 디렉터리 이름을 묻고, 디렉터리 내부에 있는 각각의 텍스트 파일 내부에 있는 가장 긴 단어를 찾아야 합니다.

컬렉션으로 입력받고, 컬렉션으로 출력해야 한다면 내포를 사용하는 것이 좋습니다. 리스트 내포, 딕셔너리 내포, 세트 내포 모두 유용하게 활용할 수 있습니다. 이번 예제는 최종 출력이 딕셔너리로 나와야 하므로, 딕셔너리 내포를 활용하면 좋을 것입니다.

코드를 어떻게 작성해야 좋을지 간단하게 정리해보면 다음과 같습니다.

1. 특정 디렉터리의 이름을 리스트로 만들고, 이를 활용해서 반복을 돌립니다.
2. 각각의 반복에서는 파일 이름을 사용해서 find_longest_word 함수를 호출해 해당 파일에서 가장 긴 단어를 알아냅니다.
3. 각각의 파일 이름과 해당 파일에서 가장 긴 단어를 활용해서 딕셔너리를 만들어냅니다.

그렇다면 find_longest_word는 어떻게 구현해야 할까요? 파일 전체의 내용을 문자열로 읽어 들이고, 공백으로 구분해서 리스트로 변환한 뒤, 그 길이를 활용해서 정렬하면 될 것입니다. 하지만 파일 전체의 내용을 한 번에 문자열로 읽어 들이는 코드는 파일의 크기가 클 때 문제를 일으킬 수 있습니다.

따라서 파일을 한 줄씩 읽어 들이면서, 각각의 줄을 읽어 들일 때 한 단어씩 확인하면서 가장 긴 단어를 찾으면 좋을 것입니다. 파일을 한 줄씩 모두 읽어 들여서 가장 긴 단어를 확인하면 최종적으로 파일에서 가장 긴 단어를 찾을 수 있습니다.

참고로 필자의 답을 보면 디렉터리 경로와 파일 이름을 결합할 때 os.path.join(http://mng.bz/oPPM)을 사용합니다. 문자열을 결합할 때는 str.join을 사용해도 되지만, 디렉터리와 파일 이름을 결합할 때는 이를 위한 목적으로 만들어진 os.path.join을 사용하는 것이 좋습니다. 기본적으로 윈도우 운영 체제는 파일 경로를 \로 구분해서 나타내지만, 리눅스와 유닉스 운영 체제는 /로 구분해서 나타냅니다. os.path.join은 현재 운영 체제에 맞게 구분 문자를 선택해서 디렉터리 경로와 파일 이름을 결합해줍니다.

5.4.2 해답

```
import os

def find_longest_word(filename):
    longest_word = ''
    for one_line in open(filename):
        for one_word in one_line.split():
            if len(one_word) > len(longest_word):
                longest_word = one_word
    return longest_word

def find_all_longest_words(dirname):
    return {
        filename:
            find_longest_word(os.path.join(dirname, filename))
            for filename in os.listdir(dirname)
            if os.path.isfile(os.path.join(dirname, filename))
    }

print(find_all_longest_words('.'))
```

디렉터리 이름과 파일 이름을 기반으로 전체 경로를 만듭니다.

디렉터리 내부의 모든 파일로 반복합니다.

파일인지 확인합니다.

Python Tutor는 디렉터리의 파일을 보는 등을 처리할 수 없으므로, 이 코드는 Python Tutor 링크가 따로 없습니다.

5.4.3 조금 더 나아가기

파일과 파일의 내용에서 정보를 추출하고, 딕셔너리와 같은 파이썬의 기본 자료 구조를 활용해 정보를 저장하는 코드는 굉장히 많이 활용됩니다. 이를 살펴볼 수 있는 예제를 몇 가지 더 소개하겠습니다.

- 파이썬 표준 라이브러리에 있는 hashlib 모듈의 md5 함수를 활용해서 사용자가 지정한 디렉터리에 있는 모든 파일의 내용을 MD5 해시화하고, 파일의 이름과 해시를 함께 출력해주세요.
- 일단 사용자에게 디렉터리 이름을 입력받고, 해당 디렉터리 내부에 있는 파일이 수정된 지 얼마나 지났는지를 출력해주세요. 파이썬 표준 라이브러리의 os.stat과 PyPI(Python Package Index)에 있는 Arrow 패키지(http://mng.bz/nPPK)를 활용하면 쉽게 구현할 수 있습니다.
- HTTP 서버의 로그 파일을 읽어 들이고(파일이 따로 없다면 http://mng.bz/vxxM의 파일을 활용하세요), 응답 코드 202와 304 등의 요청이 몇 번 왔는지 정리해서 출력해보세요.

디렉터리의 내용 출력

언어는 한 가지를 여러 가지로 표현할 수 있습니다. 파이썬도 마찬가지로 '디렉터리 내부의 요소를 리스트로 출력하는 기능'을 여러 방법으로 구현할 수 있습니다.

디렉터리 내부의 요소를 리스트로 출력할 때는 일반적으로 os.listdir과 glob.glob을 활용합니다. 이 두 가지 함수는 이미 이번 장의 본문에서 살펴보았습니다. 이 이외에도 파일 시스템을 객체 지향 API 형태로 만들어서 제공하는 pathlib 모듈을 활용할 수도 있습니다.

os.listdir은 이해하기 쉽고, 사용하기도 쉽다는 장점이 있습니다. 하지만 os.listdir이 리턴하는 리스트의 요소에는 디렉터리 이름을 제외한 파일 이름 부분만 들어 있습니다. 따라서 이런 파일들을 기반으로 또 어떠한 처리를 하기 위해서는 os.path.join 등을 활용해서 디렉터리 이름을 붙여서 사용해야 합니다.

```
filenames = os.listdir('/etc/')
```

계속

또한, os.listdir은 디렉터리 내부에 있는 (숨겨진 파일을 포함한) 모든 것을 리턴합니다. 어떤 패턴을 기반으로 파일들을 필터링하는 기본 처리는 제공하지 않습니다. 따라서 디렉터리 내부에 모든 .txt 파일을 추출하고 싶다면 .txt 파일을 필터링하기 위해서 os.listdir 이외의 다른 코드를 추가로 사용해야 합니다.

파일 필터링하고 싶다면 glob 모듈을 사용하면 됩니다. 또한, glob 모듈의 함수들은 파일의 전체 경로를 리턴해준다는 장점도 있습니다. 예를 들어 /etc 폴더 내부에 있는 모든 설정 파일(.conf 파일)을 추출하고 싶다면 다음과 같은 코드를 사용합니다.

```
filenames = glob.glob('/etc/*.conf')
```

glob.glob 함수는 이처럼 필터링 기능도 제공하고, 파일의 전체 경로도 쉽게 얻을 수 있습니다. 그래서 필자는 꽤 오랫동안 파일을 찾는다면 곧바로 glob.glob 함수를 떠올리고 사용했습니다.

그러던 중 pathlib이라는 모듈이 등장했습니다. pathlib은 더 쉬운 방법으로 같은 코드를 작성할 수 있게 해줍니다. 일단 파일 또는 디렉터리를 나타내는 pathlib.Path 객체를 만듭니다.

```
import pathlib
p = pathlib.Path('/etc/')
```

이처럼 Path 객체를 만들면 이를 기반으로 다양한 파일 처리를 할 수 있습니다. 예를 들어 iterdir 메서드를 사용하면 디렉터리 내부에 있는 파일들을 탐색할 때 사용할 수 있는 이터레이터를 만들 수 있습니다.

```
for one_filename in p.iterdir():
    print(one_filename)
```

이처럼 반복문을 사용할 때는 반복 변수로 문자열이 아니라 Path 객체(또는 PosixPath 객체)가 들어옵니다. 반복 변수가 단순한 문자열이 아니라 Path 객체이므로, 이를 활용해서 단순하게 파일 이름을 출력하는 것 이외에도 파일을 여는 등을 처리할 수 있습니다.

이전에 설명한 glob.glob처럼 특정 패턴에 맞는 파일을 필터링해서 얻고 싶은 경우에는 glob 메서드를 사용합니다.

```
for one_filename in p.glob('*.conf'):
    print(one_filename)
```

pathlib 모듈은 최근 파이썬 버전에서 추가된 굉장히 유용한 모듈입니다. 디렉터리 내부를 탐색해야 하는 상황이 있다면 꼭 활용해보기 바랍니다.

5.5 EXERCISE 22. CSV 읽고 쓰기

CSV 파일은 각각의 레코드를 한 줄로 나타내며, 레코드의 필드를 쉼표로 구분해서 나타냅니다. CSV는 정보를 교환할 때 굉장히 많이 사용하는 형식으로 데이터 과학 분야에서 널리 사용하고 있습니다. 예를 들어 야채들을 CSV로 표현한다면 다음과 같습니다.

```
lettuce,green,soft
carrot,orange,hard
pepper,green,hard
eggplant,purple,soft
```

이 CSV 형식은 4가지의 야채를 표현하고 있습니다. 또한, 각각의 야채는 이름, 색상, 질감이라는 필드를 갖고 있습니다. 다만 이름, 색상, 질감이라는 설명을 위한 헤더는 따로 포함하고 있지 않습니다. 참고로 헤더를 갖고 있는 CSV 형식도 존재합니다.

CSV 형식에서 구분 문자인 쉼표는 잠재적인 모호성을 갖고 있으므로, 다른 문자로 대체해서 사용하는 경우가 많습니다. 필자가 가장 좋아하는 구분 문자는 탭 문자(\t)입니다.

파이썬은 CSV 형식을 쉽게 읽고 쓸 수 있게 csv 모듈(http://mng.bz/Qyyj)을 제공합니다. 예를 들어 다음 코드는 CSV 형식을 갖는 파일을 만들어내는 예입니다.

```
import csv

with open('/tmp/stuff.csv', 'w') as f:
    o = csv.writer(f)  ------ 파일 객체를 기반으로 csv.writer 객체를 만듭니다.
    o.writerow(range(5))  ------ 숫자 0~4를 쉼표로 구분해서 출력합니다.
    o.writerow(['a', 'b', 'c', 'd', 'e'])  ------ 리스트 내부의 내용을 쉼표로 구분해서 출력합니다.
```

표준 유닉스 시스템의 /etc/passwd 파일은 시스템에 있는 사용자의 정보를 저장하는 파일입니다. /etc/passwd 파일은 csv 형식과 비슷하지만, 구분 문자가 콜론(:)입니다.

이번 예제에서는 passwd_to_csv라는 함수를 만듭니다. 이 함수는 매개변수를 2개 갖습니다. 1번째 매개변수는 passwd 파일과 같은 형식의 파일에 대한 경로, 2번째 매개변수는 형식을 변환해서 출력할 경로를 나타냅니다.

출력할 파일은 사용자 이름(인덱스 0)과 사용자 ID(인덱스 2)를 활용해서 구분 문자를 탭으로 사용한 CSV 형식이 되게 해주세요. 참고로 이번 예제를 구현할 때는 주석을 주의해야 합니다. 주석이 포함된 줄의 인덱스 2에 접근하려고 할 때 오류가 발생할 수 있기 때문입니다.

예를 들어 입력 파일은 다음과 같은 형태입니다.

```
root:*:0:0::0:0:System Administrator:/var/root:/bin/sh
daemon:*:1:1::0:0:System Services:/var/root:/usr/bin/false
# I am a comment line
_ftp:*:98:-2::0:0:FTP Daemon:/var/empty:/usr/bin/false
```

이를 다음과 같이 출력하면 됩니다.

```
root    0
daemon  1
_ftp    98
```

다시 한 번 주석 부분은 출력 파일에 포함되지 않았다는 것을 확인해주세요. 단순하게 구분 문자인 콜론(:)이 2개 이상 포함된 줄은 주석 줄이 아니라고 생각하고 다루어도 괜찮습니다.

파이썬이 여러 운영 체제의 줄바꿈 문자를 다루는 방법

운영 체제에 따라서 파일 내부에 있는 줄바꿈 문자를 처리하는 방법이 다릅니다. macOS를 포함한 유닉스 시스템에서는 아스키 10번 문자(LF, 라인 피드)를 사용합니다. 윈도우 시스템에서는 아스키 13번 문자(CR, 캐리지 리턴)와 아스키 10번 문자를 함께 사용합니다. 또한, 과거의 macOS에서는 아스키 13번 문자를 사용했습니다.

파이썬은 이러한 차이를 최대한 줄일 수 있게 파일의 특성을 파악해서 같은 형태로 사용할 수 있게 해줍니다. 예를 들어 윈도우에서 만든 텍스트 파일을 다른 운영 체제에서 읽어 들여도 아무런 문제가 없습니다. 파이썬이 스스로 파일의 내용을 파악하고, 이를 기반으로 줄바꿈 문자를 처리해주기 때문에 우리는 줄바꿈 문자를 단순하게 `\n`으로 처리할 수 있는 것입니다.

다만 파일을 쓸 때는 약간 생각해줘야 하는 부분이 있습니다. 파이썬은 운영 체제에서 사용하는 줄바꿈 문자에 따라서 적절하게 파일의 줄바꿈 문자를 출력합니다. 따라서 윈도우에서 파일을 쓰면 CR+LF(`\r\n`)로 처리하며, 유닉스 시스템에서 파일을 쓰면 LF로 처리합니다.

일반적인 경우에는 큰 문제가 없습니다. 하지만 가끔 파이썬으로 파일을 읽어 들였을 때, 예상보다 줄바꿈 문자가 많이 들어간 것처럼 보일 때가 있습니다. 이 문제는 파이썬이 줄바꿈 문자를 잘못 인식하거나, 파일 자체가 여러 운영 체제를 돌아가며 작성되어 여러 종류의 줄바꿈 문자가 들어갔을 때 발생할 수 있습니다.

이러한 경우에는 `open` 함수로 파일을 열 때 `newline` 키워드 매개변수를 지정해서 줄바꿈 문자를 강제로 지정할 수 있습니다. 기본적으로 유닉스 스타일의 줄바꿈 문자는 `newline='\n'`으로, 윈도우 스타일의 줄바꿈 문자는 `newline='\r\n'`으로 지정합니다. 만약 이렇게 강제로 지정해도 문제가 계속된다면 파일이 어떠한 형태로 작성되어 있는지 직접 확인하고 처리해야 합니다.

5.5.1 풀어보기

이번 예제는 파이썬으로 파일을 다룰 때 사용할 수 있는 굉장히 강력하고 다양한 기능을 활용합니다. 물론 이번 장의 앞부분에서 살펴보고 이야기한 내용들입니다.

이번 예제의 답을 보면 `with` 구문을 활용해서 2개의 파일을 열고 있습니다. 이와 같은 방법을 활용하면 `with` 구문으로 여러 개의 파일을 열 수 있으며, 구문을 빠져나갈 때 파일들이 자동으로 닫히게 만들 수 있습니다.

코드에서는 passwd라는 이름으로 /etc/passwd 파일을 읽기 전용으로 열고, output이라는 이름으로 /tmp/output.csv 파일을 쓰기 전용으로 열었습니다.

이어서 csv.reader를 활용해서 passwd를 읽어 들입니다. /etc/passwd는 기본 csv 형식이 아니라 콜론(:)으로 필드가 구분되어 있는 형식이므로, 이러한 사항을 csv.reader에 알려줘야 합니다. 알려주지 않는다면 csv.reader는 쉼표(,)를 기반으로 필드를 구분하려고 시도할 것입니다. 이때 오류가 발생할 수도 있으며, 오류가 발생하지 않아도 분석이 잘못되어 예상하지 못한 형태로 동작할 수 있습니다. 마찬가지로 csv.writer를 활용해서 output을 엽니다. 출력 파일은 탭 문자(\t)로 필드를 구분해야 하므로, 구분 문자로 \t 문자를 지정했습니다.

CSV 형식의 데이터를 읽어 들이고 쓸 준비를 모두 완료했으므로, 입력 파일에서 한 줄씩 필요한 정보를 읽어 들여서 출력 파일에 한 줄씩 쓰면 됩니다. 입력 파일에서 사용자 이름(인덱스 0)과 사용자 ID(인덱스 2)를 읽어 들이고, 튜플을 만들어서 csv.writerow 메서드에 전달합니다.

조금 처리하기 힘들 수 있는 부분은 주석으로 시작하는 줄(#으로 시작하는 줄)을 생략하는 부분입니다. 여러 방법으로 주석 줄을 생략할 수 있는데, 가장 간단한 방법은 읽어 들인 줄의 필드 수를 세보는 방법입니다. 필드가 하나밖에 없다면 해당 줄은 주석 줄 또는 뭔가 잘못된 줄일 것입니다. 이를 조건문으로 무시해주면 됩니다. 이 이외에도 str.startswith를 활용해서 #으로 시작하는지 확인하는 방법도 있습니다.

5.5.2 해답

```
import csv

def passwd_to_csv(passwd_filename, csv_filename):
    with open(passwd_filename) as passwd, open(csv_filename, 'w') as
```

```
    output:
    infile = csv.reader(passwd, delimiter=':')
    outfile = csv.writer(output, delimiter='\t')
    for record in infile:
        if len(record) > 1:
            outfile.writerow((record[0], record[2]))
```

입력 파일은 콜론으로 구분되어 있으므로, 이를 csv.reader에 알려줍니다.

출력 파일은 탭 문자로 구분할 것이므로, 이를 csv.writer에 알려줍니다.

Python Tutor에서는 파일 처리를 할 수 없으므로, 이번 예제의 Python Tutor 링크는 따로 제공하지 않습니다.

5.5.3 조금 더 나아가기

CSV 파일은 굉장히 유용하면서 널리 사용됩니다. 또한, 파이썬의 csv 모듈을 활용하면 쉽게 다룰 수 있습니다. CSV 파일을 더 잘 활용하고 싶다면 pandas 모듈(http://mng.bz/yyyq)을 활용해보기 바랍니다. pandas 모듈은 CSV 파일을 더 다양하게 활용할 수 있게 도와주며, 이외에도 다른 파일 형식들을 쉽게 다룰 수 있게 해줍니다.

그럼 CSV 파일을 활용해볼 수 있는 예제를 몇 가지 소개하겠습니다.

- 이번 예제를 확장해서 passwd 파일에서 추출할 필드의 인덱스를 띄어쓰기로 구분된 정수 리스트로 입력받아보세요. 또한 사용자에게 출력 파일에 사용할 구분 문자도 입력받아서 사용하기 바랍니다.
- 딕셔너리를 CSV 파일로 출력하는 함수를 작성해보세요. CSV 파일의 각 줄에는 (1) 문자열 형식의 키, (2) 값, (3) 값의 타입(str 또는 int 등)을 출력해주세요.
- 각각의 줄에 10~100 사이의 정수 10개를 랜덤하게 CSV 파일로 출력하고, 다시 파일을 읽어 들여서 각 줄에 있는 정수의 합과 평균을 구해서 출력하는 프로그램을 만들어보세요.

5.6 EXERCISE 23. JSON 파일 읽어 들여 처리하기

PYTHON

JSON 형식(http://json.org)은 데이터 교환에 굉장히 많이 사용되는 형식입니다. 특히 웹 서비스와 웹 API에서는 JSON 형식을 활용해서 데이터를 전달하고 응답받는 경우가 많습니다.

JSON 형식으로 데이터를 변환하는 기능은 파이썬을 포함한 대부분의 프로그래밍 언어에서 기본적으로 지원합니다. 파이썬 표준 라이브러리에 있는 `json` 모듈(http://mng.bz/Mddn)을 활용하면 파이썬의 자료 구조를 JSON 형식으로 변환하거나 JSON 형식을 파이썬의 자료 구조로 쉽게 변환할 수 있습니다. 예를 들어 `json.load` 메서드를 사용하면 JSON 형식의 파일을 읽어 들여서 파이썬 객체로 리턴받을 수 있습니다.

이번 예제에서는 어떤 학교 학생들의 시험 점수를 분석해볼 것입니다. 파일 시스템에 학생들의 시험 점수를 포함하는 여러 개의 JSON 파일이 있다고 합시다. 각각의 파일은 어떤 학급의 점수를 나타냅니다. 디렉터리 이름을 매개변수로 받고, 학생들의 성적을 정리해서 출력해주는 `print_scores`라는 이름의 함수를 작성해주세요.

예를 들어 9a라는 학급의 점수는 9a.json 파일에 들어 있으며[2], 다음과 같은 내용이 담겨 있습니다.

```
[
    {"math" : 90, "literature" : 98, "science" : 97},
    {"math" : 65, "literature" : 79, "science" : 85},
    {"math" : 78, "literature" : 83, "science" : 75},
```

2 역주 한국에 초등학교 6학년, 중학교 3학년, 고등학교 3학년이 있는 것처럼 미국에는 1학년부터 12학년까지 존재합니다. 따라서 9a라는 학급은 9학년 a반이라는 뜻입니다.

```
    {"math" : 92, "literature" : 78, "science" : 85},
    {"math" : 100, "literature" : 80, "science" : 90}
]
```

디렉터리에는 9학년뿐만 아니라 12학년까지도 포함되어 있을 수도 있습니다(10a.json, 10b.json, 10c.json 등). 각각의 파일에는 JSON 형식으로 여러 과목의 점수가 들어 있는 딕셔너리들의 리스트가 들어 있습니다.

Note ≡ JSON 형식은 문자열을 만들 때 작은따옴표(')가 아니라 큰따옴표(")를 사용해야 합니다.

함수에서는 각각의 파일을 분석해서 각 과목의 가장 높은 점수, 가장 낮은 점수, 평균 점수를 출력합니다. 예를 들어 디렉터리에 9a.json과 9b.json이라는 파일이 있다면 다음과 같이 출력합니다.

```
scores/9a.json
    science: min 75, max 97, average 86.4
    literature: min 78, max 98, average 83.6
    math: min 65, max 100, average 85.0
scores/9b.json
    science: min 35, max 95, average 82.0
    literature: min 38, max 98, average 72.0
    math: min 38, max 100, average 77.0
```

JSON 파일은 http://mng.bz/Vg1x에서 내려받아서 사용하기 바랍니다.

5.6.1 풀어보기

일반적인 객체 지향 프로그래밍 언어에서는 JSON 형식 처리를 위해서 데이터를 나타내는 클래스를 만드는 것이 기본입니다. 하지만 파이썬에서는 (데이터를 나타내는 클래스를 만들어서 처리할 수도 있겠지만) 튜플과 딕셔너리 등의 기본 자료 구조를 활용하는 경우가 많습니다.

이번 예제에서는 JSON 형식의 파일을 읽어 들여야 합니다. JSON은 XML처럼 데이터를 나타낼 때 활용하지만, 이 자체로 파이썬에서 활용할 수 있는 자료형은 아닙니다. 따라서 JSON 파일을 읽어 들이려면 파일의 내용을 문자열로 읽어 들인 뒤에 json 모듈을 활용해서 파이썬의 자료 구조로 변환해야 합니다. 그리고 JSON 파일에 출력하려면 json 모듈을 활용해서 파이썬 데이터를 JSON 형식의 문자열로 변환하고 파일에 이를 출력해야 합니다.

또한 이번 예제에서는 디렉터리 내부에 있는 여러 파일들을 다루어야 합니다. 디렉터리의 이름은 알고 있다고 가정합니다. 또한, 모든 JSON 파일은 .json이라는 확장자를 가지고 있을 것입니다. 따라서 os.listdir을 활용해서 디렉터리 내부에 있는 내용을 읽어 들이고 리스트 내포 등을 활용해서 .json 확장자를 필터링한다면 특정 디렉터리 내부의 JSON 파일들을 읽어 들여서 사용할 수 있습니다.

glob 모듈(http://mng.bz/044N)을 활용하는 것도 좋습니다. glob 모듈은 *과 ?를 활용한 유닉스 스타일 파일 이름 패턴을 활용해서 원하는 형식의 파일을 쉽게 추출할 수 있습니다. 예를 들어 디렉터리가 scores라고 한다면 glob.glob('scores/*.json')과 같은 코드를 활용해서 디렉터리 내부에 있는 .json 파일들을 모두 추출할 수 있습니다. 이렇게 .json 파일들을 추출했다면 반복문을 활용해서 각각의 파일을 읽어 들여 사용할 수 있습니다.

이번 예제는 딕셔너리를 중첩해서 사용해야 합니다. 외부 딕셔너리는 키로 파일 이름을 갖게 만듭니다. 그리고 내부 딕셔너리는 각 과목에 대한 통계 정보를 갖게 만듭니다.

JSON 파일을 읽어 들일 때는 open 함수로 파일 객체를 읽어 들이고, 이 객체를 json.load에 전달합니다. 이번 해답 코드에서는 파일을 열고 infile에 저장했고, json.load(infile)로 JSON 형식의 데이터를 파이썬의 자료 구조로 변경했습니다.

현재 JSON 파일에는 딕셔너리의 리스트가 들어 있습니다. 따라서 json.load(infile)도 딕셔너리의 리스트를 리턴합니다. 해답 코드에서는 이러한 리스트를 for result in json.load(infile): 형태로 반복합니다. 따라서 result에는 딕셔너리가 들어가며, 어떤 학생의 과목별 점수를 알 수 있습니다.

result는 딕셔너리이므로 result.items()를 사용해서 키(과목)와 값(점수)을 추출할 수 있습니다. 이를 활용해서 한 학급의 과목별 점수를 모은 뒤에 min, max, len 함수 등으로 통계를 정리해서 출력하면 될 것입니다.

과목별 점수를 모을 때는 다음과 같은 코드를 사용합니다. 이렇게 하면 파일별로 과목별 점수가 모아질 것입니다.

```
scores[filename][subject]
```

그런데 scores[filename][subject]에 append 함수로 과목을 추가하려는데, scores[filename][subject]가 존재하지 않는다면 오류가 발생할 것입니다. 따라서 scores[filename][subject]가 존재하지 않는 경우, 리스트로 초기화하는 과정이 필요합니다. 일반적으로 이러한 처리는 dict.setdefault로 합니다. dict.setdefault는 매개변수로 키와 값을 지정하며, 키가 없을 때 해당 키를 값으로 초기화합니다. 설명이 어려우므로 코드로 살펴봅시다. d.setdefault(k, v)라고 입력하면 다음 코드와 같은 형태로 실행됩니다.

```
if k not in d:
    d[k] = v
```

dict.setdefault를 사용하면 scores[filename][subject]가 반드시 리스트로 존재할 것입니다. 따라서 오류 걱정 없이 append 함수를 사용해서 점수를 추가할 수 있습니다.

이렇게 반복을 한 번 돌고 나면 scores에 학급별로 과목 점수들이 모두 저장되어 있을 것입니다. 이제 이를 활용해서 통계를 계산하고, 화면에 출력해주면 됩니다.

일단 for one_class in scores:로 학급(파일)별로 반복을 적용합니다. 이어서 for subject, subject_scores in scores[one_class].items():로 각 학급의 과목별 점수를 추출합니다. subject_scores에 과목 점수들이 들어 있으므로, min(http://mng.bz/gyyE), max(http://mng.bz/Vgq5)를 사용해서 최솟값과 최댓값을 구합니다. 평균은 sum(http://mng.bz/eQQv)과 len을 활용해서 구합니다.

5.6.2 해답

```
import json
import glob

def print_scores(dirname):
    scores = {}
    for filename in glob.glob(f'{dirname}/*.json'):
        scores[filename] = {}

        with open(filename) as infile:
            for result in json.load(infile):
                for subject, score in result.items():
                    scores[filename].setdefault(subject, [])
                    scores[filename][subject].append(score)

    for one_class in scores:
        print(one_class)
        for subject, subject_scores in scores[one_class].items():
            min_score = min(subject_scores)
            max_score = max(subject_scores)
            average_score = (sum(subject_scores) / len(subject_
➥scores))

            print(subject)
            print(f'\tmin {min_score}')
            print(f'\tmax {max_score}')
            print(f'\taverage {average_score}')
```

infile을 읽어 들이고, 이를 JSON 형식에서 파이썬 객체로 변환합니다.

scores[filename]의 키로 과목들이 존재하는지 확인합니다.

점수들을 요약해서 보여줍니다.

Python Tutor는 디렉터리와 관련한 처리를 할 수 없으므로, 이번 예제는 코드 링크가 따로 없습니다.

5.6.3 조금 더 나아가기

그럼 JSON을 활용해볼 수 있는 예제를 몇 가지 더 소개하겠습니다.

- CSV 형식으로 되어 있는 /etc/passwd를 읽어 들이고, JSON 형식으로 변환해서 파일로 출력해보세요. /etc/passwd를 읽어 들이고, 파이썬의 튜플과 리스트를 활용한 자료 구조를 만든 뒤, 이를 JSON 형식으로 변환해서 파일로 출력하면 됩니다.[3]
- 위에서 만든 /etc/passwd를 변환한 JSON 파일을 읽어 들이고, 이를 파이썬의 딕셔너리로 만들어서 출력해보세요. /etc/passwd에 있는 각각의 필드가 무엇을 나타내는 것인지 잘 모르겠다면 아무런 이름이나 붙여서 키로 사용하기 바랍니다.
- 사용자로부터 디렉터리의 이름을 받고, 디렉터리 내부에 있는 파일들의 크기와 최근 수정일을 추출합니다. 그리고 파일의 이름, 크기, 최근 수정일을 JSON 형식의 파일로 출력해주세요. 파일의 정보는 `os.stat`을 활용하면 되며, 디렉터리 내부에 있는 하위 디렉터리들은 무시해도 괜찮습니다. 이어서 이 파일을 읽어 들여서 최근 수정된 파일, 마지막에 수정된 파일, 크기가 가장 큰 파일, 크기가 가장 적은 파일을 정리해서 출력해보세요.

3 역주 JSON에는 튜플이라는 자료 구조가 없습니다. 따라서 최종적으로 리스트의 리스트(자바스크립트 표현으로 배열의 배열)로 출력하면 됩니다.

PYTHON

5.7 EXERCISE 24. 줄 뒤집기

어떤 형식의 파일을 읽어 들이고, 다른 형식의 파일로 출력하는 프로그램은 정말 많이 활용됩니다. 예를 들어 동부 표준시 EDT로 작성된 타임스탬프를 그리니치 평균시 GMT로 변환하는 프로그램, 유로화 단위를 달러 단위로 변환하는 프로그램 등이 있습니다.

이번 예제도 이러한 프로그램입니다. 입력 파일(읽어 들일 파일)의 이름과 출력 파일(새로 만들 파일)의 이름을 매개변수로 입력받고 각 줄의 내용을 뒤집는 함수를 만들어주세요.

예를 들어 입력 파일이 다음과 같다면,

```
abc def
ghi jkl
```

다음과 같이 출력하면 됩니다.

```
fed cba
lkj ihg
```

참고로 각 줄의 마지막에 있는 줄바꿈 문자를 잘 처리해야 한다는 것을 주의해주세요.

5.7.1 풀어보기

이번 예제의 답을 보면 `with` 구문을 활용해서 한 번에 여러 파일을 읽어 들이고 활용하고 있습니다. `with` 구문은 한 번에 여러 파일을 변수에 할당해서 활용할 수 있다는 사실을 다시 기억해주세요. 이를 활용하면 한 파일에서 내용을 읽어 들이고, 다른 파일에 출력하는 코드를 간단하게 만들 수 있습니다.

이어서 입력 파일에서 각각의 줄을 읽어 들입니다. 이렇게 읽어 들인 줄을 파이썬의 슬라이스 문법을 활용해서 `s[::-1]`로 뒤집습니다. `s[::-1]`은 s에 있는 모든 요소를 스텝 크기 -1로 슬라이싱한다는 의미이므로, 문자열 전체가 뒤집어집니다.

다만 문자열을 뒤집기 전에 한 줄의 끝에 있는 줄바꿈 문자를 제거해줘야 합니다. `str.rstrip()`을 활용하면 한 줄의 끝에 있는 줄바꿈 문자를 제거할 수 있으므로, 이를 먼저 실행하고 문자열을 뒤집습니다. 이어서 이렇게 만들어진 문자열을 출력 파일에 한 줄씩 출력합니다.

`with` 블록을 사용하면 블록이 끝날 때에 열었던 파일이 모두 닫힙니다. 쓰기 전용으로 열었던 파일도 자동으로 닫히면서 플러시되므로, 파일이 디스크 위에 반드시 기록됩니다. 따라서 파일 기록이 누락되는 것을 따로 신경 쓰지 않아도 됩니다.

필자가 파이썬을 교육할 때, 많은 학생이 한 파일을 동시에 읽고 쓰려면 어떻게 해야 하는지 묻습니다. 한 파일을 동시에 읽고 쓰려면 r+ 모드를 활용해서 파일을 열면 됩니다. 하지만 한 파일을 동시에 읽고 쓰다 보면 실수로 잘못 덮어쓰는 부분 때문에 파일의 형식이 깨지는 문제가 발생하기 쉽습니다. 따라서 한 파일을 동시에 읽고 쓰는 것보다는 파일 하나를 읽기 전용으로 열고, 다른 파일 하나를 쓰기 전용으로 읽어서 사용하는 것이 좋습니다.

5.7.2 해답

```
def reverse_lines(infilename, outfilename):
    with open(infilename) as infile, open(outfilename, 'w') as
    ➥outfile:
```

```
for one_line in infile:
    outfile.write(f'{one_line.rstrip()[::-1]}\n')
```

str.rstrip을 활용해서 한 줄의 끝에 있는 공백 문자들을 제거합니다.

Python Tutor는 디렉터리와 관련한 처리를 할 수 없으므로, 이번 예제는 코드 링크가 따로 없습니다.

5.7.3 조금 더 나아가기

어떤 형식의 파일을 읽어 들여서 다른 형식의 파일로 출력하는 프로그램은 무척 많이 사용됩니다. 이를 연습해볼 수 있는 예제를 몇 가지 더 소개하겠습니다.

- 어떤 텍스트 파일을 읽어 들이고, 텍스트 파일에 있는 각각의 글자에 ord 함수를 적용해서 숫자로 변환한 뒤, 출력 파일에 기록합니다. 출력 파일을 만들었다면 이번에는 이를 읽어 들이고 chr 함수를 적용해서 다시 원래 내용을 출력해보세요. 일종의 '암호화(encrypt)'한 뒤에 '암호 해독(decrypt)'하는 프로그램을 만들어보는 예제입니다.
- 텍스트 파일 하나를 입력 파일로 활용해서 2개의 새로운 텍스트 파일을 만들어주세요. 새로 만들어지는 텍스트 파일은 원래 텍스트 파일과 같은 줄 수를 갖습니다. 첫 번째 텍스트 파일에는 모든 모음(a, e, i, o, u)만 추출해서 출력합니다. 두 번째 텍스트 파일에는 모든 자음만 추출해서 출력합니다. 공백 문자와 기호는 무시하기 바랍니다.
- /etc/passwd의 마지막 필드는 사용자의 로그인 셸을 의미합니다. /etc/passwd 파일을 읽어 들인 뒤, 각각의 줄에 셸 이름을 출력하고, 이어서 이를 사용하는 사용자 이름을 출력해주세요. 예를 들어 다음과 같이 출력하면 됩니다.

```
/bin/bash:root, jci, user, reuven, atara
/bin/sh:spamd, gitlab
```

5.8 정리

파일 처리를 하지 않고 프로그램을 만든다는 것은 상상할 수 없을 정도로 파일 처리는 굉장히 많이 활용됩니다. 파일은 굉장히 다양한 종류가 있습니다. 일단 파이썬은 기본적으로 텍스트 파일을 굉장히 쉽게 처리할 수 있으며, 단순한 텍스트 파일 이외에도 로그 파일과 설정 파일처럼 어떤 형식을 가진 파일도 쉽게 처리할 수 있습니다. 또한, 파이썬은 CSV와 JSON 형식과 같은 특별한 형식을 가진 파일도 쉽게 처리할 수 있게 모듈을 제공합니다.

이번 장에서 설명한 파일과 관련한 중요 내용을 정리해보면 다음과 같습니다.

- 파일은 기본적으로 읽기 전용 또는 쓰기 전용으로 열 수 있습니다(물론 읽고 쓰기 전용으로 읽을 수도 있습니다).
- 메모리를 절약할 수 있게 한 번에 파일 전체를 읽어 들이는 것보다는 한 줄씩 읽어 들이는 것이 좋습니다.
- `with` 구문을 활용하면 파일을 플러시하고 닫는 처리를 간단하면서도 확실하게 할 수 있습니다.
- `csv` 모듈을 활용하면 CSV 파일을 쉽게 읽어 들이고 쓸 수 있습니다.
- `json` 모듈을 활용하면 'JSON 형식의 문자열'과 '파이썬의 자료 구조'를 쉽게 변환할 수 있습니다.
- 파일을 읽어 들여서 파이썬에서 활용할 수 있는 자료 구조로 만드는 테크닉은 굉장히 유용합니다.

6장

함수

함수는 프로그래밍의 굉장히 핵심적인 기능입니다. 사실 함수가 없다고 해도 프로그램을 작성하는 데는 아무런 문제가 없습니다. 하지만 함수를 활용하면 무척 다양한 이점이 발생합니다.

첫 번째로 코드 반복을 줄일 수 있습니다. 대부분의 프로그램은 어떤 코드를 반복해서 사용합니다. 예를 들어 사용자의 로그인 유효성을 확인하는 코드, 특정 형식의 설정 파일을 읽어 들이는 코드, MP3 파일의 길이를 알아내는 코드 등은 모두 반복 사용되는 코드입니다. 컴퓨터는 같은 코드를 여러 번 반복해서 사용해도 딱히 불만이 없을 것입니다. 하지만 이러한 코드를 유지보수하는 사람은 반복되는 코드로 불편을 느끼고, 실제로 불만을 이야기할 것입니다. 코드가 반복되면 기억하고 추적하기 힘듭니다. 또한, 코드를 개선하거나 유지보수할 때 여러 부분을 수정해야 하는 문제가 발생합니다.

2장에서 언급한 'Don't repeat yourself(DRY, 반복하지 마라)'라는 원칙은 프로그래밍에서 굉장히 중요한 원칙입니다. 그리고 이러한 원칙을 지키는 대표적인 방법이 바로 '함수를 활용하는 것'입니다.

함수를 사용하면 발생하는 두 번째 장점으로는 '더 높은 수준의 추상화를 할 수 있다는 것'입니다. 자동차의 부품을 하나하나 신경 쓰면서 운전한다면 신경 써야 하는 것이 너무 많아서 제대로 운전할 수 없을 것입니다. 마찬가지로 프로그램 내부에 있는 코드를 하나하나 신경 쓴다면 프로그램을 제대로 만들 수 없습니다. 함수를 활용하면 세부 코드를 하나하나 신경 쓰지 않아도, '함수 이름'만으로 원하는 처리를 할 수 있게 됩니다.

이러한 이유들로 함수는 모든 프로그래밍 언어에서 정말 중요한 도구라고 할 수 있습니다. 그런데 파이썬의 함수는 다른 프로그래밍 언어와 다른 특성이 2가지 있습니다. 첫 번째는 함수가 객체이므로, 일반 데이터처럼 다룰 수 있다는 것입니다. 따라서 함수를 다른 자료 구조 내부에 저장해서 사용할 수도 있습니다. 이런 형태로 사용된 코드를 처음 보면 많은 파이썬 초보 개발자가 당황합니다. 하지만 굉장히 유용하고 널리 사용되는 코드입니다.

두 번째로 파이썬은 같은 이름의 함수를 여러 개 정의할 수 없습니다. 예를 들어 C++, 자바, C# 등의 프로그래밍 언어는 함수의 시그니처가 다르다면 같은 이름이라도 함수를 여러 개 정의할 수 있습니다.[1] 따라서 문자열 하나를 매개변수로 받는 함수, 리스트 하나를 매개변수로 갖는 함수, 딕셔너리 하나를 매개변수로 갖는 함수, 부동소수점 하나를 매개변수로 갖는 함수를 모두 같은 이름으로 정의할 수 있습니다.

하지만 파이썬은 이러한 기능이 없습니다. 함수를 만들면 단순하게 함수 이름에 해당하는 변수에 함수를 할당합니다. x 변수에 숫자 5와 숫자 7이 함께 저장될 수 없는 것처럼, 함수도 하나의 이름에는 하나의 함수만 저장됩니다.

그러나 파이썬은 굉장히 유연한 형태의 매개변수를 갖고 있습니다. 파이썬은 기본 매개변수, 가변 매개변수, 키워드 매개변수 등을 활용해서 여러 기능을 수행하는 함수를 만들 수 있습니다.

지금까지 이 책의 내용을 진행하면서 여러 함수를 만들어보았으므로, 이번 장에서 단순하게 함수를 만드는 문법에 대해서 다루려는 것은 아닙니다. 이번 장에서는 함수를 조금 더 특별하게 만드는 방법을 다룰 것입니다. 함수를 한 번만 만들어도 다양한 상황에서 사용할 수 있게 하고, 더 복잡하고 높은 수준의 작업을 처리할 수 있게 하는 방법에 대해서 살펴보겠습니다.

▼ 표 6-1 이 장에서 다루는 내용

개념	설명	예시	참고 자료
def	함수와 메서드를 정의할 때 사용하는 키워드입니다.	`def double(x):` `    return x * 2`	http://mng.bz/xW46
global	함수 내부에서 사용할 어떤 변수가 전역 스코프의 변수라고 지정할 때 사용하는 키워드입니다.	`global x`	http://mng.bz/mBNP

계속

1 역주 함수의 이름, 매개변수의 개수, 매개변수의 종류를 시그니처라고 부릅니다.

개념	설명	예시	참고 자료
nonlocal	함수를 중첩했을 때, 내부 함수에서 사용할 어떤 변수가 외부 함수의 변수라고 지정할 때 사용하는 키워드입니다.	nonlocal x	http://mng.bz/5apz
operator 모듈	기본 연산자를 메서드로 정의해서 모아놓은 모듈입니다.	operator.add(2,4)	http://mng.bz/6QAy

기본 매개변수

다음과 같이 간단하게 인사말을 만들어서 리턴하는 함수를 만들었다고 합시다.

```
def hello(name):
    return f'Hello, {name}!'
```

매개변수에 이름 등을 지정해서 호출하면 함수가 정상적으로 호출될 것입니다.

```
>>> hello('world')
'Hello, world!'
```

만약 이름을 지정하지 않고 호출하면 어떻게 될까요?

```
>>> hello()
Traceback (most recent call last):
    File "<stdin>", line 1, in <module> TypeError: hello()
    ➥missing 1 required positional argument: 'name'
```

hello라는 함수는 매개변수를 하나 받게 만들어졌기 때문에, 매개변수 하나를 넣어서 호출하면 문제없이 실행됩니다. 하지만 매개변수를 아예 넣지 않고 호출하면(또는 매개변수를 2개 이상 지정해서 호출하면) 오류가 발생합니다.

그렇다면 파이썬 코드 실행기는 함수의 매개변수가 몇 개 들어가야 한다는 것을 어떻게 알고 있을까요? def로 함수를 정의했을 때 만들어지는 함수 객체가 이러한 것들을 추적하고 관리하기 때문입니다. 함수는 객체이므로 호출할 수 있을 뿐만 아니라 내부에 있는 속성들을 확인할 수 있습니다. 함수 객체가 갖고 있는 __code__ 속성(그림 6-1)에는 함수의 바이트 코드를 포함해서 매개변수의 개수 등에 대한 정보가 들어 있습니다.

계속

```
>>> hello.__code__.co_argcount
1
```

▼ 그림 6-1 함수 객체 내부에 들어 있는 __code__ 속성

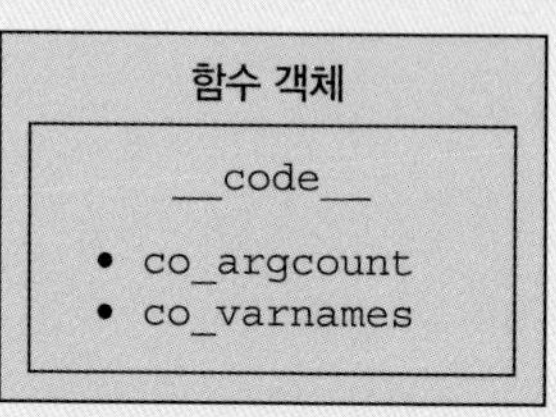

함수를 만들면 매개변수의 개수와 관련한 정보가 co_argcount에 들어갑니다. 그리고 함수를 호출하면 파이썬은 함수로 전달된 매개변수의 개수와 co_argcount를 비교합니다. 둘이 다르다면 파이썬은 앞에서 언급한 것과 같은 오류를 출력합니다. 그런데 파이썬은 기본 매개변수를 활용해서 함수의 매개변수 일부를 옵션 매개변수[2]로 설정할 수 있습니다.

```
def hello(name='world'):
    return f'Hello, {name}!'
```

이렇게 만들어진 함수는 앞에서 언급한 함수보다 매개변수 개수의 제한이 약합니다. 매개변수를 전달한다면 해당 값이 name 매개변수에 들어갑니다. 하지만 매개변수를 전달하지 않으면 name 매개변수에 기본 매개변수로 지정한 'world'가 들어갑니다(표 6-2). 따라서 이러한 함수는 매개변수를 0개 받을 수도 있고, 1개 받을 수도 있습니다. 다만 매개변수를 2개 이상 받는 것은 허용하지 않습니다.

▼ 표 6-2 hello 함수 호출

호출 형태	name에 들어가는 값	리턴 값
hello()	world(기본 매개변수에 의해서 지정됩니다)	Hello, world!
hello('out there')	out there	Hello, out there!
hello('a', 'b')	매개변수를 많이 넣어서 TypeError가 발생합니다.	오류가 발생했으므로 리턴 값이 없습니다.

계속

2 역주 입력해도 되고, 입력하지 않아도 되는 매개변수를 '옵션 매개변수(optional parameter)'라고 부릅니다.

Note 기본 매개변수는 반드시 기본 매개변수가 아닌 매개변수들 뒤에 위치해야 합니다.

Tip 기본 매개변수에 기본적으로 할당되는 값으로 리스트와 딕셔너리 등의 뮤터블 객체를 사용하면 안 됩니다. 뮤터블 객체를 사용하면 모든 함수 호출에서 같은 뮤터블을 가리키게 됩니다. 따라서 함수를 호출할 때 기본 매개변수의 값을 수정하면 이후에 함수를 또 호출할 때 값이 변경되어 버립니다. 그래서 파이썬 코드 작성을 지원해주는 여러 보조 도구는 기본 매개변수 값으로 뮤터블 객체를 사용할 때 경고를 줍니다.

6.1 EXERCISE 25. XML 생성기 만들기

PYTHON

이번 예제에서는 하나의 함수를 여러 형태로 호출하게 만들고, 형태에 따라 다른 결과를 리턴하게 만들어보겠습니다.

파이썬은 데이터를 분석(parse)할 때 많이 활용하지만, 분석을 완료한 데이터를 형식화해서 출력할 때도 많이 활용합니다. 간단한 XML 문자열 출력을 만들어내는 `myxml`이라는 함수를 작성해주세요. `myxml` 함수를 표 6-3과 같이 여러 형태로 호출할 수 있게 구성하기 바랍니다.

▼ 표 6-3 myxml 함수 호출

호출 형태	리턴 값
`myxml('foo')`	`<foo></foo>`
`myxml('foo', 'bar')`	`<foo>bar</foo>`
`myxml('foo', 'bar', a=1, b=2, c=3)`	`<foo a="1" b="2" c="3">bar</foo>`

표 6-3의 모든 경우에서 첫 번째 매개변수는 태그의 이름이라는 것을 확인해주세요. 다른 경우에서 두 번째 매개변수는 시작 태그와 종료 태그 사이에 배치할 콘텐츠(텍스트)를 의미합니다. 마지막 경우에서 나머지 매개변수들은 시작 태그에 배치할 속성의 키-값 쌍을 의미합니다.

6.1.1 풀어보기

일단 간단하게 myxml 함수가 매개변수를 하나 받는 경우만 생각해봅시다. 매개변수를 하나 받을 경우, 해당 매개변수는 태그를 의미합니다.

다음과 같이 간단하게 코드를 작성할 수 있습니다.

```
def myxml(tagname):
    return f'<{tagname}></{tagname}>'
```

만약 이러한 함수에 매개변수를 2개 전달한다면 오류가 발생합니다. 그래서 이번 예제를 보았을 때 많은 초보 개발자가 *args를 떠올립니다. *args를 활용하면 매개변수를 가변적으로 튜플 형태로 받을 수 있기 때문입니다. 하지만 기본 규칙으로 *args는 매개변수로 값이 몇 개 들어올지 예측할 수 없을 때 사용해야 합니다.

*args는 함수 내부에서 반복문에 넣어서 활용하는 경우에만 사용하는 것이 좋습니다. 만약 *args에 있는 요소에 접근하기 위해서 인덱스를 직접 지정하고 있다면 무언가가 잘못된 것입니다.

그렇다면 어떤 방법을 사용해야 할까요? 기본 매개변수를 사용하면 됩니다. 첫 번째 매개변수는 필수 매개변수이지만, 두 번째 매개변수는 옵션 매개변수입니다. 만약 두 번째 매개변수를 지정하지 않는다면 XML 태그가 콘텐츠를 갖지 않기를 원한다는 것입니다. 따라서 매개변수를 지정하지 않았을 때, 빈 문자열이 기본 매개변수 값으로 들어가게 코드를 작성하면 될 것입니다.

```
def myxml(tagname, content=''):
    return f'<{tagname}>{content}</{tagname}>'
```

그렇다면 시작 태그에 넣을 속성을 나타내는 키-값 쌍은 어떻게 처리해야 할까요?

매개변수로 **kwargs를 지정하면 이름=값 형태로 지정한 이름-값 쌍을 매개변수로 받을 수 있습니다. **kwargs는 키워드 매개변수처럼 입력한 이름-값 쌍을 딕셔너리로 만들어줍니다. 따라서 다음과 같은 코드를 활용해서 코드를 작성할 수 있습니다.

```
def myxml(tagname, content='', **kwargs):
    attrs = ''.join([f' {key}="{value}"'
        for key, value in kwargs.items()])
    return f'<{tagname}{attrs}>{content}</{tagname}>'
```

이 코드에서는 **kwargs에 있는 키-값 쌍을 ' 키=값' 형태의 문자열을 포함하는 리스트로 변환하고, 이를 결합해서 활용하고 있습니다. 참고로 ' 키=값' 형태로 앞에 띄어쓰기를 넣어서 시작 태그와 속성들이 충돌하지 않게 만들었습니다.

짧은 코드이지만 굉장히 많은 처리를 하고 있으며, 많이 활용되는 파이썬 패러다임을 포함하고 있습니다. 코드를 이해하기 약간 힘들 수 있는데요. 단계별로 내용을 정리해서 설명해보면 다음과 같습니다.

1. myxml 함수의 첫 번째 매개변수는 태그의 이름을 나타내는 문자열, 두 번째 매개변수는 태그의 콘텐츠를 나타내는 문자열, 세 번째 매개변수는 키-값 쌍을 나타내는 딕셔너리입니다.
2. 두 번째 매개변수와 세 번째 매개변수는 옵션 매개변수입니다.
3. kwargs.items()로 리스트 내포를 사용합니다. 따라서 각각의 반복 때마다 키-값 쌍을 얻을 수 있습니다.
4. 리스트 내포 내부에서는 키-값 쌍을 key="value" 형태로 변환합니다.
5. 리스트 내포로 만들어진 문자열 리스트를 str.join으로 결합해서 하나의 문자열로 만듭니다. 중간에 따로 띄어쓰기 등의 공백 문자를 추가할 필요가 없으므로, 빈 문자열을 사용해서 결합했습니다.
6. 최종적으로 태그에 필요한 모든 것들을 조합해서 새로운 태그를 만들어냅니다.

6.1.2 해답

```
def myxml(tagname, content='', **kwargs):
    attrs = ''.join([f' {key}="{value}"'
        for key, value in kwargs.items()])
    return f'<{tagname}{attrs}>{content}</{tagname}>'

print(myxml('tagname', 'hello', a=1, b=2, c=3))
```

함수의 매개변수로는 필수 매개변수 1개와 옵션 매개변수 2개가 있습니다. 옵션 매개변수 하나는 기본 매개변수, 다른 하나는 **kwargs를 활용합니다.

kwargs를 기반으로 리스트 내포를 돌립니다.

XML 형식의 문자열을 만들어서 리턴합니다.

이 예제는 http://mng.bz/OMoK에서 확인할 수 있습니다.

6.1.3 조금 더 나아가기

함수의 매개변수로 어떤 것들을 사용할 수 있는지 아는 데는 시간이 꽤 걸리지만, 시간을 투자할 만큼 가치 있는 내용입니다. 그럼 함수의 매개변수와 관련한 내용을 더 연습해볼 수 있는 예제를 몇 가지 소개하겠습니다.

- '입력 파일을 이름을 나타내는 1개의 필수 매개변수'와 '이를 복사해서 출력할 파일 이름들을 나타내는 여러 개의 옵션 매개변수'를 갖는 `copyfile` 함수를 만들어주세요. 예를 들어 `copyfile('myfile.txt', 'copy1.txt', 'copy2.txt', 'copy3.txt')` 형태로 호출하면 myfile.txt의 내용을 복사해서 copy1.txt, copy2.txt, copy3.txt라는 파일을 만들어내면 됩니다. 참고로 `copyfile('myfile.txt')`라고만 입력하면 파일의 내용을 화면에 출력해주세요.
- 매개변수로 여러 개의 숫자를 입력받고, 이를 모두 곱해서 리턴하는 `multiplyAll` 함수를 만들어주세요.

파이썬의 변수 스코프

변수 스코프와 관련한 내용은 많은 파이썬 개발자가 무시하고 넘어가는 내용입니다. 기본적으로 변수 스코프와 관련한 내용은 재미도 없고, 그냥 딱 봐도 예상하는 대로 동작할 것 같기 때문입니다. 하지만 파이썬의 스코프는 다른 프로그래밍 언어의 스코프와 큰 차이가 있습니다. 파이썬의 스코프를 이해하면 파이썬이라는 언어가 어떻게 작동하는지, 왜 그렇게 작동하는지에 대해서 알 수 있습니다.

어떤 이름(term)의 스코프라는 것은 프로그램 내부에서 해당 이름을 보고 사용할 수 있는 범위를 나타냅니다. 함수 내부에 만든 변수를 함수 외부에서 접근할 수 있을까요? 또한, for 반복문 내부에 선언한 변수를 반복문 외부에서 접근할 수 있을까요?

파이썬은 4가지 스코프를 갖고 있습니다.

- 지역 스코프(Local)
- 함수 내부 스코프(Enclosing function)
- 전역 스코프(Global)
- 빌트인 스코프(Built-ins)

이러한 4가지 스코프를 줄여서 LEGB라고 부르기도 합니다. 함수 내부에서 어떤 이름을 사용하면 이러한 스코프를 순서대로 탐색합니다. 함수 외부에서 어떤 이름을 사용하면 뒤에 있는 두 가지(전역 스코프와 빌트인 스코프)를 탐색합니다. 이름을 찾으면 탐색을 종료합니다.

이러한 내용은 어느 정도 기억하고 있는 것이 좋습니다. 함수 이외의 부분에서 이름을 사용한다면 전역 스코프에서 동작하는 것입니다. 파이썬에서 들여쓰기는 스코프에 어떠한 영향도 주지 않는다는 것을 꼭 기억해주세요.

그렇다면 `int('s')` 등을 호출할 때의 `int`는 전역 스코프에 있는 전역 변수일까요? 아닙니다. `int`는 빌트인 이름 공간에 있는 변수입니다. 파이썬은 예약어가 거의 없는 프로그래밍 언어입니다. 대부분의 타입과 함수들은 예약어도 아니고, 전역 스코프에 있는 이름도 아닙니다. 파이썬은 전역 스코프를 탐색한 이후에 빌트인 스코프를 탐색합니다. 참고로 만약 빌트인 스코프에서도 해당 이름을 탐색하지 못한다면 예외를 발생시킵니다.

만약 전역 스코프에 빌트인 스코프에 있는 이름과 같은 이름을 정의하면 어떻게 될까요? 전역 스코프의 이름이 빌트인 스코프에 있는 이름을 가리는 현상(shadowing, 섀도잉)이 발생합니다. 필자가 파이썬을 교육할 때면 다음과 같은 코드를 작성하는 학생들이 꼭 있습니다.

계속

```python
sum = 0
for i in range(5):
    sum += i
print(sum)
print(sum([10, 20, 30]))

TypeError: 'int' object is not callable
```

왜 이런 오류가 발생하는 것일까요? 원래 sum 함수의 sum이라는 이름은 빌트인 스코프에 할당되어 있습니다. 하지만 sum = 0이라는 코드 때문에 전역 스코프에 sum이라는 이름이 새로 추가되어 버린 것입니다.

빌트인 스코프보다 전역 스코프의 탐색이 먼저 이루어지기 때문에, 파이썬은 전역 스코프에서 sum = 0으로 만들어진 sum을 찾게 됩니다. 따라서 이는 함수가 아니므로 호출할 수 없어서 오류가 발생하는 것입니다.

파이썬이 언어적으로 다른 스코프에 있는 이름을 재정의(오버라이드)하는 것에 어떠한 경고도 전달해주지 않는다는 점이 아쉽지만, pylint처럼 이름 충돌이 발생했는지 확인해주는 별도의 도구들이 있습니다.

지역 변수

함수 내부에 변수를 정의하면 해당 이름은 지역 스코프에 들어가는 지역 변수가 됩니다. 지역 변수는 함수가 존재하는 동안에만 존재합니다. 따라서 함수가 사라지면 지역 변수도 함께 사라집니다. 예를 들어 다음 코드를 살펴봅시다.

```python
x = 100

def foo():
    x = 200
    print(x)

print(x)
foo()
print(x)
```

이 코드는 100, 200, 100을 차례대로 출력합니다. 이 코드에는 x라는 이름으로 변수가 2개 선언됩니다. 하나는 전역 스코프에 100으로 정의된 x입니다. 그리고 다른 하나는 foo 함수 내부라는 지역 스코프에 200으로 정의된 x입니다. 파이썬 입장에서는 x라는 같은 이름으로 선

계속

언되어도, 스코프가 다르기 때문에 둘을 구분해서 생각합니다. 함수 내부에서 x는 지역 변수 x이므로, 전역 변수 x와 확실하게 구분됩니다.

▼ 그림 6-2 내부의 x와 외부의 x

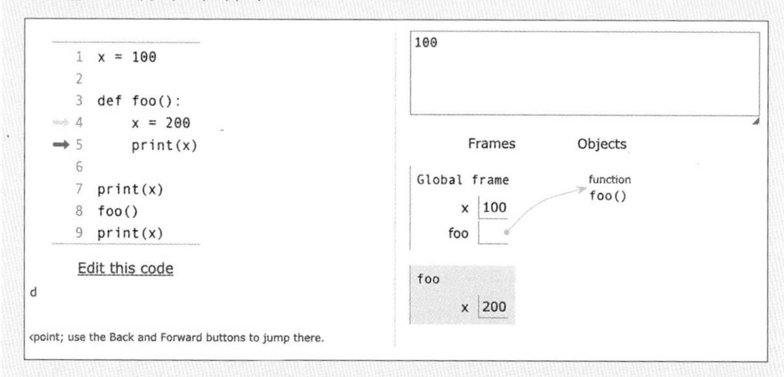

global 구문

함수 내부에서 함수 외부에 있는 변수(전역 변수)에 접근하려면 어떻게 해야 할까요? global 선언을 사용하면 됩니다. 함수 내부에서 global 선언을 사용해 변수를 지정하면 지역 변수를 새로 만들지 않고 전역 변수를 사용하게 됩니다. 예를 들어 다음 코드는 foo 함수 내부에서 global x를 사용했으므로, x를 지역 변수로 만들지 않고, 전역 위치에 있는 x를 사용하게 됩니다.

```
x = 100

def foo():
    global x
    x = 200
    print(x)

print(x)
foo()
print(x)
```

이 코드는 100, 200, 200을 차례대로 출력합니다. global 선언을 사용했으므로 코드 전체에 있는 변수 x는 전역 변수 x로 단 하나입니다.

일반적으로 함수 내부에서 함수 외부에 있는 변수(전역 변수)를 수정하는 코드는 사용하지 않는 것이 좋습니다. 하지만 가끔 사용해야 하는 경우가 있습니다. 예를 들어 전역 변수로 만들어

계속

진 설정 변수를 업데이트해야 하는 경우 등인데요. 이러한 경우에는 global 선언을 활용해서 함수 내부에서 전역 변수를 수정하면 됩니다.

함수 내부 스코프

마지막으로 다음 코드와 같은 내부 함수에 대해서 생각해봅시다.

```
def foo(x):
    def bar(y):
        return x * y
    return bar

f = foo(10)
print(f(20))
```

foo 함수 내부에서 bar 함수를 정의하는 약간 이상해 보이는 코드입니다. 이러한 내부 함수를 클로저(closure)라고 부르며, 이는 외부에 있는 foo 함수가 실행될 때 정의되는 함수입니다. 즉, foo를 실행할 때마다 새로운 bar 함수가 만들어집니다. 내부 함수로 만들어진 bar라는 이름은 foo 함수 내부에 만들어진 지역 변수입니다. 그런데 우리는 함수가 종료된 이후에도 리턴된 bar 함수를 사용할 수 있습니다.

코드를 실행하면 200이라는 값이 나옵니다. f를 호출하면 foo 함수에서 리턴한 bar 함수가 호출되는 것은 당연합니다. 그리고 y는 bar의 지역 변수이므로, y를 사용할 수 있는 것도 당연합니다.

그렇다면 x는 어떤가요? 어떻게 bar 함수에서 foo 함수의 지역 변수로 있는 x에 접근할 수 있는 것일까요?

답은 이전에 언급한 것과 같은 LEGB입니다.

1. 파이썬은 일단 지역 변수 x가 있는지 찾습니다. 즉, bar 내부에 x가 있는지 찾습니다.
2. 이어서 파이썬은 자신을 감싸고 있는 함수 내부에 x가 있는지 찾습니다. 즉, foo 내부에 x가 있는지 찾습니다.
3. 만약 foo 내부에 x가 없다면 파이썬은 전역 위치에서 x를 찾습니다.
4. 만약 전역 위치에도 x가 없다면 파이썬은 빌트인 이름 공간에서 x를 찾습니다.

만약 자신을 감싸고 있는 함수의 변수 x를 변경하고 싶다면 어떻게 해야 할까요? x는 전역 변수가 아니므로, global 구문을 사용해도 원하는 형태로 동작하지 않습니다. 파이썬 3부터는 nonlocal이라는 키워드가 있는데, 이 키워드는 '함수를 감싸고 있는 함수의 지역 변수'를 지정할 때 사용합니다. 예를 들어 다음 코드를 살펴봅시다.

계속

```
def foo():
    call_counter = 0 ------ call_counter를 foo의 지역 변수로 초기화합니다.
    def bar(y):     bar 내부에서 call_counter는 외부 함수의 변수라는 것을 선언합니다.
        nonlocal call_counter ------
        call_counter += 1 ------ 외부 함수의 call_counter를 증가시킵니다.
        return f'y = {y}, call_counter = {call_counter}'
    return bar

b = foo()
for i in range(10, 100, 10): ------ 숫자를 10, 20, 30, … , 90 형태로 반복합니다.
    print(b(i)) ------ 각 반복 단계에서 b를 호출합니다.
```

이 코드를 실행하면 다음과 같은 결과가 나옵니다.

```
y = 10, call_counter = 1
y = 20, call_counter = 2
y = 30, call_counter = 3
y = 40, call_counter = 4
y = 50, call_counter = 5
y = 60, call_counter = 6
y = 70, call_counter = 7
y = 80, call_counter = 8
y = 90, call_counter = 9
```

파이썬에서 다른 지역에 있는 변수에 접근하는 코드를 작성할 때는 LEGB를 생각해보기 바랍니다. 변수 이외에도 데이터, 함수, 클래스, 모듈 등의 모든 식별자에 접근할 때는 LEGB라는 탐색 순서가 항상 유지됩니다!

6.2 EXERCISE 26. 전위 표기법 계산기 만들기

PYTHON

파이썬을 포함한 일반적인 수학 계산에는 2 + 3과 같이 연산자가 중간에 오는 중위 표기법(infix notation)을 사용합니다. 그런데 연산자를 앞 또는 뒤에 두는 표기법도 있습니다. 예를 들어 연산자를 앞에 두는 표기법을 전위 표기법(prefix notation)이라고 부르며, + 2 3 형태를 갖습니다. 참고로 전위 표기법을 폴란드 표기법이라고 부르기도 합니다. 그리고 연산자를 뒤에 두는 표기법을 후위 표기법(postfix notation) 또는 역폴란드 표기법이라고 부르며, 2 3 + 형태를 갖습니다. 전위 표기법과 후위 표기법은 숫자들을 구분할 수 있게, 숫자들 사이에 반드시 띄어쓰기를 포함해야 합니다.

전위 표기법과 후위 표기법은 괄호 없이 복잡한 수식을 만들 수 있다는 장점을 갖고 있습니다. 예를 들어 2 3 + 4 *라는 후위 표기법은 2와 3을 더하고, 그 결과를 4와 곱하라는 의미입니다. 앞에서부터 계산하면서 곧바로 값들이 구해지므로, 후위 표기법을 계산할 수 있는 계산기는 =라는 자판이 없고, Enter(입력)라는 자판만 있는 것이 일반적입니다. 또한, 리스프(Lisp) 프로그래밍 언어는 전위 표기법을 사용할 수 있는데, (+ 1 2 3 4 5)와 같은 형태로 숫자를 한꺼번에 더하는 문법도 제공합니다.

이번 예제에서는 calc라는 이름의 함수를 만듭니다. calc 함수는 '연산자 하나와 숫자 2개를 갖는 간단한 전위 표기법의 수식'을 매개변수로 받습니다. 그리고 수식을 계산해서 적절한 계산 결과를 리턴하면 됩니다. 연산자로는 파이썬의 6가지 기본 연산자인 덧셈, 뺄셈, 곱셈, 나눗셈(/), 나머지(%), 제곱(**)만 지원하면 됩니다. 연산은 파이썬의 기본 형태로 만들어주세요. 예를 들어 나눗셈은 항상 부동소수점 결과가 나오면 됩니다.

다만 한 가지 제한이 있습니다. 각 연산자의 기능을 각각의 함수로 만들고, 수식을 구분할 때 조건문을 사용하지 마세요. 이때 함수는 `operator` 모듈(https://docs.python.org/3.9/library/operator.html#module-operator)의 함수처럼 구현해주세요. 참고로 `operator` 모듈의 함수를 곧바로 사용해도 괜찮습니다.

6.2.1 풀어보기

이번 예제는 디스패치 테이블(dispatch table)이라는 테크닉을 활용하는 예제입니다.

그럼 간단한 답부터 필자가 작성한 답까지 차근차근 살펴보겠습니다. 일단 예제의 조건에 따라서 연산자별로 함수를 만들어야 합니다. 그런데 이후에 수식을 분석하고 연산자의 문자열(+, ** 등)에 따라서 함수를 호출해야 할 텐데, 예제의 조건에 조건문을 사용하지 말라는 이야기가 있습니다. 그렇다면 어떻게 해야 할까요? 딕셔너리를 활용하면 됩니다. 딕셔너리는 키로 문자열을 갖는 것이 기본입니다. 그리고 딕셔너리는 값으로 모든 것을 가질 수 있습니다. 즉, 함수도 값으로 가질 수 있습니다.

Note ≡ 필자가 파이썬의 조건문과 관련한 내용을 수업할 때, 많은 학생이 "파이썬에는 switch-case 구문이 없나요?"라고 묻습니다. 필자가 "파이썬에는 switch-case 구문이 없습니다."라고 대답하면 많은 학생이 놀랍니다. 파이썬은 '어떠한 일을 하기 위한 구문은 하나만 있다.'라는 이념으로 만들어진 프로그래밍 언어입니다. 이 이념은 개발자가 어떤 기능을 구현할 때, 어떤 구문을 사용하면 좋을지 따로 생각하지 않게 만들어줍니다. 이는 코드를 명확하게, 유지보수하기 쉽게 만들어줍니다.

딕셔너리의 키로 연산자, 값으로 이를 계산하기 위한 함수를 지정하면 다음과 같은 코드를 작성할 수 있습니다.

```
def add(a,b):
    return a + b

def sub(a,b):
    return a - b

def mul(a,b):
    return a * b

def div(a,b):
    return a / b

def pow(a,b):
    return a ** b

def mod(a,b):
    return a % b

def calc(to_solve):
    operations = {'+' : add,
                  '-' : sub,
                  '*' : mul,
                  '/' : div,
                  '**' : pow,
                  '%' : mod}
    op, first_s, second_s = to_solve.split()
    first = int(first_s)
    second = int(second_s)
return operations[op](first, second)
```

- operations: 딕셔너리의 키로 연산자가 들어 있는 문자열, 값으로 해당 연산자가 호출해야 하는 함수를 지정합니다.
- to_solve.split(): 사용자의 입력을 잘라서 변수에 넣습니다.
- int(first_s): 입력 중에서 피연산자에 해당하는 것을 숫자로 변경합니다.
- return operations[op](first, second): 입력 중에서 연산자를 활용해서 딕셔너리에서 함수를 꺼내고, 피연산자를 매개변수로 전달해서 호출합니다.

필자가 이 코드에서 가장 좋아하는 부분은 코드의 마지막 줄입니다. 값을 함수로 갖는 딕셔너리를 만들었습니다. 따라서 operations[operator]와 같은 형태로 연산자를 기반으로 필요한 함수를 추출해서 사용할 수 있습니다.

이제 적절한 함수를 호출할 수 있게 연산자를 추출하고, 함수의 매개변수로 전달할 두 숫자를 어떻게 추출할 수 있을지 생각해봅시다. str.split을 활용하면 입력을 3개로 분리할 수 있습니다. 이를 각각 변수에 저장하고 활용하면 됩니다.

maxsplit으로 분할 수 제한하기

만약 str.split을 호출해서 결과가 3개 나온다고 막연하게 가정하는 것이 마음에 들지 않는다면 확실하게 결과의 수를 고정하는 방법이 있습니다. str.split을 호출할 때 maxsplit이라는 옵션 매개변수를 전달하는 것입니다. maxsplit은 최대 몇 번 분할할지 나타내는 매개변수입니다. 조금 다른 표현으로 최종 결과 리스트의 마지막 인덱스가 최대 몇인지를 의미하기도 합니다(예를 들어 4를 지정하면 리턴된 리스트의 마지막 인덱스가 4). 예를 들어 다음과 같이 코드를 작성하는 경우를 생각해봅시다.

```
>>> s = 'a b c d e'
>>> s.split()
['a', 'b', 'c', 'd', 'e']
```

str.split의 결과는 항상 문자열의 리스트가 나옵니다. 매개변수 없이 str.split을 호출하면 파이썬은 공백 문자를 구분 문자로 활용해서 문자열을 자릅니다.

만약 maxsplit을 3으로 지정하면 다음과 같은 결과가 나옵니다.

```
>>> s = 'a b c d e'
>>> s.split(maxsplit=3)
['a', 'b', 'c', 'd e']
```

코드는 정상적으로 동작하지만, 코드가 DRY 원칙을 잘 지키는 것처럼 보이지는 않습니다. 비슷한 함수를 여러 개 구현할 때도 각각의 함수를 하나하나 정의해야 한다는 것은 파이썬의 이념에 맞지 않습니다.

조금 더 파이썬의 이념에 맞게 코드를 작성하고 싶다면 operator 모듈을 활용하면 됩니다. operator 모듈에는 이미 add, sub, mul, truediv, floordiv, mod, pow와 같은 함수들이 정의되어 있습니다. 따라서 이러한 함수를 활용하기만 하면 되므로, 우리가 이러한 함수를 따로 정의하지 않아도 괜찮습니다.

6.2.2 해답

```
import operator ------ operator 모듈은 함수로 구현된 연산자의 기본 동작을 제공합니다.

def calc(to_solve):            함수도 딕셔너리의 값으로 사용할 수 있습니다.
    operations = {'+': operator.add, ------
                  '-': operator.sub,
                  '*': operator.mul,
                  '/': operator.truediv, ------
                  '**': operator.pow,
                  '%': operator.mod}

    op, first_s, second_s = to_solve.split() -----
    first = int(first_s)
    second = int(second_s)

    return operations[op](first, second) -----

print(calc('+ 2 3'))
```

나누기 연산자(/)를 사용할 때는 (1) float을 리턴하는 truediv, (2) int를 리턴하는 floordiv(// 연산자) 중에서 아무것이나 사용해도 괜찮습니다.

입력을 str.split 함수로 분할한 뒤, 언패킹해서 각각의 변수에 지정합니다.

연산자와 피연산자를 활용해서 적절한 연산을 적용합니다.

6.2.3 조금 더 나아가기

파이썬은 함수를 데이터로 취급하므로, 다른 자료 구조 내부에 저장해서 활용할 수 있습니다. 이러한 코드는 처음 보면 굉장히 이상하게 보일 수 있지만, 잘 활용하면 다른 프로그래밍 언어에서 길게 작성해야 했던 코드를 짧게 작성하는 데 도움을 줄 수 있습니다. 그럼 이러한 내용을 더 살펴볼 수 있는 예제를 몇 가지 소개하겠습니다.

- 이번 예제를 확장해서 수식에 3개 이상의 피연산자를 지정할 수 있게 구현해보세요. 피연산자들은 왼쪽부터 오른쪽 순서로 연산자들이 적용되게 만들어주세요. 예를 들어 `+ 3 5 7`이라고 작성하면 결과로 15가 나오고, `/ 100 5 5`라고 작성하면 결과로 4가 나오면 됩니다.

- '매개변수를 하나 받는 함수'와 '이터러블'을 매개변수로 받고, 이터러블에 함수를 적용해서 리턴하는 apply_to_each 함수를 만들어주세요. 파이썬의 map 함수를 직접 구현하는 것입니다. map 함수와 관련한 설명은 7장에서 확인할 수 있습니다.
- transform_lines라는 이름의 함수를 만들어주세요. transform_lines는 첫 번째 매개변수로 '매개변수를 하나 받는 함수', 두 번째 매개변수로 '입력 파일의 이름', 세 번째 매개변수로 '출력 파일의 이름'을 받습니다. 함수를 호출하면 입력 파일에 있는 각 줄의 내용을 읽어서 함수를 적용하고 출력 파일에 출력하면 됩니다.

6.3 EXERCISE 27. 비밀번호 생성기 만들기

많은 사람이 여러 시스템에서 동일한 비밀번호를 사용합니다. 만약 악의적인 사용자가 시스템 A의 비밀번호를 알아낸다면 다른 시스템들에 해당 비밀번호를 사용해서 로그인할 수 있다는 의미입니다. 이러한 이유로 많은 사람이 랜덤하게 굉장히 긴 암호를 만들어주는 소프트웨어를 사용해서 비밀번호를 만들고 사용합니다. 이러한 소프트웨어를 활용한다면 악의적인 사용자가 시스템 A의 비밀번호를 알아내도, 다른 시스템들에는 로그인할 수 없습니다.

이번 예제에서는 이와 같은 때 활용할 수 있는 비밀번호 생성기 함수를 만들어 보겠습니다. 다만 시스템에 따라서 '대소문자를 하나 이상 포함해주세요.', '기호를 하나 이상 포함해주세요.', '숫자를 하나 이상 포함해주세요.' 등 조건이 다를 수 있습니다. 따라서 각각의 조건에 맞게 '비밀번호를 생성하는 함수'를 생성하는 함수를 만들어볼 것입니다. 이 함수는 create_password_generator로 매개변수로 문자열을 지정합니다. 그리고 create_password_generator는 '정수 매개변수 하나를 받는 함수'를 리턴합니다. 리턴된 함수를 호출하면 매개변수로 지정한 정수 길이만큼의 비밀번호를 만들어서 리턴합니다. 예를 들어 다음 코드를 살펴봅시다.

```
alpha_password = create_password_generator('abcdef')
symbol_password = create_password_generator('!@#$%')

print(alpha_password(5))     # efeaa
print(alpha_password(10))    # cacdacbada

print(symbol_password(5))    # %#@%@
print(symbol_password(10))   # @!%%$%$%%#
```

이번 예제를 구현할 때는 random 모듈(http://mng.bz/Z2wj)의 random.choice 함수를 사용합니다. random.choice 함수는 시퀀스 내부에 있는 요소 하나를 랜덤하게 선택해주는 함수입니다.

이번 예제의 포인트는 내부 함수를 활용해서 비슷한 형태의 함수를 만들어내고 활용하는 것입니다. 어떤 형태로 내부 함수를 활용하면 될지 생각해보며 예제를 만들기 바랍니다.

6.3.1 풀어보기

이번 예제는 클로저라고도 알려진 내부 함수를 사용해보는 예제입니다. 기본적으로 create_password_generator라는 외부 함수에서 create_password라는 내부 함수를 리턴하면 됩니다. '어떤 글자들을 활용해 비밀번호를 만들지'라는 정보는 create_password_generator라는 외부 함수의 매개변수로 전달됩니다. 따라서 create_password라는 내부 함수에서 외부 함수에 있는 이러한 정보에 접근해야 합니다.

내부 함수는 프로그램이 처음 실행될 때 정의되지 않고, 외부 함수(create_password_generator)가 호출될 때 만들어집니다. 즉, 외부 함수를 호출할 때마다 내부 함수가 만들어지는 것입니다.

이러한 과정이 이상하게 보일 수 있겠지만, 파이썬의 관점에서는 전혀 특별한 것이 아닙니다. 함수에서 리스트, 딕셔너리 등을 리턴할 수 있는 것처럼 함수를 리턴할 뿐입니다. 하지만 여기서 약간 특별한 부분은 리턴된 함수가 외부 함수에서 정의한 변수를 사용한다는 부분입니다. 내부 함수에서 외부 함수의 지역 변수에 접근할 수 있는 이유는 앞서 '파이썬의 변수 스코프'에서 언급한 파이썬의 LEGB 규칙 때문입니다.

그림 6-3과 같은 Python Tutor의 시각화 그림에서 볼 수 있는 것처럼 create_password_generator를 2번 호출하면 각각의 호출에서 완전히 다른 독립적인

create_password가 만들어지는 것을 볼 수 있습니다. 각각의 호출에서 외부 함수는 새로운 지역 변수 영역을 만들고, 새로운 함수를 리턴합니다. 이렇게 리턴된 내부 함수에서는 내부 함수를 감싸고 있는 지역 변수에 접근할 수 있습니다. 내부 함수를 호출하면 내부 함수의 지역 변수와 이를 감싸는 외부 함수의 지역 변수를 활용해서 새로운 암호를 만들어냅니다.

▼ 그림 6-3 create_password_generator를 2번 호출했을 때의 상황

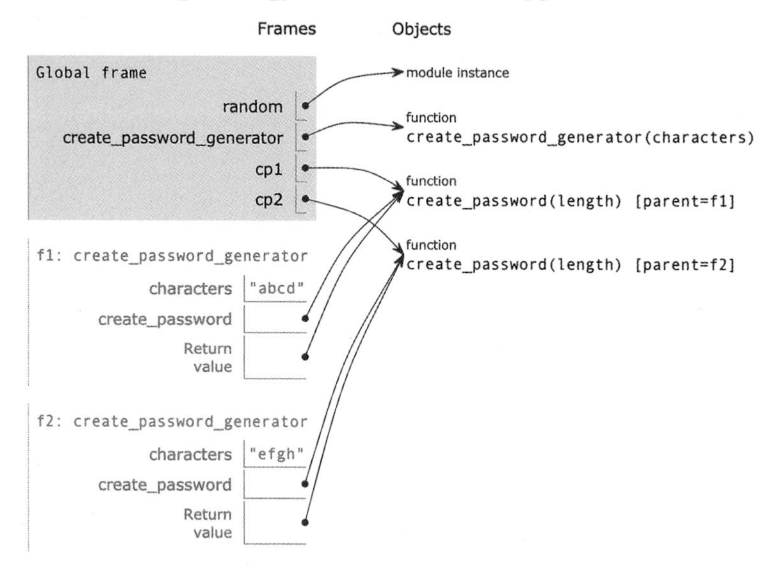

Note ≡ 처음에는 내부 함수와 클로저를 활용하는 코드가 낯설게 느껴질 수 있습니다. 기본적으로 함수에서 리턴이 일어날 때, 함수의 모든 지역 변수와 상태가 모두 제거된다고 생각하기 때문입니다. 물론 일반적인 상황에서는 그렇습니다. 하지만 파이썬은 어떤 대상에 대한 레퍼런스가 단 하나라도 존재한다면 가비지 컬렉터가 이를 수집하지 않습니다. 따라서 내부 함수가 스택 프레임을 계속해서 레퍼런스하고 있다면 외부 함수도 내부 함수가 존재하는 동안 계속 존재하게 됩니다.

6.3.2 해답

```
import random

def create_password_generator(characters): ------ 외부 함수를 정의합니다.
    def create_password(length): ------ 내부 함수를 정의합니다. 이는 외부 함수가 호출될 때마다 생성됩니다.
        output = []
        for i in range(length): ------ 비밀번호의 길이만큼 반복합니다.
            output.append(random.choice(characters)) ------ 새로운 글자를 만들어서 리스트 output에 추가합니다.
        return ''.join(output) ------ output을 문자열로 변환한 뒤 리턴합니다.
    return create_password ------ 내부 함수를 리턴합니다.

alpha_password = create_password_generator('abcdef')
symbol_password = create_password_generator('!@#$%')

print(alpha_password(5))
print(alpha_password(10))

print(symbol_password(5))
print(symbol_password(10))
```

이 예제는 http://mng.bz/GVEM에서 확인할 수 있습니다.

6.3.3 조금 더 나아가기

함수를 데이터로 바라볼 수 있으면 일반적인 함수보다 높은 수준의 추상화를 만들어낼 수 있습니다. 그리고 이를 활용하면 낮은 수준(low-level)을 숨기면서 높은 수준(high-level)의 문제를 해결할 수 있게 됩니다. 그럼 이를 활용해보며 이해하는 데 도움이 될 수 있는 예제를 몇 가지 더 소개하겠습니다.

- 비밀번호 생성기를 만들었으므로, 이렇게 만들어진 비밀번호가 시스템의 기준을 만족하는지 확인하는 create_password_checker 함수를 만들어봅시다. create_password_checker 함수는 min_uppercase, min_lowercase, min_punctuation, mindigits라는 4개의 매개변수를 true 또는 false로 받으며, 각각 '포함해야 하는 최소 대문자 수', '포함해야 하는 최소 소문자 수', '포함해야 하는 최소 기호 수', '포함해야 하는 최소 숫자 수'를 의미합니다. 그리고 이러한 조건에 맞을 경우 True, 맞지 않을 경우 False를 리턴하게 해주세요.
- 매개변수 하나를 받고, 함수 1개(f)를 리턴하는 getitem 함수를 작성해주세요. f는 뒤에 대괄호([ ])를 붙여서 요소에 접근할 수 있는 자료 구조를 매개변수로 넣고, getitem의 매개변수로 지정한 키(또는 인덱스 등)에 해당하는 값을 리턴합니다. 예를 들어 f = getitem('a')를 호출해서 f를 만들고, d = {'a':1, 'b':2}로 d를 만들었다고 할 때, f(d)가 1을 리턴하게 하면 됩니다. 참고로 이 함수는 굉장히 다양한 곳에 활용되는 operator.itemgetter를 직접 구현해보는 예제입니다.
- 매개변수로 2개의 함수(f1과 f2)를 받고, 함수 1개(g)를 리턴하는 doboth라는 이름의 함수를 작성해주세요. g(x)는 f2(f1(x))와 같은 결과가 나오게 해주세요.

PYTHON

6.4 정리

파이썬은 함수의 매개변수를 굉장히 유연하게 설정할 수 있습니다. 또한, 함수 자체도 데이터이므로 매개변수로 전달하거나 딕셔너리의 값으로 사용할 수 있습니다. 이번 장에서는 이러한 내용들을 기반으로 함수를 활용할 수 있는 다양한 예제를 살펴보았습니다.

비슷한 코드를 여러 번 활용하고 있다면 해당 부분을 함수로 만드는 것이 좋습니다. 또한, 미래에 반복해서 사용할 것이라고 예측되는 코드도 함수로 만드는 것이 좋습니다. 이러한 상황이 아니라도 해도 함수로 분리된 코드는 이해하고 유지보수하고 테스트하기 쉽습니다. 따라서 함수를 적극적으로 만들어서 활용하기 바랍니다.

7장

함수형 프로그래밍

프로그래머는 코드를 조금이라도 줄이면서, 신뢰할 수 있고 디버그하기 쉬운 코드를 작성하기 위해서 굉장히 노력합니다. 그래서 개발자는 짧고 안정적이면서 유지보수하기 쉬운 코드를 만들기 위해 여러 테크닉을 개발했습니다.

이러한 테크닉 중에 널리 알려진 것으로 함수형 프로그래밍이 있습니다. 함수형 프로그래밍은 함수를 짧게 만들고, 이뮤터블 데이터를 활용하는 테크닉입니다. 대부분의 개발자는 짧은 함수가 이해하기 쉽고, 테스트하기 쉽고, 유지보수하기 쉬우므로 함수를 짧게 만든다는 아이디어가 꽤 유용하다는 것에 동의할 것입니다.

그런데 어떻게 해야 함수를 짧게 만들 수 있을까요? 이뮤터블 데이터를 활용하면 됩니다. 함수 내부에서 데이터를 수정하지 않는다면 함수가 짧아집니다. 또한, 테스트해야 하는 범위가 굉장히 좁아집니다. 그래서 함수형 프로그래밍으로 작성한 프로그램은 비함수형 프로그래밍으로 작성한 프로그램과 비교해서 굉장히 짧은 함수를 갖게 됩니다.

함수형 프로그래밍에서는 함수가 다른 함수의 매개변수로 전달될 수 있습니다. 파이썬도 함수를 다른 함수의 매개변수로 전달할 수 있다는 것을 이미 이전의 내용에서 살펴보았습니다.

함수형 프로그래밍은 코드를 짧고 우아하게 만들 수 있게 도와줍니다. 하지만 대부분 개발자에게 함수형 프로그래밍은 굉장히 자연스럽지 않은 테크닉입니다. 값을 수정하지 않고도 상태를 추적할 수 있다면 프로그램을 분명 안정적으로 만들 수 있습니다. 하지만 이를 실제로 해보려면 무척 힘들다는 것을 알 수 있습니다.

예를 들어 순수 함수형 프로그래밍 언어에서 Person 객체를 만들었다고 해봅시다. 그런데 그 사람의 이름이 바뀌어서 이름을 변경해야 한다면 어떻게 해야 할까요? 이미 만들어진 객체를 변경하는 것은 불가능하므로, 이름만 다른 새로운 객체를 만들어야 합니다. 큰 문제가 없다고 생각할 수 있습니다. 하지만 실제 현실 세계의 모든 것은 계속해서 변합니다. 프로그래밍은 현실 세계를 모델

링하는 것이므로, 모든 것을 이뮤터블하게 유지한다는 것은 구현이 자연스럽지 않으며 복잡합니다.

함수형 프로그래밍 언어는 데이터를 직접 수정할 수 없으므로, 기존에 있는 시퀀스 입력을 기반으로 이를 변형해서 새로운 시퀀스 출력을 만들어내는 메커니즘을 제공합니다. 즉, Person이라는 객체가 있을 때 이를 직접 수정할 수는 없습니다. 하지만 Person 객체 리스트의 각각의 요소에 어떤 함수를 적용해서 새로운 Person 객체 리스트를 만들어내는 것은 가능합니다. 이를 활용하면 원본 데이터를 직접 수정하지 않아도, 새로운 데이터들을 쉽게 만들어낼 수 있습니다. 그리고 이런 코드들은 일반적으로 굉장히 짧고 간편합니다.

파이썬은 뮤터블 데이터를 활용할 수 있으므로 함수형 프로그래밍 언어는 아닙니다. 하지만 언어적으로 함수형 프로그래밍 언어에서 활용할 수 있는 테크닉을 지원하며, 어떤 문제를 해결할 때 이를 활용하는 것을 '파이썬스럽다'고 표현하기도 합니다.

파이썬에서 함수형 프로그래밍 언어의 특성을 갖고 있는 부분이 바로 '내포(comprehension)'입니다. 내포는 리스프(Lisp)라는 고급 프로그래밍 언어에서 차용한 문법입니다. 내포는 어떤 자료 구조를 기반으로 새로운 리스트, 세트, 딕셔너리를 쉽게 만들어낼 때 활용할 수 있는 문법입니다. 또한, 파이썬은 함수를 객체로 취급합니다. 그래서 함수를 매개변수로 전달할 수도 있고, 다른 자료 구조의 일부로 저장할 수도 있습니다. 이러한 특성도 모두 함수형 프로그래밍 언어에서 차용한 것입니다.

지금까지 살펴본 예제들에서도 이미 내포를 활용해보았지만, 이번 장에서는 내포를 더 깊게 다룰 수 있는 예제들을 살펴보겠습니다. 이번 장을 통해서 내포를 언제 어떻게 사용해야 하는지 알 수 있을 것입니다.

필자가 파이썬을 교육한 경험으로 보았을 때, 많은 학생이 처음 파이썬을 배울 때 함수형 테크닉들에 크게 관심을 갖지 않습니다. 하지만 몇 년이 지나면 이를 언제 어떻게 왜 사용해야 하는지 이해하고 활용하게 되었습니다. 이번 장의 예제를 보면서도 내포를 사용하지 않는 방법부터 떠오르고, 그렇게 프로그래밍하는 것이 더 좋을 것이라 생각하는 독자가 있을 것입니다. 하지만 일단 이번 장의 예제들은 내포를 꼭 활용해주세요. 지금 당장에는 왜 내포를 사용하는지 잘 모르겠어도 시간이 지나면 점점 더 내포에 대해서 감을 잡을 수 있을 것입니다.

내포를 잘 모르겠거나, 내포와 기존의 전통적인 절차형 프로그래밍 메커니즘을 활용한 코드 작성 방식의 차이를 잘 모르겠다면 223쪽에서 설명하는 '내포 사용하기'를 참고하기 바랍니다.

▼ 표 7-1 이 장에서 다루는 내용

개념	설명	예시	참고 자료
리스트 내포	기존의 이터러블을 기반으로 새로운 리스트를 만듭니다.	`[x*x for x in range(5)]`	http://mng.bz/lGpy
딕셔너리 내포	기존의 이터러블을 기반으로 새로운 딕셔너리를 만듭니다.	`{x : 2*x for x in range(5)}`	http://mng.bz/Vggy
세트 내포	기존의 이터러블을 기반으로 새로운 세트를 만듭니다.	`{x*x for x in range(5)}`	http://mng.bz/GVxO
`input`	사용자에게 입력을 요구하는 프롬프트를 출력하고, 입력받은 뒤 문자열을 리턴합니다.	`input('Name: ')`	http://mng.bz/wB27
`str.isdigit`	매개변수로 전달된 매개변수가 0~9로만 구성되어 있을 경우, True를 리턴합니다.	`# True를 리턴합니다.` `'5'.isdigit()`	http://mng.bz/oPVN
`str.split`	문자열을 특정 문자로 잘라서 리스트로 리턴합니다.	`# ['ab', 'cd', 'ef']를 리턴합니다.` `'ab cd ef'.split()`	http://mng.bz/aR4z

○ 계속

개념	설명	예시	참고 자료
str.join	문자열 리스트를 결합해서 새로운 문자열을 만듭니다.	# 'ab*cd*ef'를 리턴합니다. '*'.join(['ab', 'cd', 'ef'])	http://mng.bz/gyYl
string.ascii_lowercase	'abcdefghijklmnopqrstuvwxyz'가 들어 있습니다.	string.ascii_lowercase	http://mng.bz/zjxQ
enumerate	값과 인덱스로 이루어진 튜플들을 갖는 이터레이터를 리턴합니다.	enumerate('abcd')	http://mng.bz/qM1K

7.1 EXERCISE 28. 숫자 결합하기

PYTHON

필자가 파이썬을 교육할 때, 많은 학생이 "언제 내포를 사용해야 하고, 언제 전통적인 반복문을 사용해야 하나요?"라고 질문합니다.

필자는 이러한 질문을 받았을 때 최종적으로 리스트를 만드는 것이 목적이라면 리스트 내포를 사용하고, 각각의 요소에 어떠한 처리를 하기 위한 것이 목적이라면 전통적인 반복문을 사용하라고 이야기합니다.

예를 들어 문자열 s 내부에 있는 단어들의 길이를 리스트로 만들고 싶다면 다음과 같이 합니다.

```
[len(one_word) for one_word in s.split()]
```

최종적으로 리스트를 만들고 싶으므로 리스트 내포를 활용했습니다.

```
for one_filename in s.split():
    with open(one_filename, 'w') as f:
        f.write(f'{one_filename}\n')
```

리스트, 딕셔너리 등의 이터러블을 기반으로 새로운 리스트를 만들어내는 코드는 프로그래밍에서 굉장히 많이 활용됩니다. 파일 이름 리스트를 기반으로 파일 객체 리스트를 만들 수도 있고, 단어 리스트를 기반으로 단어 길이 리스트를 만들 수도 있으며, 사용자 이름 리스트를 기반으로 사용자 ID 리스트를 만들 수도 있습니다. 파이썬은 이러한 코드를 구현할 때 내포를 사용하는 것이 일반적입니다.

이번 예제는 리스트 내포를 사용해보는 기본 예제입니다. 간단한 예제이지만 리스트 내포를 어떤 형태로 활용해야 하는지 이해하는 데 도움이 될 것입니다.

range를 매개변수로 받아서 숫자들을 쉼표(,)로 연결해 리턴하는 join_numbers 함수를 만들어주세요. 예를 들어 range(15)를 매개변수로 넣으면 다음과 같은 문자열을 리턴합니다.

```
0,1,2,3,4,5,6,7,8,9,10,11,12,13,14
```

> **힌트** | 문제를 보고 str.join(http://mng.bz/gyYl)을 생각했다면 방향은 잘 잡은 것입니다. 다만 str.join은 문자열 리스트에만 적용할 수 있고, 정수 리스트에는 적용할 수 없다는 점을 생각하면서 예제를 풀어보기 바랍니다.

7.1.1 풀어보기

정수 리스트와 비슷한 range에 str.join을 적용해보면 어떻게 될까요? 실제로 다음과 같이 코드를 입력해서 실행해보면 오류가 발생합니다.

```
>>> numbers = range(15)
>>> ','.join(numbers)
Traceback (most recent call last):
    File "<stdin>", line 1, in <module>
TypeError: sequence item 0: expected str instance, int found
```

str.join 함수의 매개변수로는 문자열을 담은 시퀀스만 올 수 있기 때문입니다. 따라서 현재 range 내부에 있는 정수들을 문자열로 변환하는 과정이 필요합니다. 이러한 변환을 통해서 문자열 시퀀스를 만들면 str.join을 적용할 수 있습니다.

그렇다면 range 내부의 정수를 어떻게 문자열로 변환할 수 있을까요? 리스트 내포를 활용해서 range 내부에 있는 정수들에 str 함수를 적용하면 될 것입니다.

참고로 리스트 내포를 활용할 때는 새로운 리스트가 만들어진다는 것을 꼭 기억해주세요. 새로 만들어지는 리스트의 요소는 기존의 이터레이터를 기반으로 하는 표현식으로 이루어집니다.

리스트 내포를 활용할 수 있는 상황을 몇 가지 소개해보겠습니다.

- 어떤 학급에 있는 학생들의 나이를 알고 싶다고 해봅시다. 즉, 학생 리스트를 기반으로 숫자 리스트를 만들고 싶은 것입니다. student_age라는 함수로 학생들의 나이를 정수로 리턴받을 수 있다면 다음과 같은 리스트 내포를 활용해 이를 구현할 수 있습니다.

```
[student_age(one_student)
    for one_student in all_students]
```

- 지난달의 각 날에 내린 강수량을 알고 싶다고 합시다. daily_rain 함수로 특정 날의 강수량을 알 수 있다고 할 때, 다음과 같은 코드를 사용하면 특정 날짜의 강수량을 리스트로 만들 수 있습니다.

```
[daily_rain(one_day)
    for one_day in most_recent_month]
```

- 어떤 책 본문에 모음이 몇 번이나 사용되었는지 알고 싶다고 합시다. number_of_vowels 함수로 어떤 단어의 모음 개수를 확인할 수 있다고 할 때, 다음과 같은 코드를 사용하면 단어들에 사용된 모음의 수를 리스트로 만들 수 있습니다.

```
[number_of_vowels(one_word)
    for one_word in open(filename).read().split()]
```

이 3가지 예가 모두 비슷해보이는 이유는 모두 2가지 부분으로 구분해서 생각할 수 있기 때문입니다. 리스트 내포는 기본적으로 다음과 같은 2가지 부분으로 구분됩니다.

1. 원본 이터러블
2. 각각의 요소에 적용할 표현식

이번 예제는 원본 이터러블이 정수 리스트입니다. 이러한 리스트에 str 함수를 적용하면 문자열 리스트를 얻을 수 있으며, 그렇게 해야 str.join을 활용해서 숫자를 결합해서 원하는 결과를 얻을 수 있습니다.

참고로 이터러블, 이터레이터 등과 관련한 내용은 10장에서 자세하게 알아볼 예정입니다. 따라서 지금은 내포를 사용할 때 이와 관련한 내용은 간단하게 생각하기 바랍니다. 만약 지금 당장 궁금하다면 10장의 앞부분에 있는 내용만 간단하게 살펴보고 돌아오기 바랍니다.

내포 사용하기

내포는 전통적으로 한 줄에 표기하는 것이 기본입니다.

```
[x*x for x in range(5)]
```

하지만 초보자뿐만 아니라 파이썬을 어느 정도 사용한 사람도 내포를 이렇게 한 줄에 표시하면 코드를 이해하기가 힘듭니다. 또한, 조건문 등이 포함되면 이해하기가 더 힘들어집니다.

```
[x*x for x in range(5) if x%2]
```

그래서 필자는 개인적으로 리스트 내포를 활용할 때 줄바꿈을 사용하는 것을 추천합니다. 파이썬은 괄호로 감싸진 부분 내부에서는 공백이 얼마나 포함되어도 상관없습니다. 이미 괄호로 감싸졌으므로, 리스트 내포 등의 구문을 사용하는 것이 명확하기 때문입니다. 따라서 리스트 내포를 다음과 같이 작성할 수 있습니다.

```
[x*x ------ 표현식
for x in range(5) ------ 반복문
if x%2] ------ 조건문
```

이처럼 표현식, 반복문, 조건문을 다른 줄로 분리해서 입력하면 내포 구문을 훨씬 쉽게 읽을 수 있습니다. 이 책에서 사용한 리스트 내포도 대부분 2~3줄 정도로 줄바꿈해서 사용했습니다. 독자 여러분도 리스트 내포를 활용할 때 이처럼 줄바꿈해서 사용하는 것을 추천합니다.

이러한 테크닉을 활용하면 리스트 내포를 중첩해서 사용할 때도 코드를 훨씬 이해하기 쉬워집니다. 예를 들어 다음 코드를 살펴봅시다.

```
[(x,y) ------ 표현식
for x in range(5) ------ 반복 #1: 0~4까지 반복합니다.
```

계속

```
if x%2 ------ 조건 #1: 2로 나누어지는 숫자를 무시합니다(홀수 추출).
for y in range(5) ------ 반복 #2: 0~4까지 반복합니다.
if y%3 ] ------ 조건 #2: 3으로 나누어지는 숫자를 무시합니다.
```

이 리스트 내포는 첫 번째 반복문과 조건문으로 홀수를 추출하고, 두 번째 반복문과 조건문으로 3으로 나누어지지 않는 숫자를 추출합니다. 중첩 반복문은 누가 보아도 이해하기가 힘듭니다. 하지만 이와 같이 여러 줄에 구분해서 입력하면 어떤 식으로 작동하는지 조금은 더 쉽게 알 수 있습니다.

중첩 리스트 내포는 리스트의 리스트 또는 튜플의 리스트처럼 복잡한 자료 구조를 처리할 때 많이 활용됩니다. 예를 들어 필자가 작년에 방문한 국가와 해당 국가의 도시를 나타내는 딕셔너리가 있다고 합시다.

```
all_places = {
    'USA': ['Philadelphia', 'New York', 'Cleveland', 'San Jose',
    ➥'San Francisco'],
    'China': ['Beijing', 'Shanghai', 'Guangzhou'],
    'UK': ['London'],
    'India': ['Hyderabad']
}
```

만약 방문한 국가를 무시하고, 방문한 도시만으로 리스트를 만들고 싶다면 다음과 같은 중첩 리스트 내포를 사용합니다.

```
[one_city
for one_country, all_cities in all_places.items()
for one_city in all_cities]
```

만약 도시와 국가를 (도시, 국가) 형태의 튜플로 만들고 싶다면 다음과 같은 중첩 리스트 내포를 사용합니다.

```
[(one_city, one_country)
for one_country, all_cities in all_places.items()
for one_city in all_cities]
```

정렬도 sorted만 넣으면 쉽게 할 수 있습니다.

```
[(one_city, one_country)
for one_country, all_cities in sorted(all_places.items())
for one_city in sorted(all_cities)]
```

리스트 내포를 활용하면 리스트가 만들어집니다. 그런데 규모가 큰 데이터에 리스트 내포를 적용하면 그만큼의 메모리를 또 차지하게 되는 문제가 발생할 수 있습니다. 그래서 많은 개발자가 리스트 내포보다 제너레이터 표현식(http://mng.bz/K2M0)을 사용하는 것이 좋다고 이야기합니다.

제너레이터 표현식은 대괄호([])가 아니라 소괄호(())를 사용한다는 점만 제외하면 리스트 내포와 외관적으로 큰 차이가 없습니다. 하지만 리스트 내포는 리스트를 한 번에 만들어내므로, 잠재적으로 많은 메모리를 사용할 위험성을 내포하고 있습니다. 반면 제너레이터 표현식은 제너레이터를 리턴하므로, 이러한 위험성이 없습니다.

예를 들어 다음 코드를 살펴봅시다.

```
sum([x*x for x in range(100000)])
```

이 코드는 sum 함수의 매개변수로 정수 리스트를 전달하고 있습니다. sum 함수는 매개변수에 있는 내용을 하나씩 꺼내서 더하며, 최종 리턴 값을 만들어냅니다. 그런데 리스트 내포를 활용할 경우, sum 함수를 실행하기 전에 리스트 내포로 정수 리스트 전체가 만들어집니다. 따라서 한 번에 굉장히 큰 규모의 리스트가 만들어져서 메모리를 많이 차지합니다.

반면 다음 코드를 살펴봅시다.

```
sum((x*x for x in range(100000)))
```

이 코드에서는 sum 함수의 매개변수가 리스트가 아니라 제너레이터입니다. 최종 실행 결과는 이전의 리스트 내포를 활용한 코드와 같습니다. 리스트 내포를 활용한 코드는 100,000의 요소를 가진 리스트를 만들어내는데, 제너레이터 표현식을 활용한 코드는 제너레이터 내부에서 필요한 값을 한 번에 하나씩 꺼내서 사용합니다. 그래서 메모리를 많이 절약할 수 있는 것입니다. 대부분의 상황에서 리스트 내포는 제너레이터 표현식으로 대체할 수 있습니다. 또한 이렇게 대체하면 메모리를 절약할 수 있다는 큰 장점이 발생합니다.

참고로 함수를 호출하면서 제너레이터 표현식을 사용할 때는 다음과 같이 괄호를 생략할 수 있습니다.

```
sum(x*x for x in range(100000))
```

이번 예제의 해답에서도 이와 같은 제너레이터 표현식을 사용해보았습니다.

```
numbers = range(15)
print(','.join(str(number) for number in numbers))
```

7.1.2 해답

```
def join_numbers(numbers):
    return ','.join(str(number)
        for number in numbers)

print(join_numbers(range(15)))
```

(주석: `return ','.join(str(number)` — 각각의 숫자에 str을 적용해서 문자열로 변경한 뒤, join으로 결합합니다. / `for number in numbers)` — 숫자들로 반복합니다.)

이 예제는 http://mng.bz/zj4w에서 확인할 수 있습니다.

7.1.3 조금 더 나아가기

그럼 리스트 내포를 더 활용해볼 수 있는 예제들을 소개하겠습니다.

- 이번 예제와 마찬가지로 정수 리스트를 입력받고, 이를 문자열로 변환해주세요. 다만 0~10 범위에 있는 숫자만 문자열로 변환해주세요. 리스트 내포에 if 조건문을 추가해서 구현하면 됩니다.
- 16진수를 담고 있는 문자열 리스트를 입력받고, 숫자들을 모두 10진수로 더한 뒤, 16진수로 다시 바꾸어 출력해주세요.

- 리스트 내포를 활용해서 텍스트 파일의 각 줄에 있는 단어 순서를 뒤집어서 리스트로 변환해주세요. 예를 들어 첫 번째 줄이 abc def이고, 두 번째 줄이 ghi jkl이라면 ['def abc', 'jkl ghi']를 출력해주세요.

map, filter, 내포

내포는 본질적으로 2가지 다른 처리를 합니다. 첫 번째로 입력 시퀀스에 있는 각각의 요소에 표현식을 적용해서 새로운 시퀀스를 만들어냅니다. 이를 변환(transform)이라고 표현합니다. 그리고 두 번째로 요소들을 필터링합니다. 예를 들어 다음 코드를 살펴봅시다.

```
[x*x                  ------x를 제곱합니다.
for x in range(10)    ------0~9 사이의 정수를 입력으로 사용합니다.
if x%2 == 0]          ------짝수만 필터링합니다.
```

첫 번째 줄이 표현식을 적용하는 변환 부분이고, 세 번째 줄이 필터링을 적용하는 부분입니다. 파이썬에 내포라는 기능이 추가되기 전에는 이러한 2가지 기능을 map과 filter라는 함수로 처리했습니다. 그래서 이 두 함수는 지금은 거의 사용되지 않지만, 아직도 파이썬 내장 함수로 존재하고 있습니다.

map 함수는 함수와 이터러블이라는 2개의 매개변수를 입력받습니다. map 함수는 함수를 이터러블에 있는 각각의 요소에 적용해서 새로운 이터러블을 리턴합니다. 예를 들어 문자열 리스트에 있는 각 문자열의 길이를 구하고 싶다면 다음과 같은 코드를 사용합니다.

```
words = 'this is a bunch of words'.split() ------문자열 리스트를 만들어서 words라는 이름을 붙입니다.
x = map(len, words) ------각각의 단어에 len을 적용해서 정수 이터러블을 만듭니다.
print(sum(x)) ------x에 sum을 적용합니다.
```

참고로 map 함수는 항상 입력 이터러블과 같은 길이를 갖는 이터러블을 리턴합니다. map 함수에는 요소를 필터링하는 기능이 따로 없기 때문입니다. map 함수는 단순하게 매개변수로 받은 이터러블에 매개변수로 받은 함수를 적용합니다. 즉, 표현식을 적용하는 변환 기능만 있는 것입니다.

map 함수의 '매개변수로 입력하는 함수'는 '매개변수를 하나만 입력받는 함수 또는 메서드'라면 무엇이든 사용할 수 있습니다. 파이썬이 제공하는 내장 함수를 사용할 수도 있고, 직접 정의해서 사용할 수도 있습니다. 함수에서 리턴하는 값들로 출력 이터러블이 만들어진다는 사실만 기억하면 손쉽게 사용할 수 있을 것입니다.

계속

filter 함수도 함수와 이터러블이라는 2개의 매개변수를 받습니다. 그리고 map 함수와 마찬가지로 함수를 이터러블에 있는 각각의 요소에 적용합니다. 다만 filter 함수는 이름 그대로 필터링 기능을 갖고 있습니다. 매개변수로 입력한 함수를 적용했을 때, True가 나오는 요소들만 모아서 새로운 이터러블을 만들어냅니다.

```
words = 'this is a bunch of words'.split()  # 문자열 리스트를 만들어서 words라는 이름을 붙입니다.

def is_a_long_word(one_word):
    return len(one_word) > 4  # 입력된 문자열(단어)의 길이를 기반으로 True 또는 False를 리턴하는 함수를 만들었습니다.

x = filter(is_a_long_word, words)  # words에 있는 각각의 단어에 함수를 적용합니다.
print(' '.join(x))  # 최종적으로 필터링되어 있는 결과를 얻을 수 있습니다.
```

filter 함수에 매개변수로 전달한 함수에서 True 또는 False 등 불이 아닌 다른 값을 리턴할 경우, 이를 불로 변환한 뒤 출력 이터러블에 넣을지 판정합니다. 이러한 실행은 예측하기 조금 힘들 수 있으므로, True 또는 False를 리턴하는 함수를 전달하는 것이 좋습니다.

map과 filter 함수를 조합하면 이터러블을 변환하고 필터링할 수 있습니다. 이는 굉장히 유용한 기능이므로, 오랫동안 사용되어 왔습니다.

파이썬은 함수형 프로그래밍 언어의 특성을 갖고 있으므로, 함수를 데이터로 취급합니다. 따라서 함수를 매개변수로 전달할 수 있습니다. 이러한 특성 덕분에 map과 filter를 쉽게 사용할 수 있는 것입니다.

내포는 이러한 두 함수의 조합을 쉽게 작성할 수 있는 현대적인 방법이라고 할 수 있습니다. map과 filter는 함수를 매개변수로 전달해서 사용하지만, 내포는 단순한 표현식을 활용해서 이를 구현할 수 있습니다.

그렇다면 내포라는 현대적이고 더 나은 방법이 등장했는데도, 왜 map과 filter가 유지되고 있는 것일까요? 파이썬의 발전 과정에서 호환성을 유지하기 위해서 남아 있기도 하지만, 내포보다 map과 filter를 사용하는 것이 코드를 더 쉽게 작성할 수 있는 경우도 있기 때문입니다. 예를 들어 map은 매개변수로 여러 개의 이터러블을 받은 뒤, 이를 조합해서 새로운 이터러블을 만들어낼 수 있습니다. 예를 들어 다음 코드를 살펴봅시다.

```
import operator  # map에 operator.mul을 적용했습니다.
letters = 'abcd'  # 4개의 문자열 요소를 갖는 이터러블을 만듭니다.
numbers = range(1,5)  # 4개의 정수 요소를 갖는 이터러블을 만듭니다.
x = map(operator.mul, letters, numbers)  # letters와 numbers에 있는 요소를 하나씩 꺼내서 operator.mul(* 연산자)을 적용합니다.
print(' '.join(x))  # 이터러블 내부의 문자열들을 공백으로 결합한 뒤 출력합니다.
```

계속

이 코드를 실행하면 다음과 같이 출력합니다.

```
a bb ccc dddd
```

만약 내포를 사용한다면 코드를 다음과 같이 사용해야 합니다.

```
import operator
letters = 'abcd'
numbers = range(1,5)

print(' '.join(operator.mul(one_letter, one_number)
     for one_letter, one_number in zip(letters, numbers)))
```

내포로 이를 구현하기 위해서 두 이터러블을 결합하는 zip이라는 함수를 사용했습니다. 하지만 map은 단순하게 매개변수로 이터러블을 추가하기만 하면 이러한 기능을 구현할 수 있습니다.

표현식이란?

파이썬에서 값을 만들어내는(리턴하는) 코드를 표현식(expression)이라고 부릅니다. 조금 추상적으로 들릴 수 있는데요. 더 구체적으로는 '변수에 할당할 수 있는 것' 또는 '함수에서 리턴할 수 있는 것'이 표현식입니다. 예를 들어 5도 표현식이며, 5+3도 표현식이며, `len('abcd')`도 표현식입니다.

map과 filter는 매개변수로 함수를 전달해야 하지만, 내포는 표현식만 입력하면 됩니다. 즉, 내포는 따로 함수를 만들 필요가 없습니다.

7.2 EXERCISE 29. 숫자 더하기

PYTHON

이전 예제에서는 숫자 시퀀스를 문자열 시퀀스로 바꿔보았습니다. 이번 예제에서는 반대로 문자열 시퀀스를 숫자 시퀀스로 변환한 뒤에, 이를 더해봅시다. 다만 너무 단순하면 재미가 없으므로, 문자열 시퀀스 내부에 숫자로 변환할 수 없는 문자열이 포함되어 있다고 가정합시다. 따라서 숫자로 변환할 수 없는 문자열을 필터링하는 과정이 필요합니다.

매개변수로 다음과 같은 문자열을 입력받는 sum_numbers 함수를 구현해주세요.

```
10 abc 20 de44 30 55fg 40
```

이 문자열에서 숫자로 변환할 수 있는 요소만 추출해서 더해야 하므로 10, 20, 30, 40을 더한 100을 출력하면 됩니다.

추가로 input 함수를 활용해서 사용자가 입력 시퀀스를 입력하게 해주세요.

7.2.1 풀어보기

이번 예제에서는 사용자로부터 공백으로 구분되어 있는 숫자 시퀀스를 입력받습니다. 이러한 숫자들을 추출하고, 문자열 자료형에서 숫자 자료형으로 바꾼 뒤에 모두 더하기만 하면 됩니다. 일단 문자열을 자를 때는 str.split을 활용하면 됩니다. str.split에 매개변수를 지정하지 않고 실행하면 공백을 구분자로 사용해서 문자열을 자릅니다.

str.split은 결과로 문자열 리스트를 리턴합니다. 예제를 풀기 위해서 필요한 것은 정수 리스트이므로, 각각의 문자열 요소에 int를 적용해서 정수로 바꿔야 합니다. 간단하게 리스트 내포를 활용해서 각각의 요소에 int를 적용하면 될 것입니다. 그리고 이렇게 만든 정수 리스트를 sum 함수의 매개변수에 입력하기만 하면 예제에서 원하는 결과가 나올 것입니다.

하지만 약간의 문제가 있습니다. 사용자가 정수로 변환할 수 없는 문자열을 입력에 포함할 수 있습니다. 따라서 이처럼 유효하지 않은 입력을 제외해줘야 합니다. 그렇지 않으면 abcd와 같이 정수로 변환할 수 없는 문자열에 int를 적용할 때, 예외가 발생해서 프로그램이 강제적으로 종료될 것입니다.

이 또한 리스트 내포로 처리할 수 있습니다. 리스트 내포에 3번째 줄(필터링)을 추가해서 숫자로 변환할 수 없는 문자열들을 제거하면 됩니다. 숫자로 변환할 수 없는 문자열은 str.isdigit으로 확인할 수 있습니다.

이렇게 만들어진 정수 리스트를 sum 함수의 매개변수로 넣으면 원하는 답을 구할 수 있습니다.

7.2.2 해답[1]

```
def sum_numbers(numbers):
    return sum(int(number) ------ 정수로 변환합니다.
        for number in numbers.split() ------ numbers 내부에 있는 각각의
                                             요소에 반복을 적용합니다.
        if number.isdigit()) ------
                  정수로 변환할 수 없는 문자열은 무시합니다.
print(sum_numbers('1 2 3 a b c 4'))
```

이 예제는 http://mng.bz/046p에서 확인할 수 있습니다.

1 역주 다음 코드는 리스트 내포가 아니라 제너레이터 표현식을 활용해서 구현되었습니다. 입력이 작을 것이라 예측되므로 리스트 내포로 구현해도 상관없습니다.

7.2.3 조금 더 나아가기

리스트 내포는 리스트를 대상으로 변환과 필터링을 할 때 사용합니다. 그럼 리스트 내포의 문법과 활용 방법을 살펴볼 수 있는 예제를 몇 가지 더 소개하겠습니다.

- 텍스트 파일을 읽어 들이고, 20글자 이상이면서 적어도 하나의 모음을 포함하고 있는 줄을 출력해주세요.
- 미국은 전화번호가 10자리로 구성되어 있습니다. 앞의 3자리는 지역 번호이며, 뒤의 7자리는 해당 지역에서의 전화번호입니다. 필자가 어릴 때는 지역 번호가 부족해져서 지역에 있는 인구 절반이 새로운 지역 번호를 부여받는 일도 있었습니다. 예를 들어 XXX-YYY-ZZZZ라는 전화번호는 XXX-YYY-ZZZZ로 그대로 유지할 수도 있었고, 새로운 NNN이라는 지역 번호를 발급받아서 NNN-YYY-ZZZZ으로 바뀌기도 했습니다. 일반적으로 전화번호 뒤의 7자리를 기반으로 지역 번호가 유지되는지 또는 바뀌는지가 결정되었는데요. 예를 들어 YYY가 0~5로 시작하는 지역 번호는 지역 번호가 XXX+1로 변경되었습니다. 리스트 내포를 활용해서 이를 실제로 구현해봅시다. 예를 들어 `['123-456-7890', '123-333-4444', '123-777-8888']`이라는 리스트를 입력받고, `['124-456-7890', '124-333-4444', '123-777-8888']`을 리턴하면 됩니다.
- 사람의 이름(name)과 나이(age)가 저장되어 있는 딕셔너리를 5개 포함하는 리스트를 만들어주세요. 그리고 이러한 리스트를 기반으로 리스트 내포를 활용해서 딕셔너리에 태어난 지 몇 개월 되었는지를 나타내는 `age_in_months`를 추가한 새로운 리스트를 리턴해주세요. 추가로 20세 이상의 사람은 최종 출력에서 제외해주세요.

7.3 EXERCISE 30. 리스트 평탄화하기

PYTHON

복잡한 자료 구조를 활용해서 정보를 저장하는 코드는 프로그래밍에서 굉장히 널리 사용됩니다. 물론 새로운 클래스를 만들어서 정보를 저장할 수도 있습니다. 하지만 리스트, 튜플, 딕셔너리를 조합하면 클래스를 만들지 않아도 정보를 간단하게 저장할 수 있습니다. 하지만 리스트, 튜플, 딕셔너리를 조합해서 사용하다 보면 복잡한 자료 구조를 간단한 자료 구조로 변환해야 하는 경우가 있습니다.

이번 예제도 이처럼 복잡한 자료 구조를 간단한 자료 구조로 변환하는 프로그램을 만들어볼 것입니다. 리스트의 리스트(2차원 리스트)를 매개변수로 받고, 이를 1차원 리스트로 평탄화해서 리턴하는 `flatten` 함수를 만들어주세요. 예를 들어 다음과 같은 코드를 실행한다면,

```
flatten([[1,2], [3,4]])
```

다음과 같은 코드를 리턴합니다.

```
[1,2,3,4]
```

다양한 방법으로 이를 구현할 수 있을 것입니다. 다만 이번 예제는 리스트 내포를 활용해서 구현해주세요.

7.3.1 풀어보기

지금까지 살펴본 것처럼 리스트 내포를 활용하면 각 요소에 어떤 표현식을 적용해서 새로운 리스트를 만들 수 있습니다. 기본적인 리스트 내포는 원본 리스트의 길이보다 긴 길이의 리스트를 만들어낼 수 없습니다. 예를 들어 입력 이터러블에 10개의 요소가 있다면 10개의 요소를 갖는 새로운 리스트를 만듭니다. 또한 if를 활용하면 10개 이하의 요소를 갖는 새로운 리스트를 만듭니다.

하지만 중첩 리스트에 리스트 내포를 중첩해서 사용하면 원본 요소보다 많은 수의 요소를 갖는 새로운 리스트를 만들 수 있습니다. 예를 들어 다음 코드를 살펴봅시다. 리스트 내포 내부에서 mylist라는 중첩 리스트에 for 반복문을 한 번 돌립니다. 이어서 내부에 있는 리스트를 기반으로 for 반복문을 한 번 더 돌립니다. 이렇게 되면 중첩되어 있는 요소 수만큼을 갖는 새로운 리스트가 만들어집니다.

```
def flatten(mylist):
    return [one_element
        for one_sublist in mylist
            for one_element in one_sublist]
```

7.3.2 해답

```
def flatten(mylist):
    return [one_element
        for one_sublist in mylist ------ mylist에 있는 각각의 요소를 반복합니다.
            for one_element in one_sublist] -----
                                        one_sublist에 있는 각각의 요소를 반복합니다.
print(flatten([[1,2], [3,4]]))
```

이 예제는 http://mng.bz/jg4P에서 확인할 수 있습니다.

7.3.3 조금 더 나아가기

리스트 내포를 중첩해서 사용하는 코드는 처음에는 어렵게 느껴질 수 있지만, 익숙해지면 여러 상황에 유용하게 활용할 수 있습니다. 그럼 리스트 내포 중첩을 더 연습해볼 수 있는 예제를 몇 가지 소개하겠습니다.

- flatten_odd_ints라는 함수를 만들어주세요. 이 함수는 flatten과 동일한 처리를 하지만, 최종 출력에 홀수 정수만 포함합니다. 홀수로 판정되어도 정수가 아니라면 입력에서 제외해주세요. 또한, 정수로 변환할 수 있는 문자열은 정수로 변환한 뒤, 조건을 비교하고 포함해주세요.
- 그림 7-1을 {'A':['B', 'C', 'D'], 'E':['F', 'G']}처럼 표현하는 딕셔너리를 만들어주세요. (1) 딕셔너리 전체가 부모를 나타낸다고 가정하고, (2) 키로 자식을 나타내고(A와 E), (3) 각 자식의 자식은 값에 리스트로 넣습니다(['B', 'C', 'D']와 ['F', 'G']). 리스트 내포를 활용해서 이러한 딕셔너리에서 손자(['B', 'C', 'D', 'F', 'G'])만 추출해서 출력해주세요.

▼ 그림 7-1 리스트 내포를 중첩해서 표현한 가족의 그래프

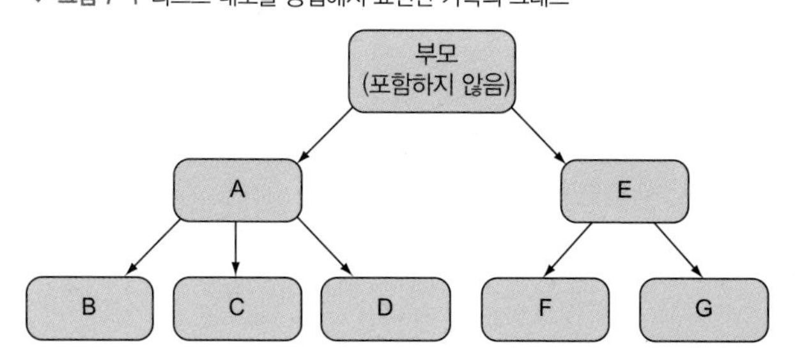

- 이 예제에서 '현재 문자열로 되어 있는 손자의 이름'을 '이름과 나이를 갖는 딕셔너리'로 변경하세요. 그리고 나이 내림차순으로 손자의 이름을 문자열로 갖는 리스트를 만들어주세요.

7.4 EXERCISE 31. 파일의 내용을 피그 라틴으로 번역하기

리스트 내포는 리스트의 내용을 변환하고 싶을 때 굉장히 유용하게 사용할 수 있습니다. 리스트 내포는 리스트뿐만 아니라 반복문에 활용할 수 있는 모든 반복 가능한 객체(이터러블)에 적용할 수 있습니다. 즉, 문자열, 리스트, 튜플, 딕셔너리, 세트, 파일까지도 모두 리스트 내포를 적용할 수 있다는 것입니다.

이번 예제에서는 파일 이름을 매개변수로 전달받은 뒤에, 파일의 내용을 피그 라틴 언어로 변환한 문자열을 리턴하는 함수를 만듭니다. 피그 라틴은 2장에서 문자열을 배울 때 간단하게 살펴보았습니다. 이때 변환은 줄바꿈, 대소문자, 구두점을 모두 무시합니다.

7.4.1 풀어보기

이전에 리스트 내포는 리스트뿐만 아니라 리스트보다도 더 복잡한 대상들에 적용할 수 있다고 언급했습니다. 이번에는 리스트가 아니라 파일을 기반으로 리스트 내포를 적용해보겠습니다. 파일에 리스트 내포를 적용하면 파일을 한 줄씩 처리하게 됩니다.

리스트 내포를 기반으로 파일의 내용을 한 줄씩 추출하고, 리스트 내포를 중첩해서 한 줄을 단어별로 구분해서 각각의 단어를 피그 라틴으로 변환하면 됩니다. 하나의 영어 단어를 피그 라틴 단어로 변환하는 함수는 이전에 만든 plword 입니다.

처음에는 리스트 내포라는 단어도 생소하고, 리스트 내포를 활용한 코드를 보면 읽고 이해하기 힘들게 느껴질 것입니다. 하지만 리스트 내포를 활용하면 어떤 큰 문제를 작은 문제로 쉽게 쪼개서 조합하는 코드를 무척 감각적으로 작성할 수 있습니다.

코드를 작성하다 보면 간단한 문제를 하나 발견할 수 있습니다. 리스트 내포는 리스트를 만들어냅니다. 굉장히 큰 파일을 피그 라틴으로 번역하다 보면 굉장히 큰 리스트가 만들어집니다. 따라서 메모리를 절약하려면 이터레이터 객체를 리턴하는 것이 효율적일 것입니다.

이터레이터 객체로 리턴하는 방법은 정말 간단합니다. 바로 제너레이터 표현식을 사용하는 것입니다. 이와 관련한 내용은 이번 장의 앞부분에서도 살펴보았는데요. 리스트 내포와 같은 코드를 작성한 뒤, []를 ()로 바꿔주기만 하면 됩니다. 이렇게 만들어진 이터레이터를 곧바로 str.join 메서드에 전달하면 프로세스의 메모리를 절약할 수 있을 것입니다.

그럼 간단하게 코드를 살펴봅시다.

```
def plfile(filename):
    return ' '.join((plword(one_word)
        for one_line in open(filename)
        for one_word in one_line.split()))
```

그런데 함수 호출 위치에 제너레이터 표현식을 배치할 경우에는 괄호를 생략할 수 있습니다. 이러한 규칙에 따라서 괄호를 생략하면 다음과 같은 코드가 만들어집니다.

```
def plfile(filename):
    return ' '.join(plword(one_word)
        for one_line in open(filename)
        for one_word in one_line.split())
```

이런 코드를 사용하면 원래 목적을 달성할 수도 있고, 기존의 리스트 내포보다 더 적은 메모리를 사용할 수 있습니다. 속도 측면에서 트레이드오프가 약간 발생할 수는 있지만, 큰 파일을 읽어 들이면서 발생할 수 있는 잠재적인 메모리 소비 문제를 생각해보면 이런 코드가 더 좋다고 할 수 있습니다.

7.4.2 해답

```
def plword(word):
    if word[0] in 'aeiou':
        return word + 'way'

    return word[1:] + word[0] + 'ay'

def plfile(filename):
    return ' '.join(plword(one_word)
        for one_line in open(filename)  ------ 파일 내부에 있는 각각의 줄을 처리합니다.
        for one_word in one_line.split())  ------ 각 줄 내부에 있는 각각의 단어를 처리합니다.
```

이 예제는 http://mng.bz/K2xP에서 확인할 수 있습니다.

Python Tutor에서는 외부 파일을 사용할 수 없으므로, StringIO를 활용하는 형태로 변경했습니다.

7.4.3 조금 더 나아가기

복잡한 and/or 필터링, 중첩된 자료 구조를 활용해야 하는 대상의 경우, 리스트 내포를 활용하면 쉽게 처리할 수 있습니다. 이번 예제에서도 파일에 이와 같은 처리를 했습니다.

- 이번 예제의 plfile 함수는 파일 내부의 모든 단어에 plword 함수를 적용했습니다. 매개변수로 파일 이름과 함수를 받고, 파일 내부의 모든 단어에 함수를 적용해서 문자열로 리턴하는 funcfile 함수를 만들어보세요. 이러한 함수를 만들어서 활용하면 plfile과 같은 처리를 조금 더 범용적으로 할 수 있을 것입니다.
- 중첩 리스트 내포를 활용해서 딕셔너리 리스트를 (name, value) 형태의 튜플 리스트로 변환해보세요. 여러 딕셔너리의 요소들을 리스트로 결합하는 것입니다. 만약 같은 이름과 값을 가진 튜플이 만들어질 경우, 중복을 따로 제거하려고 하지 말고 그냥 중복되게 두기 바랍니다.
- 키로 '어떤 사람의 이름을 나타내는 문자열'을 갖고, 값으로 '그 사람의 취미를 나타내는 세트'를 갖는 딕셔너리 리스트가 있다고 할 때, 이러한 리스트 내부에 있는 사람들이 가장 많이 가진 취미가 무엇인지 구하는 코드를 작성해보세요.

7.5 EXERCISE 32. 딕셔너리 반전하기

내포와 딕셔너리를 조합하는 코드는 무척 유용합니다. 예를 들어 ID가 500 이하인 사용자를 제거하는 코드에 활용할 수도 있고, 이름이 'A'로 시작하는 사람들의 ID를 찾아내서 그 ID를 추출할 수도 있습니다.

또한, 딕셔너리에 기록되어 있는 키와 값을 바꾸는 코드도 유용합니다. 예를 들어 키로 사용자 이름, 값으로 사용자 ID가 들어 있다고 합시다. 이를 반전해서, 즉 키로 사용자 ID, 값으로 사용자 이름을 넣는 형태로 뒤집는다면 여러 상황에서 탐색 처리를 쉽게 할 수도 있습니다.

이번 예제에서는 일단 딕셔너리를 만듭니다. 이때 딕셔너리의 키는 키끼리, 값은 값끼리 모두 유일성을 가진다고 합시다(키에 나온 것이 값에 나오거나, 값에 나온 것이 키에 나올 수는 있습니다). 예를 들어 다음과 같은 리스트입니다.

```
d = {'a':1, 'b':2, 'c':3}
```

이러한 딕셔너리의 키와 값을 반전해보세요.

7.5.1 풀어보기

리스트 내포를 활용하면 반복 가능한 대상을 기반으로 쉽게 다른 리스트를 만들 수 있던 것처럼, 딕셔너리 내포를 활용하면 반복 가능한 대상을 기반으로 쉽게 다른 딕셔너리를 만들 수 있습니다. 기본 문법은 다음과 같습니다.

```
{ KEY : VALUE
```

```
for ITEM in ITERABLE }
```

이때,

- 딕셔너리 내포의 기반이 되는 ITERABLE에는 지금까지 살펴본 문자열, 리스트, 튜플, 딕셔너리, 세트, 파일 등의 반복 가능한 객체가 올 수 있습니다.
- 이러한 반복 가능한 객체는 반복문처럼 요소를 하나하나 추출합니다.
- 이를 기반으로 새로운 키와 값 쌍을 만들어내면 됩니다.

참고로 콜론(:)으로 구분된 키와 값은 각각 평가되며, 내부에서 어떤 데이터를 만들어서 활용했다고 해도 데이터를 공유할 수 없습니다.

만약 이번 예제에서 딕셔너리를 이전 코드와 같이 d라는 이름으로 만들었다고 해봅시다. 딕셔너리의 키와 값 쌍을 추출해서 반복을 돌게 만드는 dict.items 함수를 활용한 뒤, 키와 값을 교체해서 쌍을 만들어내면 쉽게 원하는 결과가 나옵니다.

또 다른 방법으로는 d.items()를 사용하지 않고, 그냥 d로 반복을 돌고, 다음과 같이 값을 추출해서 사용할 수도 있습니다.

```
{ d[key]:key for key in d }
```

내포를 사용하면 쉽게 기존의 객체를 기반으로 새로운 객체를 만들 수 있습니다. 참고로 내포는 표현식을 기반으로 값을 만들어냅니다. 반대로 for 반복문은 명령문을 기반으로 값을 만들어낸다는 차이가 있습니다.

따라서 목적에 따라서 내포를 사용할 것인지 for 반복문을 사용할 것인지 결정하기 바랍니다. 예를 들면 다음과 같습니다.

- 주어진 문자열을 기반으로 각 글자들의 ord 값[2]을 갖는 리스트를 만들고 싶다고 합시다. 반복 가능한 객체인 문자열을 기반으로 새로운 리스트를 만드는 형태이므로 리스트 내포를 활용하면 좋습니다.
- 친구들의 성(last name)과 이름(first name)이 저장되어 있는 딕셔너리의 리스트를 데이터베이스에 저장하고 싶다고 합시다. 이 경우에는 일반적인 반복문을 사용하는 것이 좋습니다. 리스트를 만들어내는 것이 아니라, 명령문을 기반으로 어떤 처리를 해야 하기 때문입니다.

7.5.2 해답

```
def flipped_dict(a_dict):
    return {value: key
        for key, value in a_dict.items()}

print(flipped_dict({'a':1, 'b':2, 'c':3}))
```

모든 반복 가능한 객체(이터러블)는 내포에 활용할 수 있습니다. 따라서 이 코드의 dict.items처럼 2개의 요소를 갖는 튜플도 내포에 사용할 수 있습니다.

이 예제는 http://mng.bz/905x에서 확인할 수 있습니다.

7.5.3 조금 더 나아가기

딕셔너리 내포는 새로운 딕셔너리를 만들 때 굉장히 유용하게 활용할 수 있습니다. 일반적으로 반복 가능한 것, 리스트, 파일을 기반으로 딕셔너리를 만들 때 사용합니다. 필자는 개인적으로 파일을 읽어 들이고, 파일의 내용을 딕셔너리로 변경할 때 딕셔너리 내포를 많이 활용합니다. 딕셔너리 내포를 연습해볼 수 있는 예제를 정리해보면 다음과 같습니다.

2 역주 글자의 유니코드 값을 의미합니다. 예를 들어 ord('가')는 44032입니다.

- 띄어쓰기로 단어가 구분되어 있는 문자열을 기반으로, 각 단어에서 모음이 몇 번 출현하는지 나타내는 빈도 딕셔너리를 만듭니다. 예를 들어 파일에 "this is an easy test"라고 쓰여 있다면 결과 딕셔너리는 {'this':1, 'is':1, 'an':1, 'easy':2, 'test':1}입니다.
- os.listdir(http://mng.bz/YreB) 또는 glob.glob(http://mng.bz/044N)으로 읽어 들인 파일을 활용해 파일의 이름을 키로 갖고, 파일의 크기를 값으로 갖는 딕셔너리를 만듭니다.
- name=value와 같은 형태의 줄을 갖고 있는 설정 파일을 읽어 들이고, 딕셔너리 내포를 활용해서 이를 파이썬의 딕셔너리로 변환합니다.

7.6 EXERCISE 33. 값 변환하기

이번 예제에서는 '함수를 매개변수로 받는 방법'과 '내포'를 활용해서 다양한 문제를 멋진 코드로 해결하는 방법을 다룹니다.

예를 들어 빌트인 map 함수(http://mng.bz/Ed2O)는 (a) 함수와 (b) 이터러블이라는 2개의 매개변수를 받습니다. map 함수는 이를 기반으로 이터러블의 모든 요소에 함수를 적용한 리턴 값으로 새로운 시퀀스를 만들어 리턴합니다. map과 관련한 내용은 이전의 'map, filter, 내포' 부분에서 자세히 설명했으므로, 해당 내용을 참고하기 바랍니다.

이번 예제에서는 map 함수의 변형 형태로 딕셔너리의 모든 값에 함수를 적용해서 새로운 딕셔너리를 만드는 함수를 만듭니다.

함수 이름은 transform_values입니다. 이 함수는 함수와 딕셔너리를 매개변수로 받고, 새로운 딕셔너리를 만듭니다. 이때 새로운 딕셔너리는 입력 딕셔너리의 키를 그대로 갖고, 값만 함수 적용했을 때의 리턴 값으로 바꿉니다. 참고로 transform_values라는 이름은 루비 온 레일스(Ruby on Rails)에서 사용하는 이름을 그대로 가져와본 것입니다. transform_values 함수에 매개변수로 전달하는 함수는 딕셔너리의 값이라는 매개변수 하나를 갖게 만듭니다.

transform_values를 제대로 만들었다면 다음과 같은 형태로 실행할 수 있습니다.

```
d = {'a':1, 'b':2, 'c':3}
transform_values(lambda x: x*x, d)
```

이 함수를 호출하면 다음과 같은 결과가 나옵니다.

```
{'a': 1, 'b': 4, 'c': 9}
```

7.6.1 풀어보기

transform_values는 단순하게 딕셔너리의 모든 요소에 특정 함수를 적용하는 함수입니다. 따라서 딕셔너리의 모든 키-값 쌍에 대해 반복을 적용해야 합니다. 그리고 반복하면서 각 쌍의 값 부분에 함수를 적용하면 됩니다.

함수도 다른 자료형과 마찬가지로 함수의 매개변수로 전달할 수 있습니다. 이번 예제에서는 첫 번째 매개변수로 함수가 전달되므로, 이를 딕셔너리에 적용하면 됩니다. 매개변수로 받은 함수로 호출할 때도 일반적인 함수를 호출할 때처럼 func() 형태로 뒤에 괄호를 붙이면 됩니다. 이번 EXERCISE에서는 매개변수를 하나 받으므로, func(value)라는 형태로 호출하면 됩니다.

dict.items 함수(http://mng.bz/4AeV)를 사용하면, 딕셔너리의 키-값 쌍을 리턴하는 반복자를 만들 수 있습니다. 이를 활용하면 키-값으로 반복을 돌릴 수 있습니다. 그런데 이를 다시 딕셔너리로 만들려면 어떻게 해야 할까요?

파이썬에서 이미 존재하는 이터러블을 기반으로 딕셔너리를 만들어내는 가장 간단한 방법은 딕셔너리 내포를 사용하는 방법입니다. 일단 transform_values 함수에서 리턴해야 하는 딕셔너리는 매개변수로 전달된 입력 딕셔너리와 같은 키를 갖습니다. 다만 값은 기존의 값에 func를 적용한 새로운 값으로 넣어야 합니다. 따라서 딕셔너리 내포의 표현식 부분에 func(value)를 입력하면 됩니다. 추가적으로 딕셔너리는 모든 자료형을 값으로 가질 수 있으므로, 함수에서 어떤 자료형을 리턴하는지 따로 생각하지 않아도 괜찮습니다.

7.6.2 해답

```
def transform_values(func, a_dict):
    return {key: func(value)               # 매개변수로 전달된 함수를 딕셔너리의 값 부분에 적용합니다.
        for key, value in a_dict.items()}  # 딕셔너리의 키-값 쌍을 기반으로 반복을 돕니다.

d = {'a':1, 'b':2, 'c':3}
print(transform_values(lambda x: x*x, d))
```

이 예제는 http://mng.bz/jg2z에서 확인할 수 있습니다.

7.6.3 조금 더 나아가기

딕셔너리 내포는 파이썬 개발자가 사용할 수 있는 매우 강력한 무기입니다. 딕셔너리 내포를 사용하면 기존의 반복 가능한 객체를 활용해서 새로운 딕셔너리를 만들 수 있습니다. 딕셔너리 내포를 처음 사용해본다면 이를 익숙하게 활용하는 데까지 시간이 조금 걸릴 수 있습니다. 빠르게 익숙해질 수 있게 딕셔너리 내포를 활용할 수 있는 몇 가지 예제를 소개하겠습니다.

- 방금 살펴본 `transform_values` 예제를 확장해서 매개변수로 2개의 함수를 받게 구성해보세요. 첫 번째 함수 매개변수는 기존과 같이 값에 적용하고, 두 번째 함수 매개변수는 키와 값을 확인하고 이를 최종 출력으로 낼지 안 낼지를 결정하는 데 사용해보세요. 즉, 두 번째 함수 매개변수는 `True` 또는 `False`를 리턴해서 `True`일 때만 최종 딕셔너리에 해당 키와 값을 포함시키는 데 사용하는 것입니다.
- 딕셔너리 내포를 활용해서 유닉스 스타일의 `/etc/passwd` 파일을 읽어 들이고 사용자 이름을 키, 사용자 ID를 값으로 하는 딕셔너리를 만들어보세요. 일반적인 `/etc/passwd` 파일은 첫 번째 필드(인덱스0)가 사용자 이름, 세 번째 필드(인덱스2)가 ID입니다. 만약 `/etc/passwd` 파일이 없다면 http://mng.bz/2XXg에서 내려받아서 사용하기 바랍니다. 참고로 샘플 파일에는 주석이 포함되어 있으므로, 딕셔너리를 만들 때 이러한 주석 줄을 무시하게 해야 합니다.
- 디렉터리의 이름(문자열)을 매개변수로 받고 키로 디렉터리 내부에 있는 파일의 이름, 값으로 파일의 크기를 갖는 딕셔너리를 만드는 함수를 만들어보세요. 파일을 추출하려면 `os.listdir` 또는 `glob.glob`을 활용해야 합니다. 참고로 일반적인 파일만 파일 크기를 갖기 때문에 `os.path`를 활용해서 일반적인 파일을 필터링해야 합니다. 파일 크기를 알아내려면 `os.stat` 등을 활용합니다.

PYTHON

7.7 EXERCISE 34. 모든 모음을 포함하는 단어 찾기

기본 자료 구조만 활용해도 굉장히 다양한 문제를 해결할 수 있습니다. 하지만 초보 단계에서는 문제를 해결하기 위해서 어떠한 자료 구조를 사용해야 하는지, 어떤 메서드를 활용해야 하는지 떠올리는 것이 힘들 수 있습니다. 그리고 하나의 자료 구조만으로 문제가 해결되지 않는 경우도 많으며, 여러 테크닉을 조합해서 문제를 해결해야 하는 경우가 많습니다.

이번 예제에서는 get_sv라는 이름의 함수를 만들 것입니다. 이 함수는 파일 내부에 있는 모든 '모든 모음을 포함하는 단어'의 세트를 리턴합니다. '모든 모음을 포함하는 단어'이므로 영어의 모음 5가지(a, e, i, o, u)가 모두 포함된 단어를 찾으면 됩니다.

이때 파일은 한 줄에 하나의 단어가 적혀 있는 형태입니다. 파일을 따로 만들기 귀찮다면 http://mng.bz/D2Rw에서 내려받아서 사용하기 바랍니다.

7.7.1 풀어보기

파일을 읽어 들이기 전에, 어떻게 모든 모음을 포함하는 단어를 찾을 수 있을지 생각해봅시다. 일단 반복문을 돌리면서 모음이 포함되어 있는지 하나하나 확인하는 방법이 있습니다. 하지만 이는 코드가 쓸데없이 길어질 것 같고, 비효율적일 것 같습니다.

또 다른 방법으로는 세트를 활용하는 방법이 있습니다. 파이썬은 시퀀스를 기반으로 세트를 만들어낼 수 있습니다. 문자열도 시퀀스이므로 간단하게 세트로 만들 수 있습니다. 그러면 세트로 바꾸고 뭘 어떻게 해야할까요? 모음 세트와 단어 세트를 갖고 있다면 < 연산자를 사용해서 한쪽 세트의 요소들이 다른쪽 세트에 모두 포함되어 있는지 확인할 수 있습니다. 일반적으로 <은 왼쪽 것이 오른쪽 것보다 작다는 것을 나타냅니다. 하지만 세트에서는 왼쪽 세트가 오른쪽 세트의 서브 세트일 때 True를 리턴합니다.[3]

따라서 "superlogical"이라는 단어가 있다면 다음과 같은 형태로 모든 모음을 포함하는지 확인할 수 있습니다.

```
vowels = {'a', 'e', 'i', 'o', 'u'}
word = 'superlogical'

if vowels < set(word):
    print('Yes, it is supervocalic!')
else:
    print('Nope, just a regular word')
```

이 코드는 한 단어에 대해서 잘 동작합니다. 하지만 여러 단어가 들어 있는 파일에서는 어떻게 해야 할까요? 리스트 내포를 사용하면 됩니다. 파일에는 한 줄에 하나의 단어만 있으므로 파일을 이터레이터로 활용해서 한 줄씩 읽어 들이고 이 코드를 적용하고, 모든 모음을 포함하는 단어라면 출력 리스트에 넣으면 됩니다.

하지만 예제가 결과로 리스트를 원하지 않고 세트를 원하고 있습니다. 다행히도 리스트 내포에서 사용한 []를 {}로 변경하면 세트 내포로 바꿀 수 있습니다. 참고로 표기가 딕셔너리 내포와 비슷하지만, 세트 내포는 내부에 :을 포함하지 않는다는 점이 다릅니다.

3 역주 세트는 중고등학교 수학 시간에 배우는 집합을 의미합니다. 서브 세트는 부분 집합을 의미합니다. 또한 < 기호는 부분 집합 기호인 ⊂를 나타내는 것입니다.

정리해보면 다음과 같습니다.

- 파일의 각 줄로 반복을 돕니다.
- 각각의 줄에 있는 단어를 세트로 보고, 모음 세트를 서브 세트로 갖는지 확인합니다.
- 모든 모음을 포함하는 것이 확인되었다면 이를 출력에 포함합니다.
- 출력은 세트 내포를 활용해서 세트로 만듭니다.

글자를 비교할 때 세트를 활용한다는 발상이 처음에는 쉽지 않고, 무엇을 의미하는지 명확하게 들리지 않을 수도 있습니다. 하지만 이처럼 파이썬의 자료 구조를 기존에 생각하지 못한 방식으로 활용해보면 발상의 폭이 점점 넓어질 수 있을 것입니다.

7.7.2 해답

```
def get_sv(filename):
    vowels = {'a', 'e', 'i', 'o', 'u'} ------ 모음 세트(집합)를 만듭니다.
                          단어 양쪽의 공백을 제거합니다.
    return {word.strip() ------┘  filename의 파일을 읽어 들이고 각 줄로 반복합니다.
        for word in open(filename) ------┘
        if vowels < set(word.lower())} ------ 단어가 모든 모음을 포함하는지 확인합니다.
```

이 예제는 http://mng.bz/lG18에서 확인할 수 있습니다.

Python Tutor에서는 외부 파일을 사용할 수 없으므로, StringIO를 활용하는 형태로 변경했습니다.

7.7.3 조금 더 나아가기

세트 내포는 굉장히 다양한 상황에 활용할 수 있습니다. 대표적으로 요소의 유일성 확인에 많이 사용됩니다. 그럼 간단하게 세트 내포를 활용해볼 수 있는 예제를 소개하겠습니다.

- 이전에 활용한 /etc/passwd 파일을 활용해서 사용자에게 어떤 다른 셸(명령 인터프리터, 각 줄의 마지막 필드에 있는 이름)이 할당되어 있는지 확인해보세요. 데이터를 수집할 때 세트 내포를 활용해보세요.
- 주어진 텍스트 파일에서 사용된 단어들의 길이를 확인해보세요. 파일을 매개변수로 전달하면 서로 다른 단어 길이 세트를 리턴하는 함수를 만들어보세요.
- 요소로 가족의 이름을 갖는 리스트를 만듭니다. 그리고 이를 기반으로 가족의 이름에 어떠한 글자가 사용되는지 조사해보세요. 이때 세트 내포를 활용해보기 바랍니다.

7.8 EXERCISE 35A. 제마트리아(1)

PYTHON

이번 예제는 문자열과 딕셔너리 내포를 활용하는 예제입니다.

어릴 때 a를 1, b를 2, c를 3, …, z를 26으로 사용하는 '비밀 코드'를 만들어서 글을 적어본 적이 있지 않나요? 이런 형태의 비밀 코드는 2,000년 전부터 여러 곳에서 널리 사용되어 왔습니다. 히브리어로 '제마트리아'는 과거부터 성경 구절에 번호를 붙여온 방식입니다. 간단한 예제를 풀어볼 것이므로 '제마트리아'가 무엇인지 자세하게 알 필요는 없습니다.

이번 예제에서는 일단 키가 영어 알파벳이고, 값이 1~26의 범위를 갖는 딕셔너리를 만들어봅시다. 물론 `{'a':1, 'b':2, 'c':3, ...}`을 하나하나 직접 손으로 입력해도 상관없지만, 이를 딕셔너리 내포를 활용해 만들어보세요.

이번 예제는 키가 영어 알파벳 'a'~'z', 값이 숫자 1~26인 딕셔너리를 만드는 예제입니다. 이번 예제에서 만든 결과는 다음 예제에서도 활용할 예정입니다. 물론 `{'a':1, 'b':2, 'c':3}`이라고 직접 입력할 수도 있겠지만 딕셔너리 내포를 활용해 이를 만드는 것이 이번 예제의 포인트입니다.

7.8.1 풀어보기

파이썬의 딕셔너리 내포 기능을 활용하면 최소한의 코드를 활용해서 딕셔너리를 만들 수 있습니다. 딕셔너리는 키가 영어 알파벳 'a'~'z', 값이 숫자 1~26 형태를 가져야 합니다. 소문자 알파벳으로 구성된 문자열을 만들고, 이를 활용해서 내포의 반복에 활용할 수 있을 것입니다. 다만 이번 예제에서는 이를 직접 만들지 말고, `string` 모듈에 있는 `string.ascii_lowercase` 속성을 활용해보겠습니다. 이 속성은 소문자 알파벳으로 구성된 'abc....xyz'를 나타내는 속성입니다. 그렇다면 글자에 번호는 어떻게 매길 수 있을까요? 이때는 빌트인 이터레이터인 enumerate를 사용합니다. enumerate를 사용하면 인덱스와 글자가 들어 있는 튜플을 반복에 활용할 수 있습니다.

```
{char:index
 for index, char in enumerate(string.ascii_lowercase)}
```

하지만 enumerate로 나오는 인덱스는 0부터 시작합니다. 이번 예제는 1~26의 범위를 원하므로, 1부터 시작하는 숫자가 필요합니다. 단순하게 인덱스에 1을 더하는 방법을 사용해도 됩니다. 하지만 조금 더 간단하게 구현할 수 있습니다. enumerate의 두 번째 매개변수에 1을 전달하면 인덱스가 1부터 시작하게 만들 수 있습니다.

```
{char:index
 for index, char in enumerate(string.ascii_lowercase, 1)}
```

간단하게 우리가 원하는 형태의 딕셔너리가 만들어집니다. 이 결과는 다음 예제에서 사용할 예정입니다.

7.8.2 해답

```
import string

def gematria_dict():
    return {char: index  ------문자와 정수로 이루어진 키-값 쌍이 리턴됩니다.
        for index, char
        in enumerate(string.ascii_lowercase, 1)} -----
                        알파벳 소문자를 나타내는 문자열과 enumerate를 조합해서 반복합니다.
print(gematria_dict())
```

이 예제는 http://mng.bz/WPx4에서 확인할 수 있습니다.

7.8.3 조금 더 나아가기

딕셔너리는 키와 값 쌍을 여러 개 포함하는 자료 구조이므로, 키-값 쌍들(key-value pairs)이라고 부르기도 합니다. 프로그램 개발에서는 서로 다른 두 데이터가 연관성을 갖는 경우가 많으므로, 딕셔너리는 굉장히 다양한 곳에 활용됩니다. 데이터를 딕셔너리로 변경하면 데이터를 처리하고 다루는 것이 쉬워지는 경우가 많습니다. 따라서 다양한 형식의 데이터 소스에서 딕셔너리에 활용할 정보를 추출할 수 있는 능력이 중요합니다. 그럼 추가로 연습해볼 수 있는 예제를 소개하겠습니다.

대부분의 프로그램에서 설정 파일을 다룰 때는 딕셔너리 형태의 것(name-value pairs, key-value pairs 등)을 활용합니다. 설정 파일은 일반적으로 각 줄이 이름=값 형태의 글자(=로 이름과 값을 구분)로 구성됩니다. 간단한 샘플 설정 파일을 http://mng.bz/rryD에 올려두었습니다. 이 파일을 내려받아서 사용해주세요. 디스크로부터 파일을 읽어 들이고, 딕셔너리 내포를 활용해서 딕셔너리로 변환해보기 바랍니다. 참고로 딕셔너리의 모든 값은 문자열로 만들어주세요.

- 이 예제에서 살펴본 것과 같은 설정 파일을 딕셔너리로 만들어보세요. 다만 이번에는 모든 값이 정수여야 합니다. 따라서 정수로 변환할 수 없는 값들은 필터링(무시)해서 사용해야 합니다.
- 어떤 데이터 형식을 다른 데이터 형식으로 바꾸는 처리는 굉장히 유용하게 활용할 수 있습니다. http://mng.bz/Vgd0에서 미국의 큰 도시 1,000개의 정보를 JSON 형식으로 내려받을 수 있습니다. 딕셔너리 내포를 활용해서 키로 도시 이름, 값으로 인구(population)를 갖는 딕셔너리를 만들어보세요. 참고로 실제로 해보면 키-값 쌍이 925개만 만들어질 것입니다. 왜일까요?[4] 추가로 주(state)와 도시 이름(city)이 저장된 튜플을 키로 갖는 딕셔너리를 만들어보세요. 이렇게 만들면 키-값 쌍이 1,000개가 나오나요?

---

4 역주 이름이 같은 도시가 존재하기 때문입니다.

PYTHON

7.9 EXERCISE 35B. 제마트리아(2)

이전 예제에서 알파벳 소문자와 인덱스가 대응된 딕셔너리를 만들어보았습니다. 이렇게 만들어진 딕셔너리를 활용하면 알파벳 한 글자를 숫자로 변환할 수도 있고, 단어 내부의 모든 글자를 숫자로 변환해서 더한 '합계'를 구할 수도 있습니다. 이를 제마트리아 값이라고 부릅니다. 과거의 유대인들은 같은 제마트리아 값을 갖는 단어를 찾는 놀이를 했다고 합니다(필자가 보기에 놀이는 아닌 것 같습니다만). 이번 예제에서는 두 가지 함수를 만들 것입니다.

- `gematria_for`: 매개변수로 하나의 단어(문자열)를 입력받고, 단어의 제마트리아 값을 리턴합니다.
- `gematria_equal_words`: 매개변수로 하나의 단어(문자열)를 받고, 제마트리아 값이 같은 단어들의 리스트를 리턴합니다.

예를 들어 'cat'이라는 단어의 제마트리아 값은 24(3 + 1 + 20)입니다. 그리고 제마트리아 값이 24인 다른 단어들의 리스트를 리턴하면 됩니다(굉장히 긴 리스트가 될 것입니다). 대문자는 모두 소문자로 변경해서 계산하고, 알파벳이 아닌 문자는 0으로 간주해서 제마트리아 값을 구해주세요. 단어 목록은 앞서 사용한 http://mng.bz/D2Rw를 사용하겠습니다. 이 파일을 읽어 들일 때는 리스트 내포를 활용하기 바랍니다.

7.9.1 풀어보기

이번 예제는 지금까지 설명한 다양한 기술, 파이썬 프로그래밍에서 많이 활용되는 기술들을 활용합니다(제마트리아 값이 중요하다는 의미는 아닙니다).

일단 첫 번째 문제는 제마트리아 딕셔너리가 있을 때, 어떤 단어의 제마트리아 값을 어떻게 구할 수 있을까요? 단어 내부의 문자를 반복하면서 각 문자의 제마트리아 값을 꺼내서 더하면 될 것입니다. 그리고 만약 딕셔너리 내부에 해당 문자가 없다면 0을 사용하면 됩니다.

for 반복문을 활용해서 이러한 처리를 한다면 dict.get을 활용해서 다음과 같이 구현할 수 있습니다.

```
total = 0
for one_letter in word:
    total += gematria.get(one_letter, 0)
```

이 코드에 특별한 문제는 없습니다. 다만 어떤 이터러블을 활용해서 새로운 이터러블을 만든다면 내포를 활용하는 코드를 사용했을 때 코드가 단순해집니다. 이번 예제의 경우 리스트 내포를 활용해 문자들로 반복을 돌려서 정수 리스트를 만들고, sum 함수를 호출해서 정수 리스트 내부의 모든 정수를 더하는 형태로 만들 수 있습니다.

```
def gematria_for(word):
    return sum(gematria.get(one_char,0)
               for one_char in word)
```

어떤 단어의 제마트리아 값을 계산했다면 제마트리아 값이 같은 단어들을 찾는 부분을 생각해봅시다. 이것도 리스트 내포를 활용하면 됩니다. 리스트 내포 내부에서 if 절을 활용해서 제마트리아 값이 같은 것만 필터링합니다.

```
def gematria_equal_words(word):
    our_score = gematria_for(input_word.lower())
```

```
    return [one_word.strip()
            for one_word in open('/usr/share/dict/words')
            if gematria_for(one_word.lower()) == our_score]
```

이 코드에서는 입력된 단어와 단어 파일의 단어를 강제로 소문자로 변경했습니다. 단어 파일은 한 줄에 한 단어가 입력되어 있습니다. 따라서 리스트 내포로 반복을 돌리면서 제마트리아 값을 구하고, 제마트리아 값이 같은 단어를 필터링합니다.

내포를 활용할 때 출력 표현식이 복잡하다면 이번 예제처럼 함수를 따로 만들어서 반복적으로 활용하는 것이 좋습니다.

7.9.2 해답

```
import string

def gematria_dict():
    return {char: index
        for index, char
        in enumerate(string.ascii_lowercase, 1)}

GEMATRIA = gematria_dict()

def gematria_for(word):
    return sum(GEMATRIA.get(one_char, 0)
        for one_char in word)

def gematria_equal_words(input_word):
    our_score = gematria_for(input_word.lower())
    return [one_word.strip()
        for one_word in open('/usr/share/dict/words')
        if gematria_for(one_word.lower()) == our_score]
```

- `GEMATRIA.get(one_char, 0)`: 문자의 값을 추출합니다. GEMATRIA 딕셔너리에 없는 문자라면 0을 리턴합니다.
- `for one_char in word`: word에 있는 문자를 기반으로 반복합니다.
- `our_score = ...`: input_word의 점수를 구합니다.
- `one_word.strip()`: one_word의 양쪽에 있을 수 있는 공백을 제거합니다.
- `for one_word in open(...)`: 단어 사전에 있는 단어로 반복합니다.
- `if gematria_for(...) == our_score`: 제마트리아 값이 같은 단어들을 필터링해서 최종 리스트에 넣습니다.

Note ≡ 이번 예제는 외부 파일을 사용하므로, Python Tutor 링크가 따로 없습니다.

7.9.3 조금 더 나아가기

딕셔너리 데이터가 있다면 내포를 활용해서 이를 다양한 형태로 변환할 수 있습니다. 추가로 딕셔너리 내포를 연습할 수 있는 예제를 소개하겠습니다.

- 키로 도시 이름, 값으로 화씨 온도(Fahrenheit)를 갖는 딕셔너리를 만듭니다. 그리고 이러한 딕셔너리를 기반으로 값 부분을 화씨 온도에서 섭씨 온도(Celsius)로 변환한 새로운 딕셔너리를 만들어보세요.
- (1) 저자의 전체 이름, (2) 책의 제목, (3) 책의 가격이라는 3개의 요소를 갖는 튜플로 리스트를 만듭니다. 딕셔너리 내포를 활용해서 키로 책의 제목, 값으로 서브 딕셔너리를 갖게 변환해주세요. 서브 딕셔너리는 (a) 저자의 성, (b) 저자의 이름, (c) 책의 가격을 갖게 합니다.[5]
- 키로 통화 이름, 값으로 원화 환율을 갖는 딕셔너리를 만들어주세요. 이어서 사용자로부터 사용자가 사용하는 통화를 받고, 해당 통화를 기준으로 하는 새로운 환율 딕셔너리를 만들어서 리턴해주세요.

5 역주 한국 이름 형태로 만든다면 '윤인성'을 예로, 첫 번째 글자를 성으로 나머지를 이름으로 사용해주세요. 영어 이름 형태로 만든다면 'Inseong Yun'을 예로 띄어쓰기로 구분해서 사용해주세요.

7.10 정리

내포는 파이썬을 처음 공부하는 사람들이 배우기 어려운 주제 중 하나입니다. 내포는 구문도 이상하게 보이고, 언제 사용하는 것이 좋은지 감을 잡기 힘들기 때문입니다. 이번 장에서는 내포를 사용하는 굉장히 다양한 예제를 살펴보았습니다. 내포를 이해하는 것과 함께, 내포를 언제 사용하는 것이 좋은지 감을 잡는 데 도움이 되면 좋겠습니다.

8장

모듈과 패키지

이전 장에서 살펴본 함수형 프로그래밍은 프로그래밍 세계에서 만날 수 있는 굉장히 난해한 주제 중에 하나입니다. 이번 장에서는 파이썬의 모듈을 다룹니다. 다행히도 이전 장과 다르게 이 책에서 가장 쉬운 주제입니다.

모듈은 굉장히 중요합니다. 하지만 그에 반해서 굉장히 직관적으로 쉽게 만들고 사용할 수 있습니다. 따라서 이번 장은 간단하게 읽으면서 '뭐 당연한 이야기를 하고 있네.'라고 생각하면 충분합니다.

파이썬에서 모듈이란 무엇일까요? 그리고 이것이 우리에게 어떤 도움을 줄 수 있을까요? 지금까지 'Don't repeat yourself'의 약자인 DRY를 여러 번 설명했습니다. 코드의 동일한 부분을 재사용할 수 있게 만들면 코드의 양이 줄어듭니다. 이를 "코드를 DRY up했다."라고 표현합니다.[1] 이처럼 양이 줄어든 코드는 더 쉽게 이해하고 관리하고 유지보수하고 테스트할 수 있습니다.

어떤 프로그램에서 코드가 반복되고 있다면 이를 함수로 만들고, 함수를 여러 번 호출하게 해서 코드를 줄일 수 있습니다. 그렇다면 여러 프로그램에서 활용되는 코드가 있다면 어떻게 해야 할까요? 이러한 경우에는 이를 라이브러리로 만들면 됩니다. 파이썬 세계에서는 이러한 라이브러리를 '모듈(module)'이라고 부릅니다.

파이썬에서 모듈은 크게 2가지 역할을 합니다. 첫 번째로 모듈은 프로그램 전체의 코드를 재사용할 수 있게 만들어서 코드의 재사용성(reusability)과 유지보수성(maintainability)을 향상시켜줍니다. 반복되는 코드를 함수와 클래스로 정의하고 모듈에 넣으면 여러 번 활용할 수 있게 됩니다. 이렇게 하면 새로운 시스템을 구현할 때 필요한 업무가 줄어들고, 구현의 세부 내용을 따로 신경 쓰지 않아도 되므로 업무 인지 부하(cognitive load)를 줄일 수 있습니다.

---

1 역주 dry up은 '바싹 말려서 크기를 줄이는 것'입니다. 본문에서는 DRY를 유머로 활용한, 재사용해서 코드를 줄인다는 의미입니다.

예를 들어 어떤 회사에서 날씨와 주식 시장 인덱스를 결합해서 특별한 가격 공식을 만들었다고 가정해봅시다. 이 회사의 프로그래머들은 코드의 여러 부분에서 이러한 공식을 사용해야 합니다. 이러한 경우라면 해당 공식을 여러 번 입력하지 말고, 함수를 기반으로 모듈을 만들고, 이를 여러 프로그램에서 읽어 들여 활용하는 것이 좋을 것입니다.

모듈 내부에는 간단한 자료 구조, 함수, 클래스까지 원하는 파이썬 객체를 넣을 수 있습니다. 모듈로 만들지 결정할 때는 '현재 또는 미래에 여러 프로그램에서 공유할 것일지'를 생각해보면 됩니다.

두 번째로 모듈은 파이썬에서 네임스페이스(이름 공간)를 만드는 방법입니다. 예를 들어 두 사람이 함께 소프트웨어 프로젝트를 진행하고 있다고 합시다. 두 사람이 서로 다른 파일에서 작업한다면 변수 이름과 함수 이름 등의 충돌을 걱정할 필요가 없습니다. 이는 모듈이 각각의 이름 공간을 갖고 있기 때문에, 파일 사이에 충돌이 발생하지 않기 때문입니다.

파이썬은 수많은 모듈과 함께 제공됩니다. 그래서 간단한 파이썬 프로그램도 `import`(http://mng.bz/xWme)를 사용해서 모듈을 읽어 들여 활용합니다. 또한, 파이썬 개발자는 표준 라이브러리 이외에도 PyPI(https://pypi.org)를 통해 수많은 모듈을 활용할 수 있습니다. 이번 장에서는 패키지를 포함해서 모듈을 사용하는 방법과 만드는 방법에 대해서 알아보겠습니다.

힌트 | PyPI에 들어가보면 여러 커뮤니티에서 만든 수많은 서드 파티 모듈을 확인할 수 있습니다. 이 책을 집필하는 시점에 20만 개 이상의 패키지가 있습니다. 다만 대부분의 패키지는 버그가 있거나, 더 이상 유지 관리가 이루어지지 않고 있습니다. '그럼 어떤 패키지를 선택해야 좋은 건가요?'라고 생각할 수 있는데요. 'Awesome Python'(http://mng.bz/AA0K)이라는 사이트를 보면 다양한 상황에서 활용할 수 있는 안정적이고, 유지보수가 계속되고 있는 패키지들을 확인할 수 있습니다. 따라서 PyPI를 직접 확인하기 전에 'Awesome Python' 사이트를 참고해보면 좋습니다.

▼ 표 8-1 이 장에서 다루는 내용

개념	설명	예시	참고 자료
`import`	모듈을 읽어 들일 때 사용하는 구문입니다.	`import os`	http://mng.bz/xWme
`from X import Y`	모듈 X를 Y라는 이름으로 읽어 들입니다.	`from os import sep`	http://mng.bz/xWme
`importlib.reload`	이미 읽어 들인 모듈을 다시 읽어 들입니다. 일반적으로 개발 과정 중에서 수정된 모듈을 다시 읽어 들일 때 사용합니다.	`importlib.reload(mymod)`	http://mng.bz/Z2PO
`pip`	PyPI에 있는 패키지를 설치할 때 사용하는 명령 라인 프로그램입니다.	`pip install packagename`	https://pypi.org
`Decimal`	정확한 부동소수점 연산을 할 수 있게 도와주는 클래스입니다.	`from decimal import Decimal`	http://mng.bz/RAX0

모듈 읽어 들이기

파이썬 커뮤니티에서 자주 사용하는 표현으로 '배터리 포함(batteries included)'이라는 말이 있습니다. 예를 들어 어릴 적 장난감 매장에서 장난감을 사고 즐거운 마음으로 집에 왔는데, 배터리가 없어서 가지고 놀지 못한 경우가 있지 않았나요?

'배터리 포함'이라는 말은 파이썬을 내려받고 설치하기만 하면 배터리가 함께 포함된 장난감처럼 곧바로 갖고 놀 수 있다는 의미입니다. 하지만 사실 이는 반만 맞는 말입니다. 물론 파이썬 표준 라이브러리를 활용하면 정말 많은 것을 할 수 있습니다. 하지만 PyPI를 활용하면 수많은 파이썬 모듈을 추가로 설치해서 장난감을 더 재미있게 갖고 놀 수 있습니다.

리스트와 딕셔너리처럼 표준 라이브러리에서 많이 사용되는 것들은 `builtins`라는 이름 공간에 들어 있습니다. `builtins` 모듈은 6장에서 설명한 LEGB 규칙에 의해서 모듈을 따로 읽어 들이지 않아도, 프로그램이 시작할 때 자동으로 읽어 들여집니다. 또한, `builtins` 모듈은 이름 공간을 따로 명시하지 않아도 곧바로 사용할 수 있습니다.

계속

이 이외의 모듈은 모두 읽어 들여서 사용해야 합니다. 모듈은 import 구문을 사용해서 읽어 들입니다. import 구문의 가장 간단한 형태는 다음과 같습니다.

```
import MODULENAME
```

예를 들어 os 모듈을 사용하고 싶다면 다음과 같은 코드를 사용합니다.

```
import os
```

import 구문에서 주의해야 하는 부분이 두 가지 있습니다. 첫 번째로 이는 함수가 아니라는 것입니다. 절대로 import(os)로 사용하면 안 되고, import os로 사용해야 합니다.

두 번째로 파일 이름으로 읽어 들이는 것이 아니라는 것입니다. 디스크에 있는 파일 이름이 아니라 우리가 정의하려는 변수 이름을 입력해서 읽어 들입니다. 따라서 import "os" 또는 import "os.py"와 같은 형태로 사용하지 않습니다. def 뒤에 함수의 레퍼런스로 사용할 변수 이름을 지정하던 것처럼, import도 모듈의 레퍼런스로 사용할 변수 이름을 지정합니다.

import os라고 입력하면 파이썬은 변수 이름을 기반으로 모듈을 찾습니다. 기본적으로는 'os.py라는 이름을 가진 원본 소스 코드' 또는 'os.pyc라는 이름을 가진 바이트 컴파일 코드'를 찾습니다(파이썬은 자동으로 파일 시스템의 타임 스탬프를 비교해서, 필요한 경우 최신 버전의 바이트 컴파일 코드를 만들어냅니다. 따라서 컴파일과 관련한 걱정을 따로 하지 않아도 괜찮습니다).

파이썬은 sys.path에 적혀 있는 여러 디렉터리에서 파일을 탐색합니다.

sys.path는 디렉터리를 가리키는 문자열이 들어 있는 리스트입니다. 파이썬은 sys.path에 지정된 디렉터리 내부에서 읽어 들이려는 모듈을 찾습니다. 만약 여러 폴더에 모듈이 들어 있는 경우에는 읽어 들이는 과정 중에 가장 처음 찾아지는 모듈을 사용합니다. 그런데 이로 인해서 이름 충돌이 발생할 수 있습니다. 따라서 새로운 모듈을 만들 때는 반드시 기존의 모듈과 다른 이름으로 만드는 것이 좋습니다.

import 구문은 굉장히 다양한 형태로 사용할 수 있습니다. 어떤 형태를 사용하든 기본 목적은 모두 동일합니다. 모듈을 읽어 들이고, 이름 공간을 할당해서 사용할 수 있게 하는 것입니다.

필자는 기본적으로 모듈을 모듈 이름 그대로 사용하는 것을 좋아합니다. 따라서 import 모듈_이름 형태를 많이 활용합니다. 하지만 가끔 이름이 너무 길거나 하면 모듈에 별칭(다른 이름)을 붙여서 사용합니다. 모듈에 별칭을 붙일 때는 다음과 같은 코드를 사용합니다.

```
import mymod as mm
```

계속

이 코드를 사용하면 모듈을 mymod라는 이름이 아닌 mm이라는 이름으로 읽어 들입니다. 모듈 이름이 짧은 경우에는 사실 사용할 필요가 없는 코드입니다. 하지만 이름이 길거나, 자주 활용하는 모듈일 경우에는 이처럼 짧은 별칭을 만들어서 활용하는 것이 좋습니다.

파이썬을 활용하는 데이터 과학 세계와 머신 러닝 세계에서 과학적 연산과 수학을 다룰 때는 NumPy(https://numpy.org)라는 모듈을 굉장히 많이 활용합니다. NumPy 모듈은 너무 많이 활용하므로, 일반적으로 np라는 별칭을 붙여서 사용하는 경우가 많습니다.

```
import numpy as np
```

모듈을 읽어 들이면 '모듈 파일의 전역 스코프에 정의되어 있는 모든 것'을 객체의 속성처럼 접근할 수 있습니다. 예를 들어 os 모듈에는 sep이라는 것이 정의되어 있습니다. sep은 현재 운영 체제에서 사용되는 디렉터리 경로 구분 문자를 의미합니다. 기본적으로 모듈 파일의 전역 스코프에 정의되어 있는 것은 객체의 속성처럼 접근한다고 했으므로, 이 sep에는 os.sep과 같은 형태로 접근합니다.

그런데 만약 코드 내부에서 os.sep을 많이 사용한다면 이를 사용할 때마다 os.sep이라고 입력하는 것이 귀찮을 수 있습니다. 그냥 간단하게 sep이라는 이름으로 접근할 수는 없을까요? 간단하게 sep이라는 이름의 변수를 만들고, os.sep을 할당하면 됩니다.

하지만 많이 활용하는 형태이므로, 파이썬은 이를 위한 문법을 제공해줍니다. 다음과 같은 코드를 사용하면 됩니다.

```
from os import sep
```

이 코드는 os라는 변수를 정의하지 않고, sep이라는 변수만 정의한다는 점을 주의해주세요. 추가로 이 구문은 다음과 같이 쉼표로 구분해서 전역 스코프에 있는 여러 개의 대상을 읽어 들일 수도 있습니다.

```
from os import sep, path
```

이렇게 작성하면 '모듈의 전역 스코프에 있는 sep과 path'를 '현재 파일의 전역 스코프'로 읽어 들입니다.

그런데 이렇게 변수를 만들면 '기존에 있던 변수, 메서드, 모듈의 이름'과 이름 충돌이 발생할 수도 있습니다. 이러한 경우에는 from .. import .. as 형태의 구문을 활용해서 대상을 별칭으로 읽어 들입니다.

```
from os import sep as s
```

계속

마지막으로 사용을 추천하지는 않지만, 다음과 같은 코드를 활용해서 '모듈의 전역 스코프에 있는 모든 것'을 '현재 파일의 전역 스코프'로 읽어 들일 수 있습니다.

```
from os import *
```

일반적인 프로그램을 작성할 때도 전역 변수는 주의해서 만들어야 하므로, 이와 같이 모듈의 모든 것을 전역 스코프로 읽어 들이는 코드는 좋지 않습니다. 모듈에서 전역 변수로 읽어 들일 것들은 명시적으로 읽어 들이는 것을 추천합니다.

Note import *이 모듈 안의 모든 이름을 읽어 들이는 것은 아닙니다. _로 시작하는 이름들은 무시됩니다. 또한, 모듈에서 __all__이라는 문자열 리스트를 정의했다면 여기에 지정된 이름들만 읽어 들입니다. 다만 from X import Y라는 형태의 코드는 __all__에 정의되지 않은 이름도 읽어 들일 수 있습니다.

정리해보겠습니다. import는 다른 모듈의 함수, 클래스, 데이터를 현재 이름 공간으로 읽어 들일 수 있게 해줍니다. 모듈을 읽어 들이면 파이썬 표준 라이브러리와 PyPI에 있는 모듈들의 굉장히 다양한 기능을 활용할 수 있습니다. 그래서 파이썬 프로그램의 첫 번째 줄이 대부분 import로 시작하는 것입니다.

PYTHON

8.1 EXERCISE 36. 판매세 계산하기

모듈을 활용하면 기능의 세부 구현을 숨길 수 있습니다. 세부 구현을 숨기면 이를 활용하는 더 높은 단계의 생각에 집중할 수 있습니다. 더 쉽게 표현해서, 자주 사용하는 기능을 함수로 한 번 구현하면 이를 모듈에 넣어두고, 여러 번 활용할 수 있습니다. 그렇게 되면 자주 사용하지 않는 기능을 구현하는 데 집중할 수 있습니다. 만약 웹 애플리케이션을 만들면서 인터넷 보안과 관련한 기능을 매 순간 구현해야 한다면 해당 내용을 계속 구현하느라 웹 애플리케이션을 제대로 만들지 못할 것입니다.

이번 예제에서는 Freedonia라는 가상 국가의 세금 계산에 도움을 줄 수 있는 모듈을 함께 만들어봅시다. Freedonia라는 국가의 세금 시스템이 굉장히 복잡하므로, 정부가 직접 나서서 세금을 계산해주는 모듈을 만들고, 이를 기업들에 배포하는 상황이라고 가정해봅시다.

Freedonia라는 국가의 판매세는 물건을 구매하는 장소와 시간에 따라서 다르게 매겨집니다. Freedonia는 4개의 지역으로 구분되며, 각 지역은 다음과 같은 세금을 부과합니다.

- 치코(Chico): 50%
- 그루초(Groucho): 70%
- 하포(Harpo): 50%
- 제포(Zeppo): 40%

세금이 말도 안 되게 높습니다. 정부가 마르크스 주의를 따르는 모양입니다.[2] 하지만 이러한 세금이 100% 적용되는 경우는 거의 없습니다. 물건을 구매하는 시간에 따라서 적용되는 비율이 달라지기 때문입니다. 적용되는 비율은 현재_시간 / 24입니다. 예를 들어 0시에 물건을 구매한다면 0 / 24로 0%입니다. 12시에 물건을 구매한다면 12 / 24로 50%입니다. 그리고 23시에 물건을 구매한다면 23 / 24로 95.8%입니다.

이러한 내용을 기반으로 freedonia.py라는 모듈을 구현해주세요. 모듈 내부에서는 calculate_tax라는 함수를 제공합니다. calculate_tax 함수는 매개변수로 (1) 구매한 물건의 총액, (2) 물건을 구매한 지역, (3) 물건을 구매한 시간(0~24 사이의 정수)을 받습니다. 그리고 최종 가격을 float 자료형으로 리턴합니다.

따라서 예를 들어 다음과 같은 코드를 실행한다면,

```
calculate_tax(500, 'Harpo', 12)
```

500달러의 물건이므로 하포 지역에서는 50%의 세금이 부과될 것입니다. 따라서 기본적으로 소비세는 250달러입니다. 하지만 물건을 12시에 구매했으므로, 12 / 24 = 50%라는 비율로 세금이 감소되어, 소비세는 125달러가 됩니다. 결론적으로 물건의 가격은 625달러가 됩니다.

만약 물건을 21시에 구매했다면 21 / 24 = 87.5%가 되어서 50% * 87.5% = 43.75%가 소비세로 부과될 것입니다. 따라서 물건의 가격은 718.75달러가 됩니다.

이 프로그램을 구현할 때는 2개의 파일을 만들어야 합니다. (1) calculate_tax를 포함하는 freedonia.py 모듈 파일, (2) 이를 읽어 들여서 calculate_tax를 호출하는 use_freedonia.py 메인 파일을 활용해주세요. use_freedonia.py에서 freedonia.py를 읽어 들이는 형태로 사용합니다.

---

2 역주 치코, 그루초, 하포, 제포는 1900년 초에 있던 미국의 영화배우 형제들의 이름입니다(형제는 5명이었지만, 1명은 영화 배우가 아니었습니다). 이들의 어머니 이름이 '미니 마르크스'였고, 어머니의 이름을 따라서 '마르크스 형제'라고 불렸습니다. 이름이 '마르크스 주의(마르크시즘)'의 마르크스와 같으므로, "마르크스 주의를 따르는 국가라서 지역 이름이 마르크스 형제의 이름이다."라는 유머입니다.

8.1.1 풀어보기

파이썬 모듈은 기본적으로 다른 프로그램에 자료 구조 또는 함수를 하나 이상 제공해줘야 합니다. freedonia는 굉장히 기본적이지만, 다른 프로그램에 함수를 하나 이상 제공하므로 모듈이라고 부를 수 있습니다. 이와 같은 추상화 계층을 제공하면 이를 활용하는 프로그래머는 이러한 세부 구현을 따로 신경 쓰지 않고 전자상거래 사이트와 같은 자신이 만들어야 하는 것에 집중할 수 있습니다.

어떤 국가들은 판매세 계산이 간단하지만, 또 어떤 국가는 판매세를 계산하는 과정이 굉장히 복잡합니다. 물론 이번 예제의 Freedonia처럼 말도 안 되는 세금 계산 시스템을 가진 국가는 없겠지만, 세금 계산을 위해서 라이브러리를 도입하는 상황은 충분히 가능한 상황입니다.

일단 모듈에서 RATES라는 이름의 딕셔너리를 정의합니다. RATES는 키로 Freedonia에 있는 각 지역을 가지며, 값으로 해당 지역에서 적용되는 세율(부동소수점)을 갖습니다. 따라서 RATES['Groucho']라는 형태의 코드로 그로초라는 지역의 세율을 알 수 있을 것입니다. 지역을 province라는 이름의 지역 변수로 갖고 있다면 RATES[province]와 같은 코드로 해당 지역의 세율을 알 수 있을 것입니다.

Freedonia의 세금은 0시에서 24시로 갈수록 점점 높아집니다. 현재_시간 / 24로 계산이 이루어지기 때문입니다. 이러한 수식도 time_percentage라는 함수로 만들어두면 쉽게 여러 번 사용할 수 있고, 코드를 편하게 읽을 수 있을 것입니다.

calculate_tax 함수는 매개변수로 (1) 구매한 물건의 총액, (2) 물건을 구매한 지역, (3) 물건을 구매한 시간(0~24 사이의 정수)을 받습니다. 그리고 리턴 값으로 이를 활용해 물건의 최종 금액을 계산해서 float 자료형으로 리턴합니다.

Decimal을 활용한 형태

사실 float 자료형은 계산이 정확하게 이루어지지 않기 때문에 돈과 관련한 계산에는 활용하지 않는 것이 좋습니다(float 자료형의 계산과 관련한 문제는 1장을 참고해주세요). 정확히 계산해야 한다면 정수 또는 Decimal 클래스를 활용해야 합니다. 이번 예제는 정확히 계산하는 것이 포인트가 아니라 모듈을 만드는 것이 포인트이므로 float 자료형을 활용해도 괜찮다고 생각해서 최종 답을 float 자료형으로 구하라고 이야기했습니다.

해답을 Decimal을 활용하는 형태로 변경한다면 다음과 같습니다.

```
from decimal import Decimal

rates = {
    'Chico': Decimal('0.5'),
    'Groucho': Decimal('0.7'),
    'Harpo': Decimal('0.5'),
    'Zeppo': Decimal('0.4')
}

def time_percentage(hour):
    return hour / Decimal('24.0')

def calculate_tax(amount, state, hour):
    return float(amount + (amount * rates[state] * time_
    ➥percentage(hour)))
```

Decimal 객체를 만드는 시점에도 정확성을 위해서 float을 사용하지 않고, 문자열을 사용했습니다. 그리고 Decimal 객체로 모든 계산을 완료하고, 최종 값만 출력을 위해서 float 자료형으로 변환해서 리턴했습니다.

다음은 freedonia 모듈을 사용하는 프로그램입니다.

```
from freedonia import calculate_tax

tax_at_12noon = calculate_tax(100, 'Harpo', 12)
tax_at_9pm = calculate_tax(100, 'Harpo', 21)

print(f'You owe a total of: {tax_at_12noon}')
print(f'You owe a total of: {tax_at_9pm}')
```

예외 처리 방법

한 번 만들어진 모듈은 다른 프로그램에서도 활용될 것이므로, 정확해야 하는 것은 당연하며, 적절한 예외 처리도 들어가야 합니다. 예를 들어 앞의 코드에서는 시간이 0~24 사이인지 확인하는 코드 등을 넣을 수 있습니다.

앞의 코드에서는 시간으로 0~24 이외의 값을 입력할 수 있습니다. 실행은 정상적으로 되지만, 원래 사용자가 예상하지 못한 결과가 나올 것입니다. 따라서 시간으로 0~24 이외의 값이 들어올 경우 예외를 발생시키는 것이 좋습니다. 파이썬의 내장 예외를 발생시킬 수도 있겠지만, 모듈 고유의 예외를 만들어서 사용하는 것도 좋습니다. 예를 들어 다음 코드를 살펴봅시다.

```
class HourTooLowError(Exception): pass
class HourTooHighError(Exception): pass

def calculate_tax(amount, state, hour):
    if hour < 0:
        raise HourTooLowError(f'Hour of {hour} is < 0')
    if hour >= 24:
        raise HourTooHighError(f'Hour of {hour} is >= 24')

    return amount + (amount * rates[state] * time_
    ➥percentage(hour))
```

일반적인 프로그램 개발에서는 이와 같이 예외를 처리해주는 것이 좋습니다. 이렇게 예외 처리하면 다른 사람들이 모듈을 사용할 때 할 수 있는 실수를 바로잡아줄 수 있습니다.

8.1.2 해답

```
RATES = { 'Chico': 0.5, 'Groucho': 0.7, 'Harpo': 0.5, 'Zeppo': 0.4 }

def time_percentage(hour):
    return hour / 24 ------ 00:00에는 0%, 23:59에는 100% 조금 안 되는 값이 나올 것입니다.

def calculate_tax(amount, state, hour):
```

```
    return amount + (amount * RATES[state] * time_percentage(hour))

print(calculate_tax(500, 'Harpo', 12))
```

이 예제는 http://mng.bz/oP1j에서 확인할 수 있습니다.

Python Tutor에서는 모듈을 만들 수 없으므로, import를 사용하지 않고, 한 파일 안에 모든 코드를 넣었습니다.

8.1.3 조금 더 나아가기

간단한 함수를 모듈로 만들어보았습니다. 모듈 만들기를 연습해볼 수 있는 예제를 몇 가지 더 소개하겠습니다.

- 대부분의 국가에서는 소득세가 고정되어 있지 않고, 수입에 따라서 달라집니다. 예를 들어 1,000달러 미만의 소득이라면 세금을 부과하지 않습니다. 1,000달러 이상을 벌어들일 경우, 1,000달러~10,000달러 범위에 대해서 10%를 계산합니다. 그리고 10,000달러가 늘어날 때마다 소득세가 10%씩 오릅니다. 예를 들어 2,000달러를 벌어들일 경우, 1,000달러에는 세금을 부과하지 않으며, 1,000~2,000달러에 대해서 10%를 부과하는 것입니다. 소득을 입력했을 때, 내야 하는 소득세를 계산하는 함수를 만들어보세요. 더 실용적인 소득세를 계산해보고 싶다면 실제 한국의 소득세 기준을 확인해서 구현해보세요!
- 문자열을 매개변수로 전달하면 isdigit, isalpha, isspace를 키로 갖는 딕셔너리를 리턴하는 함수를 모듈 안에 만들어주세요. 딕셔너리의 값은 문자열의 각 문자에 str.isdigit, str.isalpha, str.isspace를 실행했을 때 True가 나오는 문자의 수입니다.

- `dict.fromkeys` 메서드(http://mng.bz/1zrV)를 사용하면 쉽게 새로운 딕셔너리를 만들 수 있습니다. 예를 들어 `dict.fromkeys('abc')`는 `{'a':None, 'b':None, 'c':None}`이라는 딕셔너리를 만듭니다. 이때 값을 지정할 수도 있는데요. `dict.fromkeys('abc', 5)`는 `{'a':5, 'b':5, 'c':5}`라는 딕셔너리를 만듭니다. 이와 비슷한 처리를 하지만, 두 번째 매개변수로 함수를 받는 함수를 모듈에 구현해주세요. 이때 딕셔너리의 값은 키에 두 번째 매개변수로 받은 함수를 적용한 결과입니다. 예를 들어 `f`를 두 번째 매개변수로 전달하면 딕셔너리의 각 값은 `f(키)`가 됩니다.

모듈을 다시 읽어 들이기

import를 사용해서 모듈을 읽어 들일 때, 내부에서는 어떤 일이 일어날까요? 예를 들어 다음 코드를 살펴봅시다.

```
import mymod
```

일단 파이썬은 `sys.path`라는 문자열 리스트에 있는 디렉터리들을 차례차례 확인하면서 mymod.py를 찾습니다. 파일을 찾으면 그 순간 모듈을 읽어 들이며, 추가 탐색을 종료합니다.

Note ≡ `sys.path`의 내용을 변경하고자 한다면 (1) PYTHONPATH라는 환경 변수를 설정하거나 (2) site-packages 디렉터리에 .pth 확장자 파일을 만듭니다. 이와 관련한 자세한 내용은 파이썬 공식 문서에 있는 http://mng.bz/PAP9를 참고해보기 바랍니다.

그런데 만약에 같은 모듈을 두 번 이상 읽어 들이면 어떻게 될까요? 예를 들어 `pandas`와 `scipy`라는 모듈을 읽어 들였다고 합시다. 두 모듈 모두 내부에서 `numpy` 모듈을 읽어 들이므로, `numpy` 모듈이 두 번 읽어 들여질 것입니다. 이러한 경우 모듈을 찾고 읽어 들이는 처리는 한 번만 이루어지며, 변수에 할당하는 과정만 두 번 이루어집니다.

계속

이렇게 처리할 수 있는 이유는 sys.modules라는 딕셔너리 때문입니다. 이 딕셔너리의 키는 읽어 들인 모듈 이름이며, 값은 실제로 읽어 들인 모듈 객체입니다. import mymod라는 코드를 사용하면 sys.modules에 모듈이 있는지 확인합니다. 없는 경우에만 모듈을 탐색하고 읽어 들입니다. 만약 이미 존재한다면 이전에 읽어 들인 모듈을 그대로 변수에 할당하기만 합니다.

일반적인 프로그램 개발에서 모듈을 한 번 이상 읽어 들이지 않는 기능은 굉장히 유용합니다. 그런데 파이썬 인터랙티브 셸 등으로 코드를 작성하는 등의 상황처럼 테스트하거나 개발하는 동안에는 같은 모듈을 여러 번 읽어 들이고 싶은 경우가 있을 수 있습니다.

이러한 경우에는 importlib 모듈에 있는 reload 함수를 사용합니다. reload 함수는 매개변수로 이미 읽어 들인 모듈 객체를 받으며, 해당 모듈을 다시 읽어 들입니다(매개변수로 넣기만 하면 됩니다. 리턴 값을 사용하지 않습니다). 다만 reload 함수는 개발 환경(개발 진행 중)에서만 사용되지, 실제 프로덕션 환경에서는 사용되지 않습니다.

8.2 EXERCISE 37. 함수 호출을 사용자에게 맡기기

PYTHON

프로그램을 개발하는 과정에서 같은 내용의 함수를 여러 번 작성하게 된다면 이를 모듈로 빼는 것이 좋습니다. 이번 예제에서는 다양한 프로그램에서 활용할 수 있는 범용성 있는 함수를 작성하고, 모듈로 빼봅시다.

'menu'(파일은 menu.py)라는 이름의 모듈을 만들어주세요. 이 모듈은 menu라는 이름의 함수를 갖습니다. menu 함수는 원하는 만큼의 키-값 쌍을 매개변수로 전달받습니다. 이때 키-값 쌍에서 값에는 실제로 사용할 수 있는 함수 또는 클래스를 입력합니다.

menu 함수가 호출되면 사용자에게 입력하라는 메시지를 출력합니다. 만약 사용자가 키워드 매개변수 내부에 있는 키워드를 문자열로 입력하면 해당 키워드의 값으로 지정되어 있는 함수를 호출하며, 해당 함수의 리턴 값을 최종 결과로 리턴합니다. 만약 사용자가 키워드 매개변수 내부에 없는 문자열을 입력하면 오류 메시지를 출력하고, 다시 입력하라는 메시지를 출력합니다.

여러 함수를 정의한 뒤, 함수 호출을 사용자에게 맡긴다는 개념이라고 생각하면 됩니다. 다음 코드를 살펴봅시다.

```
from menu import menu

def func_a():
    return "A"

def func_b():
    return "B"
```

```
return_value = menu(a=func_a, b=func_b)
print(f'Result is {return_value}')
```

이 코드는 return_value에 사용자가 a를 입력할 경우 A, b를 입력할 경우 B가 할당됩니다. 만약 사용자가 a 또는 b 이외의 다른 값을 입력한다면 다시 입력하라는 메시지를 출력합니다. 그리고 최종적으로 사용자가 입력한 값을 Result is A 또는 Result is B와 같은 형태로 출력합니다.

8.2.1 풀어보기

이번 예제는 'EXERCISE 26. 전위 표기법 계산기 만들기'에서 살펴본 디스패치 테이블을 활용하는 예제입니다. **kwargs 매개변수를 사용하면 매개변수로 입력된 키와 값을 디스패치 테이블로 곧바로 만들 수 있습니다.

이전에 'EXERCISE 25. XML 생성기 만들기'를 살펴보면서 **에 대해서 알아보았습니다. 딕셔너리 하나를 매개변수로 받을 수도 있겠지만, **kwargs를 딕셔너리로 바꾸는 기능을 한 번 더 살펴보기 위해서 **kwargs를 활용하는 형태로 문제를 내보았습니다.

추가로 이번 예제에서 menu 함수의 매개변수로 지정하는 함수들은 매개변수를 갖지 않는 함수들입니다. 물론 사용자에게 매개변수를 입력받고, 매개변수를 여러 개 갖는 함수를 호출해볼 수도 있겠지만, 거기까지는 살펴보지 않겠습니다.

예제에서 따로 설명하지는 않았지만, 필자의 해답에서는 사용자가 입력할 수 있는 항목을 사용자에게 보여줍니다. 매개변수로 받은 **kwargs(해답 코드에서 **options)를 sorted로 정렬하고, /를 구분 문자로 str.join을 활용해서 결합한 뒤, 사용자에게 출력했습니다.

if __name__ == '__main__'을 사용하는 이유

파이썬으로 작성한 코드를 보다 보면 다음과 같은 코드를 자주 볼 수 있습니다.

```
if __name__ == '__main__':
```

무엇을 처리하는 코드일까요? 이 코드는 해당 모듈을 모듈로 읽어 들일 때와 곧바로 실행할 때 다른 결과를 내게 합니다.

- 모듈을 읽어 들이면 모듈 내부의 내용을 모두 실행합니다. 따라서 이론적으로 모듈 내부에서 print 함수를 호출하거나, 무한 반복문을 활용해서 코드의 흐름을 멈출 수도 있습니다. 따라서 if 조건문을 활용해서도 코드 실행 흐름을 바꿀 수 있습니다.
- 파일이 기본 네임스페이스(최상위 네임스페이스)에서 실행 중일 때는 __name__에 '__main__'이라는 문자열이 들어 있습니다. 반면 파일을 모듈로 읽어 들일 때는 __name__에 모듈 이름이 들어갑니다. 따라서 if __name__ == '__main__'이라는 조건문은 해당 파일이 직접 실행된 파일인지, 모듈로 읽어 들여서 실행된 파일인지 구분할 때 사용하는 조건문입니다.

if __name__ == '__main__' 내부의 코드는 파일이 직접 실행된 경우에만 실행되고, 모듈로 읽어 들였을 때는 실행되지 않습니다.

이 코드는 다음과 같은 경우에 활용합니다.

- 어떤 모듈은 직접 호출할 때, 자체 테스트를 실행합니다.
- 어떤 모듈은 직접 호출할 때, 인터랙티브 셸처럼 사용자와 대화할 수 있는 대화형 인터페이스를 제공합니다. 이를 활용하면 모듈의 내용을 곧바로 호출해볼 수 있습니다.

이론적으로 if __name__ == '__main__'을 여러 번 사용할 수는 있지만, 일반적으로 모듈의 마지막 위치에 배치하는 것이 일반적입니다.

파이썬을 공부하다 보면 이 코드를 접하게 될 것입니다. 이전에 이 코드가 무엇을 하는 코드인지도 모르고 사용한 독자도 있을 것입니다. 이제 무엇을 하는 코드인지 알았으므로, 적절하게 활용해보기 바랍니다!

8.2.2 해답

```
def menu(**options): -------- options는 키워드 매개변수를 기반으로 만들어진 딕셔너리입니다.
    while True: ------ 무한 반복문입니다. 사용자가 유효한 입력을 할 때만 벗어나게 합니다.
        option_string = '/'.join(sorted(options)) -----
                                        options를 정렬하고, /로 구분한 문자열로 만듭니다.
        choice = input(f'Enter an option ({option_string}): ') -----
                                                              사용자에게 입력을 요청합니다.
        if choice in options: ------ 사용자가 입력한 내용이 options에 있는지 확인합니다.
            return options[choice]() -----
                                        options에 있다면 이를 실행하고 결과를 리턴합니다.
        print('Not a valid option') -----
                                        options에 없다면 사용자에게 잘못 입력했다고 알려줍니다.
def func_a():
    return "A"

def func_b():
    return "B"

return_value = menu(a=func_a, b=func_b)
print(f'Result is {return_value}')
```

이 예제는 http://mng.bz/nPW8에서 확인할 수 있습니다.

Python Tutor에서는 모듈을 만들 수 없으므로, import를 사용하지 않고, 한 파일 안에 모든 코드를 넣었습니다.

8.2.3 조금 더 나아가기

지금까지 2개의 파이썬 모듈을 만들어보았습니다. 고급 테크닉을 살펴볼 수 있는 예제를 소개하겠습니다.

- 이번 예제에서 만든 menu.py를 직접 호출하면 함수의 기능을 확인하는 테스트를 구현해보세요. pytest와 같은 테스트 소프트웨어를 전혀 모른다면 단순하게 함수를 실행해보고 출력을 확인하게 해보세요.

- menu.py를 파이썬 패키지로 만들고, PyPI에 업로드해주세요(이 책을 보는 사람들이 많으므로, 이름 충돌을 피할 수 있게 menu 앞에 자신의 이름을 넣어서 만들어주세요). 모듈과 패키지의 차이가 무엇인지, 오픈 소스 프로젝트로 PyPI 생태계에 참여하는 방법은 다음의 '모듈 vs 패키지'를 참고해주세요.
- 모듈에 a, b, c라는 변수와 foo, bar라는 함수를 정의합니다. 그리고 모듈을 import *로 모듈을 읽어 들였을 때 a, c, bar만 읽어 들이게 __all__을 정의해주세요.

모듈 vs 패키지

이번 장에서는 모듈을 만들고, 읽어 들이고, 사용하는 방법을 살펴보았습니다. 그런데 이미 파이썬을 공부해본 적이 있다면 모듈과 함께 패키지라는 용어를 많이 들어보았을 것입니다. 그렇다면 모듈과 패키지의 차이는 무엇일까요?

모듈은 .py 확장자를 가진 단일 파일입니다. 본문에서 살펴본 것처럼 모듈은 import를 활용해서 읽어 들일 수 있습니다. 그런데 모듈의 규모가 커져서 파일을 나누는 것이 더 합리적인 상황이 왔다면 어떻게 해야 할까요? 어떻게 해야 파일을 나눌 수 있을까요?

패키지를 활용하면 됩니다. 패키지는 하나 이상의 파이썬 모듈을 포함한 디렉터리를 의미합니다. 예를 들어 mypackage라는 디렉터리에 first.py, second.py, third.py라는 파일을 배치한다면 mypackage가 패키지입니다. 이 디렉터리가 sys.path에 지정된 디렉터리 내부에 있다면 다음과 같이 읽어 들일 수 있습니다.

```
from mypackage import first
```

이렇게 코드를 작성하면 파이썬이 mypackage 디렉터리로 이동한 뒤, first.py 패키지를 가져옵니다. 따라서 first.x 또는 first.y와 같은 이름으로 모듈 내부의 대상에 접근할 수 있습니다.

다음과 같은 코드도 사용할 수 있습니다.

```
import mypackage.first
```

이 코드도 마찬가지로 first.py를 읽어 들입니다. 다만 모듈 내부의 대상에 접근하는 코드가 mypackage.first.x 또는 mypackage.first.y처럼 약간 길어집니다.

계속

또한, 다음과 같은 코드도 사용할 수 있습니다.

```
import mypackage
```

다만 이 코드는 mypackage 디렉터리 내부에 `__init__.py`라는 파일이 있을 경우에만 유효합니다. `import mypackage`라고 입력하면 `__init__.py`를 읽어 들이고, 여기에서 정의한 모듈들을 한꺼번에 읽어 들이게 됩니다.[3]

패키지를 다른 사람에게 배포하려면 어떻게 해야 할까요? 패키지를 패키지로 만들어야 합니다. 표현이 이상하게 들릴 수 있는데요. 파이썬 패키지를 배포하기 위해서는 PyPI 패키지를 만들어야 합니다. PyPI 패키지는 파이썬 패키지에 작성자, 호환 가능 버전, 라이선스, 자동화되어 있는 테스트, 종속성, 설치 설명 등을 추가한 것입니다.

용어가 혼란스럽고, 실제로 구현할 때도 조금 혼란스럽습니다. 파이썬 패키지와 PyPI 패키지 모두 디렉터리로 구현하고, 디렉터리의 이름도 동일하기 때문입니다. 예를 들어 mypackage라는 PyPI 패키지를 만들고 싶다면 PyPI 패키지 디렉터리 이름을 mypackage로 지정합니다. 그런데 이 디렉터리 내부에 파이썬 패키지를 배치해야 하는데, 이 디렉터리의 이름도 mypackage로 지정해야 합니다.

PyPI 패키지를 만들려면 setup.py(http://mng.bz/wB9q) 파일을 작성해야 합니다. 하지만 정말 귀찮은 일입니다. 많은 파이썬 개발자가 이를 귀찮아 해서 PyPI 패키지를 쉽게 만들 수 있는 Poetry(http://mng.bz/2Xzd)라는 소프트웨어를 만들었습니다.

PyPI에 패키지를 배포하고 싶다면 일단 https://pypi.org에 가입해야 합니다. 계정을 만들었다면 Poetry가 제공하는 명령어를 활용해서 손쉽게 PyPI 패키지를 만들고 업로드할 수 있습니다.

예를 들어 mypackage라는 패키지를 만들고 업로드한다면 다음과 같은 코드를 사용합니다.

```
$ poetry new mypackage ······ mypackage라는 이름으로 패키지의 뼈대를 만듭니다.
$ cd mypackage ······ 새로 만들 패키지의 최상위 디렉터리로 이동합니다.
$ cp -R ~/mypackage-code/* mypackage ······
                              파이썬 패키지의 내용을 PyPI 패키지로 이동합니다.
$ poetry build ······ 패키지를 wheelfile과 tar.gz로 변환하고, dist 디렉터리에 배치합니다.
$ poetry publish ······
          PyPI에 패키지를 배포합니다. 이때 PyPI 사용자 이름과 비밀번호를 입력해야 합니다.
```

계속

3 역주 이와 관련한 자세한 내용은 https://docs.python.org/3/tutorial/modules.html#packages를 참고하기 바랍니다.

참고로 mypackage라는 이름은 이미 사용하고 있으므로, mypackage라는 이름으로 패키지를 업로드할 수는 없습니다. 간단한 연습을 위해서 패키지를 업로드하는 경우에는 패키지 이름에 사용자 이름이나 이니셜을 붙여 주는 것이 좋습니다.

Poetry는 지금 설명한 것 이외에도 굉장히 다양한 기능과 설정이 있습니다. 예를 들어 pyproject.toml 설정 파일 등을 만들고 편집해야 하는데요. 이 책에서 이와 관련한 내용은 생략하겠습니다. 사실 직접 공부해보아도 그렇게 어렵지 않은 내용입니다. 패키지를 배포할 때 가장 어려운 일은 배포할 코드를 작성하는 일입니다.

8.3 정리

모듈과 패키지는 굉장히 쉽게 만들고 활용할 수 있으며, 코드를 짧고 유지보수하기 쉽게 만들어줍니다. 이러한 장점은 Python 표준 라이브러리와 PyPI의 많은 모듈과 패키지를 활용할 때 더 커집니다. 따라서 대부분의 파이썬 프로그램은 여러 줄의 import 구문으로 시작됩니다. 파이썬을 잘 사용할수록 이러한 서드 파티 모듈을 쉽게 이해할 수 있게 되고, 이러한 모듈들을 활용해 여러 이점을 얻게 될 것입니다.

9장

객체

객체 지향 프로그래밍은 프로그래밍 세계에서 굉장히 많이 활용되는 개발 메커니즘으로, 코드의 기능(함수)과 그 함수가 활용하는 데이터를 한꺼번에 정의해서 활용한다는 의미를 갖습니다.

전통적인 절차형 프로그래밍은 명사(데이터)와 동사(함수)를 따로 정의하고, 어떤 명사와 동사를 연결할 수 있는지 개발자가 알고 활용해야 합니다. 객체 지향 프로그래밍은 명사와 동사가 한 묶음으로 만들어지므로, 어떤 명사에 어떤 동사를 적용할 수 있는지 훨씬 쉽게 이해하고 활용할 수 있습니다.

객체 지향 프로그래밍 세계에서 각각의 명사를 객체라고 부릅니다. 각각의 객체는 자신의 분류를 나타내는 자료형(클래스)이 있습니다. 그리고 이러한 객체를 활용해 호출할 수 있는 동사(함수)를 메서드라고 부릅니다.

전통적인 절차형 프로그래밍과 객체 지향 프로그래밍을 비교할 수 있게 간단한 예를 살펴보겠습니다. 학생의 시험 점수들을 기반으로, 평균을 구해서 최종 점수를 구하는 프로그램을 두 가지 방식으로 만들어봅시다. 절차형 프로그래밍으로 이러한 프로그램을 만든다면 다음과 같습니다.

```
def average(numbers):
    return sum(numbers) / len(numbers)

scores = [85, 95, 98, 87, 80, 92]
print(f'The final score is {average(scores)}.')
```

이 코드는 제대로 동작하며, 좋은 코드입니다.

객체 지향 프로그래밍에서는 ScoreList처럼 새로운 자료형을 만들고, ScoreList라는 자료형을 기반으로 인스턴스를 만들어내며 문제에 접근합니다.

내부적으로 큰 차이가 없어도, ScoreList를 사용하는 형태가 일반적인 파이썬 리스트를 사용하는 형태보다 훨씬 명시적이며 명확합니다. 또한, ScoreList 객체에 있는 메서드도 훨씬 더 적절하게 호출할 수 있습니다.

```
class ScoreList():
    def __init__(self, scores):
        self.scores = scores

    def average(self):
        return sum(self.scores) / len(self.scores)

scores = ScoreList([85, 95, 98, 87, 80, 92])
print(f'The final score is {scores.average()}.')
```

이 코드를 보면 알 수 있는 것처럼 실질적으로 절차적 방법과 비교해서 내부적으로 일어나는 계산에는 큰 차이가 없습니다. 하지만 코드를 구성하는 방법과 의미 측면에서 차이가 있습니다. 그리고 이러한 코드를 구성하는 방법의 간단한 차이가 더 높은 수준의 추상화를 만들 수 있게 해줍니다. 이와 같은 방식으로 사용자 정의 자료형을 정의하면 훨씬 더 쉽게 사용할 수 있습니다. 단순하게 '책장'이라고 표현하는 것과 '나무에 못과 나사를 사용해 고정한 뒤, 윗부분 쪽에 책을 보관할 수 있는 것'이라고 설명하는 것은 차이가 큽니다. 앞의 형태가 훨씬 짧고 모호하지 않으며, 의미적으로 더 강한 힘을 갖습니다. 또한, 새로운 방식으로 평균을 계산하게 설계가 바뀌어도, 클래스만 변경하고, 기존의 코드는 그대로 유지할 수 있습니다.

그렇다면 객체 지향 테크닉을 사용하는 이유는 무엇일까요?

- 코드를 객체로 구성하면 거대한 코드를 작은 객체로 분할해서 작업할 수 있습니다. 따라서 설계하기가 더 쉬워지며, 유지보수하기 쉬워지고, 여러 사람들이 업무를 나누어 개발하는 것이 가능해집니다.
- 상속이라는 기능을 통해 클래스들이 부모 자식 관계를 갖게 해서 클래스들의 계층(hierarchy)을 만들 수 있습니다. 이를 통해서 유사한 자료형의 관계를 강화할 수 있습니다. 또한 비슷한 클래스를 작성할 때 코드의 양을 줄일 수 있으므로, 코딩하는 시간과 노력을 줄일 수 있습니다.

- 파이썬의 기본 내장 자료형과 같은 방식으로 작동하는 자료형을 직접 만들면 새로운 클래스를 접했을 때 익숙한 느낌으로 사용할 수 있습니다. 새로운 클래스와 관련한 기본 내용만 공부하면 기존의 다른 함수들을 활용할 수 있으므로, 교육을 위한 시간 비용 등이 줄어듭니다.
- 객체를 한 번 만들거나, 남이 만든 객체를 사용하면 객체의 내부 구현을 신경 쓰지 않아도 사용할 수 있습니다. 클래스로 인해서 추상화가 이루어지면 클래스가 아니라 내가 만들어야 하는 것에 집중할 수 있게 됩니다.

다만 객체 지향 프로그래밍은 만병 통치약이 아닙니다. 오랜 시간을 거치면서 다른 모든 패러다임과 마찬가지로 장점과 단점이 모두 존재한다는 것이 밝혀졌습니다. 예를 들어 엄청나게 많은 메서드를 만들고, 이를 활용해서 내부적으로는 결국 절차형 프로그래밍과 차이가 없는 프로그램을 만들 수 있습니다. 상속을 남용해서 의미 없는 계층 구조를 만들 수 있습니다. 그리고 시스템을 너무 작게 나누어서, 각각의 부분을 테스트하고 통합하는 부분이 더 길어지는 경우도 있습니다.

하지만 객체 지향 프로그래밍이라는 패러다임은 개발자가 코드를 모듈화하고, 자신이 작업하는 프로그램에서 중요한 부분에 집중할 수 있게 하고, 다른 사람이 작성한 객체 데이터를 교환하는 데 도움을 주었습니다.

파이썬의 모든 것은 객체입니다. 언어가 일관성을 갖고 있다는 뜻입니다. 문자열과 딕셔너리처럼 언어가 기본적으로 제공하는 자료형도 모두 클래스로 정의되어 있습니다. 따라서 수많은 메서드로 다양한 일을 할 수 있습니다. 또한 우리가 직접 만드는 객체도 내장 객체처럼 작동하게 만들어서 이를 사용하는 사람이 객체를 쉽게 사용할 수 있게 할 수 있습니다.

영어와 같은 외국어를 배울 때 명사와 동사 등에 모두 규칙이 있다고 배웁니다. 하지만 그 규칙 속에는 당연히 예외들이 있습니다. 파이썬은 이러한 예외들을 최대한 줄여서 파이썬을 처음 배우는 사람도 규칙만 기억하면 쉽게 사용할 수 있습니다.

Note ☰ 파이썬의 중요한 특징 중 하나는 일관성입니다. 규칙만 배우면 그 규칙을 예외 없이 적용할 수 있습니다. 예를 들어 6장에서 살펴본 LEGB 규칙에 따라서 변수를 찾으며, 이번 장에서 배우는 ICPO 규칙에 따라서 속성을 찾습니다. 어떠한 예외도 없으므로, 이를 기억하면 변수와 속성을 확실하게 사용할 수 있습니다.

그리고 파이썬은 객체 지향 프로그래밍 스타일로 코드를 작성하게 강요하지 않습니다. 실제로 파이썬은 절차형 프로그래밍, 함수형 프로그래밍, 객체 지향 프로그래밍을 모두 조합한 형태로 코드를 작성하는 것이 일반적입니다. 어떤 스타일로 코드를 작성할지는 모두 코드를 작성하는 개발자에게 달려 있습니다. 하지만 결국 객체 지향 프로그래밍 스타일로 코드를 작성하지 않아도, 객체는 사용하게 됩니다.

그래서 좋은 파이썬 코드를 작성하려면 객체가 만들어지는 방식, 클래스를 정의하고 상속 관계를 만드는 방식, 클래스로 만든 객체가 다른 객체와 상호작용하는 방식 등 파이썬의 객체 시스템을 이해해야 합니다. 절차형 프로그래밍 메커니즘을 활용해 코드를 작성하는 경우에도 다른 사람들이 만든 클래스를 활용하게 되므로, 객체 시스템에서 이해하면 코드를 훨씬 더 잘 작성할 수 있게 됩니다.

이번 장에서는 파이썬의 객체를 이해하는 데 도움을 줄 수 있는 예제들을 소개합니다. 클래스와 메서드를 만들고, 객체와 클래스에 속성을 추가하고, 구성(composition)과 상속(inheritance)을 활용하는 방법에 대해서 살펴보겠습니다. 이번 장을 모두 읽은 후에는 파이썬으로 객체 지향적인 코드를 작성하고, 유지보수할 수 있게 될 것입니다.

Note ☰ 모듈을 살펴본 이전 장은 굉장히 짧고 간단했습니다. 반면 이번 장은 굉장히 길고, 완전히 이해하는 데 시간이 걸릴 수 있습니다. 이번 장은 길지만 공부할 만한 가치가 있는 장입니다. 객체 지향 프로그래밍을 이해하면 직접 클래스를 작성하는 상황뿐만 아니라 파이썬이 빌드되는 방식, 내장 자료형들이 작동하는 방식을 이해하는 데 도움이 됩니다.

▼ 표 9-1 이 장에서 다루는 내용

개념	설명	예시	참고 자료
class	클래스를 만들 때 사용하는 키워드입니다.	class Foo	http://mng.bz/1zAV
__init__	새로운 인스턴스가 만들어질 때 자동으로 호출되는 메서드입니다.	def __init__(self):	http://mng.bz/PAa9
__repr__	객체를 표현하는 문자열을 리턴하는 메서드입니다.	def __repr__(self):	http://mng.bz/Jyv0
super 내장 함수	메서드를 호출할 때 활용할 수 있는 프록시 객체를 리턴합니다. 일반적으로 부모 클래스의 메서드를 호출할 때 사용합니다.	super().__init__()	http://mng.bz/wB0q
dataclasses.dataclass	간단한 클래스를 정의할 때 사용하는 데코레이터입니다.	@dataclass	http://mng.bz/qMew

9.1 EXERCISE 38. 아이스크림 스쿱 만들기

PYTHON

객체를 사용해서 프로그래밍할 때는 굉장히 많은 종류의 클래스를 만들게 됩니다. 클래스는 어떤 타입의 객체를 만들기 위한 공장이라고 생각하면 됩니다. 예를 들어 Car 클래스가 있다면 이를 기반으로 자동차를 나타내는 객체(또는 인스턴스)를 만들어냅니다. 오래된 자동차든 새 자동차든 상관없이 모두 자동차이므로, Car 클래스를 기반으로 만듭니다.

일단 이번 예제에서는 아이스크림 위에 올려진 스쿱[1]을 나타내는 Scoop이라는 이름의 클래스를 만들어야 합니다. Scoop 클래스는 아이스크림의 향을 나타내는 flavor라는 문자열 속성을 하나 가집니다.

클래스를 만든 뒤에는 서로 다른 향을 가진 3개의 Scoop 인스턴스를 생성하는 create_scoops 함수를 만들어주세요(그림 9-1). 그리고 이러한 3개의 인스턴스를 scoops라는 이름의 리스트에 넣어주세요(그림 9-2). 마지막으로 scoops 리스트에 반복을 적용해서 각각의 향(flavor 속성)을 출력해주세요.

▼ 그림 9-1 3개의 Scoop 인스턴스와 이들이 나타내는 클래스

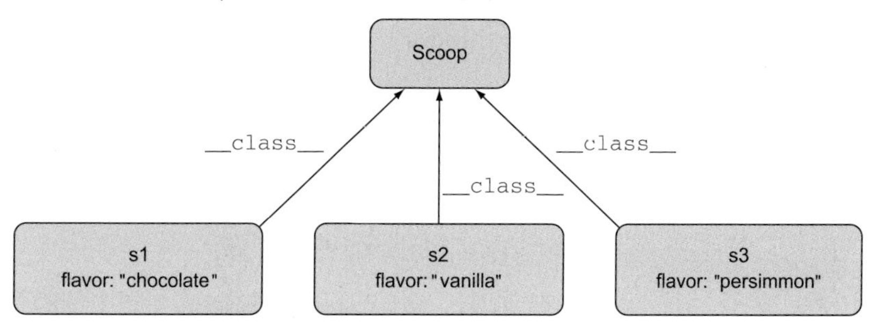

1 역주 아이스크림 콘에 동글동글한 구 형태로 올라가는 아이스크림 덩어리를 스쿱이라고 부릅니다.

▼ 그림 9-2 리스트 내부에 있는 3개의 Scoop 인스턴스

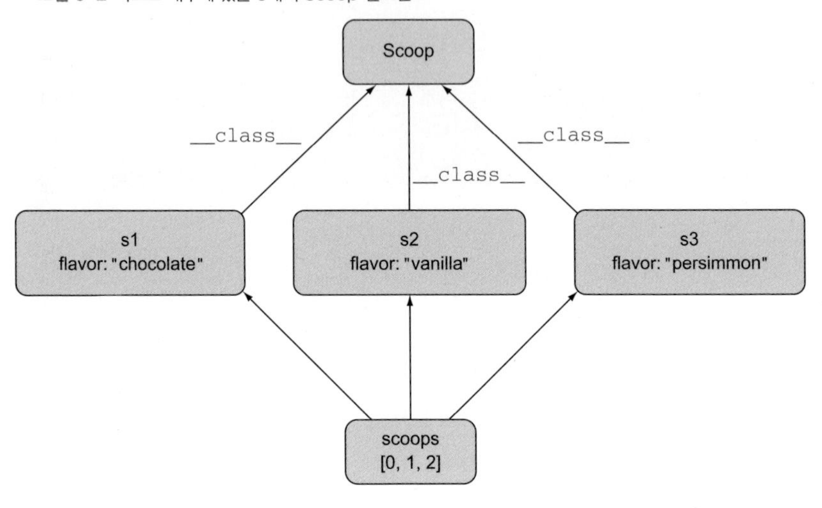

9.1.1 풀어보기

파이썬의 객체를 이해하기 위한 가장 중요한 포인트는 속성(attribute)입니다. 모든 객체는 여러 개의 속성을 갖습니다. 파이썬은 기본적으로 몇 가지 속성을 제공합니다. 속성 이름이 __ 기호로 감싸진 것(__name__ 또는 __init__ 등)들이 바로 파이썬이 기본적으로 제공하는 속성입니다.

새로운 클래스를 정의할 때는 class 키워드를 사용합니다. class 키워드 뒤에 이름(이번 코드에서 Scoop)을 지정하며, 상속 관계 등을 나타낼 때는 그 뒤에 소괄호(())를 사용해서 표시합니다.

__init__ 메서드는 새로운 Scoop 인스턴스를 만들 때, 그리고 Scoop('flavor')가 새로운 인스턴스를 리턴하기 전에 실행됩니다. 새로 만들어진 객체는 __init__ 메서드에 어떠한 매개변수를 집어넣든 상관없이, self(첫 번째 매개변수)로 전달됩니다. 메서드 내부에서는 self.flavor = flavor로 값을 할당합니다. 이는 매개변수로 전달된 값을 새로 만들어진 객체의 flavor라는 속성에 할당하는 것입니다.

self라는 명칭

관례적으로 모든 메서드의 첫 번째 매개변수 이름은 self로 지정합니다. 물론 self가 파이썬의 예약어는 아닙니다. self라는 명칭은 관례적으로 사용하는 단어일 뿐이며, 파이썬의 객체와 관련한 설계에 영향을 준 스몰톡(Smalltalk)이라는 프로그래밍 언어에서 왔습니다.

대부분의 프로그래밍 언어에서 현재 객체를 나타낼 때는 this라는 단어를 사용합니다. 일단 무엇보다도 this라는 단어는 매개변수가 아니며, 현재 객체를 나타낼 때 사용할 수 있는 특별한 단어입니다. 하지만 파이썬에는 이와 같은 특별한 단어가 없습니다. 대신 메서드를 호출할 때 첫 번째 매개변수로 전달되는 대상인 self를 사용합니다.

물론 이론적으로 첫 번째 매개변수의 이름으로 this 등 원하는 다른 이름을 사용해도 상관없습니다. 하지만 모든 파이썬 개발자와 파이썬을 지원하는 도구들이 첫 번째 매개변수를 self라고 지정할 것이라고 가정하므로, 이러한 관례에 맞춰서 self라는 단어를 사용하는 것이 좋습니다.

일반적인 다른 파이썬의 함수처럼, 메서드의 매개변수도 자료형이 따로 강제되지 않습니다. 따라서 자료형은 문서에서 '자료형은 이렇다'라고 적고 읽어야 알 수 있습니다. 일단 이번 예제에서는 매개변수 flavor가 문자열인 것으로 합니다.

Note ≡ 자료형 등을 강제로 지정하게 만들고 싶다면 파이썬의 타입 애너테이션, Mypy, 또는 타입 확인 도구(type-checking tool) 등을 사용해보기 바랍니다. Mypy와 관련한 자세한 내용은 http://mypy-lang.org를 참고하기 바랍니다. 또한, 파이썬의 타입 애너테이션과 관련해서 잘 정리된 http://mng.bz/mByr도 참고해보기 바랍니다.

다음 코드는 향을 나타내는 문자열을 반복하면서 Scoop 객체를 만드는 코드입니다. 최종적으로 3개의 Scoop 객체가 들어 있는 리스트가 만들어집니다.

```
scoops = [Scoop(flavor)
    for flavor in ('chocolate', 'vanilla', 'persimmon')]
```

다른 객체 지향 프로그래밍 언어를 공부한 독자라면 해당 코드에 값을 추출할 때 사용하는 '게터(getter)'와 값을 변경할 때 사용하는 '세터(setter)'가 따로 없어서 코드가 이상하게 보일 수 있습니다. 파이썬은 모든 속성과 메서드가 public이므로, 게터와 세터를 따로 사용할 필요가 없습니다. 또한, 만약 필요에 의해서 게터와 세터를 만들어야 한다는 생각이 들어도, 파이썬에서는 게터와 세터를 사용하지 않는 것이 좋습니다.

Note 만약 게터와 세터를 사용하고 싶다면 속성을 변경하고 추출하는 함수 호출을 숨길 수 있는 파이썬의 프로퍼티를 활용하기 바랍니다. 프로퍼티와 관련한 자세한 내용은 http://mng.bz/5aWB를 참고하기 바랍니다.

Scoop 클래스는 굉장히 간단한 클래스이지만, 파이썬에서 클래스를 사용하는 기본 모습을 잘 보여줍니다. 일단 매개변수를 기반으로, 객체 내부의 값을 초기화하는 __init__ 메서드를 갖고 있습니다. 이번 코드에서는 self를 활용해서 flavor라는 문자열을 객체의 상태로 저장하고 있습니다. 문자열 이외에 다른 자료형도 이와 같은 방법으로 저장할 수 있습니다.

9.1.2 해답

```
class Scoop():          모든 메서드의 첫 번째 매개변수는 현재 객체를 나타내는 self입니다.
    def __init__(self, flavor):
        self.flavor = flavor
                    매개변수 flavor의 값을 현재 객체의 flavor 속성에 저장합니다.
def create_scoops():
    scoops = [Scoop('chocolate'),
              Scoop('vanilla'),
              Scoop('persimmon')]
```

```
    for scoop in scoops:
        print(scoop.flavor)

create_scoops()
```

이 예제는 http://mng.bz/8pMZ에서 확인할 수 있습니다.

9.1.3 조금 더 나아가기

파이썬으로 프로그램을 개발한다면 클래스를 많이 만들게 될 것입니다. 또한, 클래스를 많이 만드는 만큼, 다양한 객체에 속성 초기화를 위한 `__init__` 메서드를 만들게 될 것입니다. 이와 관련한 부분을 연습하기 위한 예제를 몇 가지 더 소개하겠습니다.

- 음료를 나타내는 Beverage 클래스를 만들어주세요. Beverage 클래스는 name 속성과 temperature 속성을 갖습니다. 클래스를 만든 뒤에 클래스로 객체를 여러 개 만들고, 제대로 동작하는지 확인해보세요.
- Beverage 클래스를 수정해서 `__init__`의 매개변수로 name만 전달했을 경우, temperature를 75도로 설정되게 만들어주세요. 클래스를 기반으로 여러 개의 객체를 만들어보고, temperature 속성의 기본값이 제대로 들어가는지 확인도 해보기 바랍니다.
- 파일 이름(filename)을 기반으로 초기화하는 LogFile 클래스를 만들어주세요. `__init__` 내부에서는 파일을 쓰기 전용으로 파일을 열고, file이라는 이름의 인스턴스 속성에 할당합니다. 이어서 file 속성을 기반으로 파일에 문자열을 쓸 수 있는지 테스트해보세요.

__init__이 하는 일

기본적인 파이썬 클래스는 다음과 같이 작성합니다.

```
class Foo():
    def __init__(self, x):
        self.x = x
```

Foo는 클래스이므로, 다음과 같은 형태로 활용할 수 있습니다.

```
f = Foo(10)
print(f.x)
```

일반적으로 다른 프로그래밍 언어를 공부하다 온 독자는 Foo(10)이라는 코드가 __init__을 직접 호출한다고 생각합니다. 하지만 실제로는 그렇지 않습니다.

일단 Foo(10)이라는 코드를 사용하면 파이썬은 다른 프로그래밍 언어와 비슷하게 LEGB 규칙에 따라서 Foo라는 식별자를 찾습니다. 이 코드에서는 전역 스코프에 클래스로 전역되어 있는 Foo를 찾을 것입니다. 클래스는 호출할 수 있습니다. 따라서 뒤에 괄호를 붙이고, 매개변수를 전달해서 호출하는 코드가 가능합니다.

Foo 클래스를 호출하면 __new__라는 생성자 메서드가 호출됩니다. 다만 __new__ 메서드는 절대로 직접 구현하면 안 됩니다. 물론 직접 구현해도 되지만, 거의 모든 상황에서 직접 구현할 필요가 없습니다.

__new__ 메서드는 실제로 객체를 메모리에 할당해서 리턴합니다. 다만 리턴하기 직전에 __init__ 메서드를 호출합니다. 즉, __init__ 메서드는 객체가 생성되고, 리턴되기 전에 호출되는 메서드입니다. 그렇다면 __init__에서는 어떤 일을 해야 할까요? 간단하게 '새로운 속성을 추가하는 일'을 해야 합니다.

다른 프로그래밍 언어는 '인스턴스 변수'와 '클래스 변수'가 명확하게 구분되어 있지만, 파이썬은 이를 모두 '속성'으로 다룹니다. 이 둘은 굉장히 큰 차이가 있습니다. 속성은 객체 내부에 저장되어 있는 딕셔너리에 저장되는 값이라고 생각하면 편합니다.

C#과 자바 같은 다른 프로그래밍 언어는 컴파일 시점에 인스턴스 변수와 클래스 변수가 고정됩니다. 하지만 파이썬은 런타임 시점에 인스턴스가 만들어지고, 런타임 시점에 속성이 할당됩니다.

파이썬의 모든 메서드는 첫 번째 매개변수로 자기 자신 객체를 나타내는 self를 받습니다. self에 추가한 속성은 메서드가 리턴된 뒤에도 유지됩니다. 그래서 __init__에서 self에 속성을 할당하는 코드를 작성하는 것입니다.

계속

지금까지 설명한 내용이 어떻게 단계적으로 이루어지는지 더 자세하게 살펴봅시다. 다음과 같이 Person 클래스를 만들고, 속성으로 name을 지정했다고 해봅시다.

```
class Person:
    def __init__(self, name):
        self.name = name
```

그리고 다음과 같이 Person 클래스로 인스턴스를 만들었다고 합시다.

```
p = Person('myname')
```

파이썬 내부에서는 무슨 일이 일어날까요? 일단 그림 9-3처럼 __new__ 메서드가 호출되어, 객체가 생성됩니다.

▼ 그림 9-3 __new__를 호출해서 새로운 객체를 생성

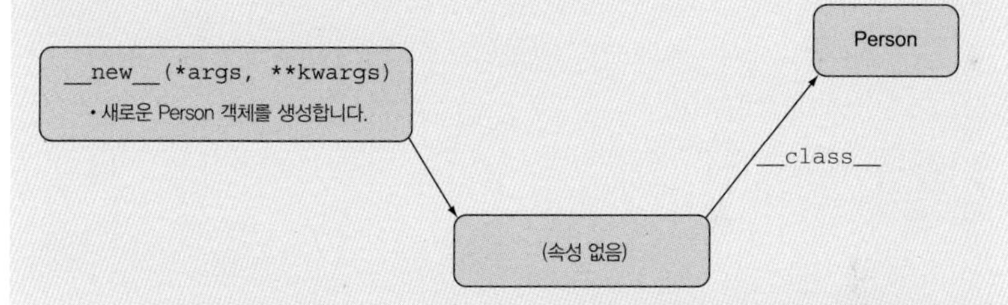

__new__ 메서드 내부에서는 이렇게 새로운 인스턴스를 만들고, __init__을 호출합니다. __init__을 호출할 때는 그림 9-4처럼 첫 번째 매개변수로 새로 만든 객체를 전달합니다. 추가 매개변수는 *args와 **kwargs를 사용해 전달합니다.

▼ 그림 9-4 __new__에서 __init__을 호출

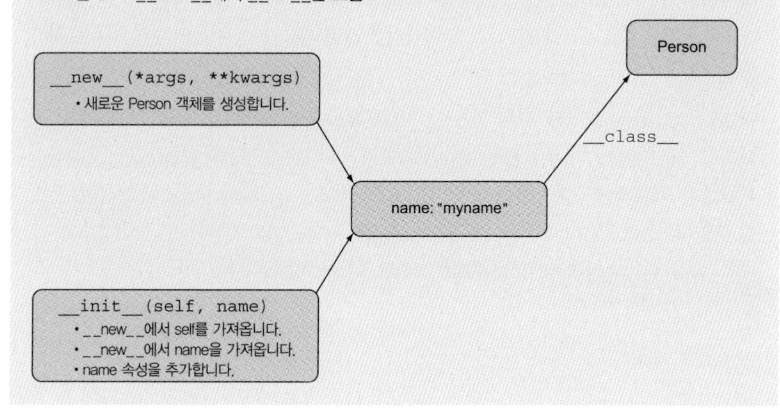

계속

`__init__` 내부에서는 그림 9-5처럼 지역 변수 `self` 객체에 하나 이상의 속성을 추가합니다.

▼ 그림 9-5 __init__에서 속성을 추가한 상태

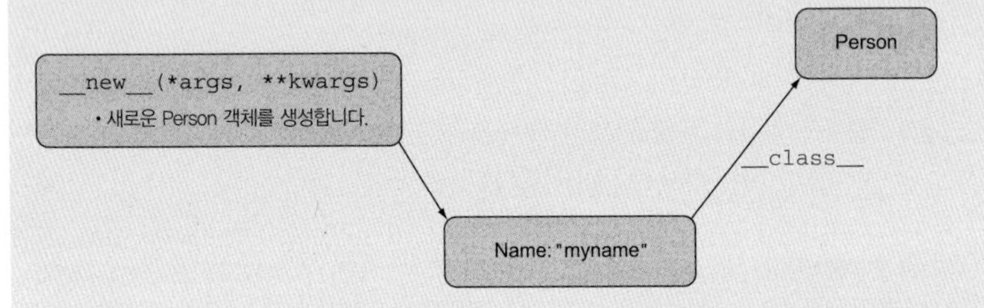

최종적으로 __new__가 리턴되면 그림 9-6처럼 속성이 추가된 객체를 호출한 쪽으로 전달합니다.

▼ 그림 9-6 __init__이 끝나면 __new__에서 최종적으로 만들어진 인스턴스를 리턴

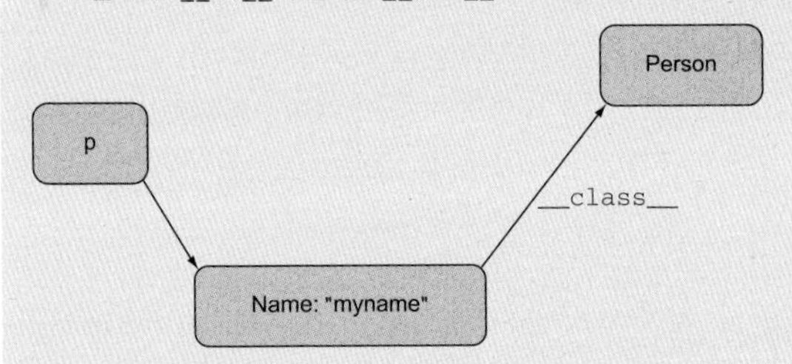

`__init__`이 실행된 이후에 인스턴스에 새로운 속성을 추가할 수 있을까요? 파이썬은 런타임 때에 속성이 지정되므로 가능합니다. 하지만 일반적으로 `__init__`에서 모든 속성을 정의해서, 이러한 객체에는 이러한 속성이 있다고 명확하게 표시해주는 것이 좋습니다. 이후에 다른 메서드에서 값을 추가한다고 해도, 기본적인 초기 정의를 `__init__`에 미리 해두는 것이 좋습니다.

참고로 `__init__`의 리턴 값은 __new__ 내부에서 따로 사용되지 않습니다. 따라서 `__init__` 내부에서는 `return` 키워드를 사용해도 무시되므로, 사용하지 않습니다. `__init__`의 역할은 어떤 리턴 값을 만들어내는 것이 아니라 객체에 속성을 추가해서 새로운 인스턴스를 만들어내는 데 있습니다. `__init__`이 종료되면 __new__의 객체가 완성됩니다. 이후 __new__에서 리턴을 통해서 완성된 객체를 호출한 쪽으로 전달합니다.

PYTHON

9.2 EXERCISE 39. 아이스크림 통 만들기

객체 지향 프로그래밍과 관련해 수업할 때, 이미 객체 지향 프로그래밍을 배운 학생들이 "객체 지향 프로그래밍에서 가장 중요한 것은 상속이다."라고 이야기하는 것을 많이 보았습니다. 물론 상속은 확실히 중요합니다. 하지만 상속보다 더 많이 활용하는 중요한 테크닉은 바로 구성(composition)입니다. 구성은 한 객체가 다른 객체를 갖는 것을 의미합니다.

물론 속성에 객체를 할당하는 것은 굉장히 자연스러운 일이므로, 이를 테크닉이라고까지 부르는 것은 약간 애매합니다. 한 객체가 다른 객체를 소유하게 하는 것은 단순하게 객체를 연결하는 한 가지 방법이지만, 중요하고 많이 사용하는 내용이므로 테크닉이라고 부르도록 합시다.

구성을 활용하면 작은 객체들을 모아서 큰 객체를 만들 수 있습니다. 예를 들어 모터, 바퀴, 타이어, 변속 장치, 시트 등을 모아서 자동차를 만들 수 있습니다. 또한, 벽, 바닥, 문, 창문 등을 모아서 집을 만들 수 있습니다. 이처럼 프로젝트를 작은 부분으로 나누고, 해당 부분을 나타내는 클래스를 정의한 뒤, 결합해서 더 큰 객체를 만들어내는 것이 객체 지향 프로그래밍의 기본 형태입니다.

이전 예제에서 아이스크림 한 스쿱을 나타내는 Scoop 클래스를 만들어보았습니다. 이번 예제에서는 이를 결합해서 조금 더 크게 만들어봅시다. 아이스크림을 여러 개 넣을 수 있는 통(Bowl)이라는 객체를 생각해봅시다. Bowl 클래스는 다음과 같은 형태로 사용합니다.

```
s1 = Scoop('chocolate')
s2 = Scoop('vanilla')
s3 = Scoop('persimmon')
```

```
b = Bowl()
b.add_scoops(s1, s2)
b.add_scoops(s3)
print(b)
```

▼ 그림 9-7 Scoop 여러 개를 갖는 Bowl 객체

print(b)는 3개의 아이스크림 향(flavor)을 출력하면 됩니다. Bowl.add_scoops의 매개변수에는 원하는 만큼의 아이스크림 스쿱을 지정할 수 있게 구현해주세요.

▼ 그림 9-8 3개의 Scoop 객체를 넣은 Bowl 객체

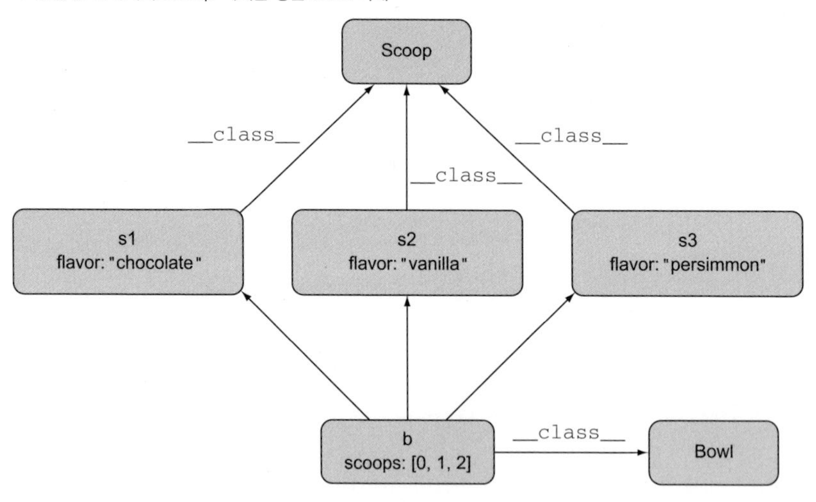

9.2.1 풀어보기

Scoop 클래스는 이전에 작성한 것을 그대로 사용하면 됩니다. 따라서 이번 예제의 포인트는 아이스크림 스쿱을 넣는 Bowl 클래스입니다.

일단 Bowl 클래스는 속성으로 self.scoops를 가져야 할 것입니다. 딕셔너리 또는 세트를 활용할 수도 있겠지만, 키를 무엇으로 사용할지 명확하지도 않고 이후에 순서를 사용할 가능성이 있다면 리스트를 활용하는 것이 좋을 것입니다.

self.scoops에는 Scoop 인스턴스를 저장합니다. 향을 나타내는 문자열을 저장하는 것이 아님에 주의해주세요. 각각의 Scoop 인스턴스에는 flavor라는 속성이 있으며, 여기에 문자열로 아이스크림 스쿱의 향이 저장됩니다.

Bowl에는 처음에 어떠한 아이스크림 스쿱도 들어 있지 않을 것이므로, __init__에서 self.scoops를 빈 리스트로 초기화합니다.

이어서 원하는 만큼의 아이스크림 스쿱을 추가할 수 있는 add_scoops 메서드를 정의합시다. '원하는 만큼'이라는 표현이 있으므로, 매개변수를 정의할 때 *new_scoops와 같은 형태로 * 연산자를 활용해야 할 것입니다. 이렇게 매개변수를 정의하면 new_scoops에는 매개변수에 지정한 여러 개의 스쿱들이 튜플로 들어옵니다.

Note new_scoops와 self.scoops는 비슷하게 보일 수 있지만, 존재하는 스코프 자체가 다릅니다. new_scoops는 사용자가 add_scoops 함수 매개변수로 지정해서 전달된 지역 변수입니다. 반면 self.scoops는 현재 객체의 인스턴스 속성입니다.

new_scoops가 튜플이므로 for 반복문을 활용하고, self.scoops 속성의 append 메서드를 사용해 아이스크림 스쿱들을 추가하면 됩니다.

최종적으로 스쿱들을 출력할 때는 print(b)와 같은 형태를 사용해야 합니다. print(b)를 호출하면 클래스의 __repr__ 메서드가 호출됩니다. Bowl 클래스를 출력하면 아이스크림 스쿱들의 향을 출력하면 됩니다. 따라서 __repr__에서는 str.join으로 향을 연결해 리턴합니다.

repr vs. str

객체에 `__repr__`과 `__str__`을 모두 정의할 수 있습니다. 이론적으로 `__repr__`은 개발자를 위한 문자열을 생성하는 메서드이고, `__str__`은 최종 사용자를 위해 문자열을 생성하는 메서드입니다.

하지만 필자의 경우, `__str__`을 무시하고, `__repr__`만 사용하는 경우가 많습니다. `__repr__`만으로 두 상황을 모두 처리할 수 있기 때문입니다. 만약 개발자를 위한 출력과 최종 사용자를 위한 출력이 달라야 한다면 이후에 `__str__`을 추가해서 사용하면 됩니다.

이 책에서는 `__repr__`만 사용합니다. 하지만 `__str__`을 사용하고 싶다면 사용해도 괜찮습니다. 그리고 공식 의미로 `__str__`이 최종 사용자를 위한 문자열이므로, 이번 코드에서도 `__str__`을 사용하는 것이 이론적으로 더 적합하기는 합니다.

해답 코드를 보면 `str.join`으로 아이스크림 스쿱들의 향을 결합할 때 제너레이터 표현식을 활용했습니다. 물론 이번 코드를 기준으로, 이렇게 제너레이터 표현식을 사용한다고 성능에서 이점이 발생하지는 않습니다. 하지만 리스트 내포를 사용할 수 있는 모든 곳에 이렇게 제너레이터 표현식을 사용할 수 있다는 것을 보여주고자 제너레이터 표현식을 사용해보았습니다.

is-a vs. has-a

객체 지향 프로그래밍에 대한 경험이 조금 있다면 이번 코드를 보고 'Scoop이 Bowl을 상속받게 구현한다면 어떻게 해야 할까?' 또는 'Bowl이 Scoop을 상속받게 구현한다면 어떻게 해야 할까?'를 고민하고 있을지도 모르겠습니다.

컴퓨터 과학에서 상속(이번 장의 뒷부분에서 설명합니다)은 is-a 관계를 갖고 있을 때 사용합니다. is-a 관계는 '직원은 사람이다(employee is-a person)' 또는 '자동차는 차량이다(car is-a vehicle)'와 같은 관계를 의미합니다.

하지만 아이스크림 통에는 여러 개의 아이스크림 스쿱이 들어갈 수 있습니다. 컴퓨터 과학 용어로 이를 '통이 스쿱을 갖는다(Bowl has-a Scoop)'라고 부르며, has-a 관계를 갖는다고 표현합니다. has-a 관계는 상속이 아니라 구성(composition)으로 구현합니다.

객체 지향 프로그래밍을 처음 접한 사람들은 두 클래스가 어떤 관계를 갖고 있을 때, 반드시 상속 관계가 만들어져야 한다고 생각하는 경우가 많습니다. is-a 관계를 가질 경우에는 상속, has-a 관계를 가질 경우에는 구성을 사용한다고 구분해서 생각하면 어떤 경우에 상속 등을 활용해야 하는지 조금 더 쉽게 구분할 수 있습니다.

9.2.2 해답

```
class Scoop():
    def __init__(self, flavor):
        self.flavor = flavor


class Bowl():
    def __init__(self):
        self.scoops = [] ------ self.scoops를 빈 리스트로 초기화합니다.
                   *args라는 이름 이외에도 *new_scoops처럼 원하는 이름을 사용할 수 있습니다.
    def add_scoops(self, *new_scoops): ------
        for one_scoop in new_scoops:
            self.scoops.append(one_scoop)


    def __repr__(self):
        return '\n'.join(s.flavor for s in self.scoops) -----
                str.join으로 문자열로 바꿉니다. 이때 제너레이터 표현식도 함께 사용해보았습니다.
s1 = Scoop('chocolate')
s2 = Scoop('vanilla')
s3 = Scoop('persimmon')

b = Bowl()
b.add_scoops(s1, s2)
b.add_scoops(s3)
print(b)
```

이 예제는 http://mng.bz/EdWo에서 확인할 수 있습니다.

9.2.3 조금 더 나아가기

이번 예제에서는 두 클래스 사이에 has-a 관계를 만드는 방법에 대해서 살펴보았습니다. 이러한 관계를 더 연습해볼 수 있는 예제를 몇 가지 소개하겠습니다.

- 제목(title), 저자(author), 가격(price)을 속성으로 갖는 Book 클래스를 만들어주세요. 그리고 add_book 메서드를 사용해서 하나 이상의 책을 놓을 수 있는 선반을 나타내는 Shelf 클래스를 만듭니다. 마지막으로 Shelf 클래스에, 선반에 있는 책들의 가격을 모두 더하는 total_price 메서드를 만들어주세요.
- 이어서 Shelf 클래스에 has_book 메서드를 만들어주세요. has_book 메서드는 매개변수로 문자열 하나를 입력받아서 선반에 해당 문자열을 제목으로 갖는 책이 있는지 확인하고 True 또는 False를 리턴합니다.
- 이어서 Book 클래스의 책의 두께를 나타내는 width 속성을 추가해주세요. 또한, Shelf 클래스에도 선반의 너비를 나타내는 width 속성을 만듭니다. 그리고 add_book으로 책을 추가할 때, 선반에 놓여 있는 모든 책의 두께가 선반의 두께보다 커질 경우 예외를 발생시키게 해주세요.

@dataclass 애너테이션으로 데이터 클래스 만들기

간단한 클래스를 정의할 때도 클래스를 정의하는 코드가 거의 유사하게 반복된다고 느낀 적이 있나요? 많은 개발자가 그렇게 생각합니다. 대부분의 클래스는 __init__ 메서드에서 매개변수로 받은 값을 속성에 집어넣는 일을 합니다.

파이썬 3.7버전부터는 dataclass라는 데코레이터를 활용해서, 이와 같은 코드 중복을 제거할 수 있게 되었습니다. 예를 들어 다음 코드를 살펴봅시다.

```
from dataclasses import dataclass

@dataclass
class Scoop():
    flavor : str
```

이 코드를 보면 일단 __init__ 메서드가 없습니다. @dataclass라는 데코레이터만 붙이면 원래 __init__ 메서드에서 하던 일을 알아서 해줍니다. 이 이외에 비교와 관련한 메서드도 정의해주며, __repr__ 메서드도 자동으로 만들어줍니다. 이와 같은 클래스를 데이터 클래스라고 부르며, 간단한 클래스를 쉽게 만들 수 있게 해줍니다.

계속

원래 파이썬은 어떤 변수의 자료형을 지정하는 것이 필수가 아닙니다. 하지만 이처럼 데이터 클래스에 속성을 만들 때는 flavor : str처럼 자료형을 지정해줘야 합니다. 물론 파이썬은 이렇게 자료형을 지정해도, 자료형을 무시하고 실행됩니다. 하지만 Mypy와 같은 외부 프로그램에 의해서 자료형 검사가 이루어집니다.

그렇다면 Bowl 클래스를 데이터 클래스로 정의한다면 어떻게 할 수 있을까요? 다음과 같은 코드를 사용하면 됩니다.

```
from typing import List
from dataclasses import dataclass, field

@dataclass
class Bowl():
    scoops: List[Scoop] = field(default_factory=list)

    def add_scoops(self, *new_scoops):
        for one_scoop in new_scoops:
            self.scoops.append(one_scoop)

    def __repr__(self):
        return '\n'.join(s.flavor for s in self.scoops)
```

add_scoops와 __repr__은 무시하고, 데이터 클래스와 관련한 부분만 집중해서 살펴봅시다. 일단 이전과 마찬가지로 @dataclass 데코레이터를 사용했습니다. 하지만 scoops 속성에 자료형뿐만 아니라 기본값도 지정했습니다.

참고로 자료형을 지정할 때 List[int]를 사용했습니다. 원래 파이썬에서 리스트는 list인데, 여기에서는 List입니다. 이는 내장 리스트 자료형과 구분하기 위해서 사용한 식별자입니다. 이 식별자는 typing 모듈에서 읽어 들인 것이며, 자료형 지정을 위해서 사용합니다. 단순하게 List라고 입력하면 모든 자료형을 담을 수 있는 리스트를 의미합니다. 하지만 List[Scoop]처럼 뒤에 대괄호([ ])를 붙여서 사용하면 특정 자료형만 담을 수 있는 리스트를 의미하게 만들 수 있습니다.

기본적으로 속성 : 자료형 = 값 형태로 속성에 기본값을 지정합니다. int 자료형이라면 value : int = 10과 같은 형태를 사용합니다. 하지만 scoops는 리스트이며, 리스트는 뮤터블이므로 조금은 더 복잡하게 코드를 활용해야 합니다. 단순하게 scoops : List = []를 사용하면 모든 기본값이 같은 리스트를 가리키게 되기 때문입니다. 따라서 default_factory라는 것을 활용했습니다. 이를 활용하면 기본값을 함수를 통해서 생성할 수 있습니다.

계속

이번 코드에서는 `list` 함수를 호출해서 새로운 리스트를 만들고, 이를 scoops에 할당하게 하는 코드를 사용했습니다.

이 책은 대부분 파이썬 3.6버전을 기준으로 고전적이고 표준적이며 안정적인 내용을 설명합니다. 하지만 데이터 클래스만은 파이썬 3.7버전부터 추가된 기능이라도, 굉장히 유용한 내용이므로 설명해보았습니다. 앞으로 클래스를 만드는 상황에 많이 사용할 것이라 예측합니다. 여러분의 프로그램에도 적극 도입해보기 바랍니다.

파이썬이 속성을 찾는 방법

6장에서 파이썬은 LEGB라는 과정을 통해서 변수를 찾아낸다고 했습니다. (L) 로컬 스코프, (E) 함수로 감싸진 스코프, (G) 전역 스코프, (B) 빌트인 스코프 순서로 변수를 탐색하는 것입니다. 파이썬은 모든 변수 탐색에 이러한 규칙을 적용하므로, 이를 이해하면 파이썬이 어떤 형태로 동작하는지 더 자세하게 알 수 있습니다.

파이썬은 속성을 탐색할 때도 고정적인 과정을 따릅니다. LEGB를 따르지 않고, 약간 다른 규칙을 따르는데요. 인스턴스(instance), 클래스(class), 부모(parents), `object` 객체 순서로 이루어지며, 이를 간단하게 ICPO라고 부릅니다.

파이썬에서 a.b 형태의 코드를 사용하면 일단 객체 자체에 b라는 속성이 있는지 확인합니다. 만약 속성이 존재한다면 곧바로 값을 리턴합니다. 이것이 ICPO에서 I로, 인스턴스를 확인한다는 의미입니다.

그런데 만약 인스턴스에 b라는 속성이 없다면 어떻게 될까요? 일단 파이썬은 포기하지 않습니다. 이어서 클래스에 해당 속성이 존재하는지 확인합니다. 즉, a.b가 안 되면 `type(a).b`를 시도합니다. 여기에 속성이 존재한다면 이를 리턴합니다. 이것이 ICPO의 C입니다.

이러한 메커니즘으로 인해서 메서드가 클래스에 속하지만, 인스턴스에서 메서드를 호출할 수 있습니다. 예를 들어 다음 코드를 살펴봅시다.

```
s = 'abcd'
print(s.upper())
```

문자열 s를 정의했습니다. 그리고 `s.upper`를 호출합니다. 파이썬은 s에 upper라는 속성이 있는지 확인하지만, 인스턴스에는 upper라는 속성이 없습니다. 따라서 `type(s)`로 `str`에 upper가 있는지 확인합니다. 이때 `str`에 upper가 있으므로, 이를 호출합니다.

계속

그런데 인스턴스와 클래스에서도 속성을 찾을 수 없다면 어떻게 될까요? 이어서 부모 클래스를 확인합니다. 아직 상속을 배우지 않았으므로, 이 책에서 이러한 코드를 살펴본 적은 없습니다. 상속은 하위 클래스에서 상위 클래스가 가진 기능을 활용할 수 있게 하는 기능입니다. 참고로 파이썬의 모든 객체는 자동적으로 object라는 객체의 상속을 받습니다.

다음 코드를 살펴봅시다.

```
class Foo():
    def __init__(self, x):
        self.x = x
    def x2(self):
        return self.x * 2

class Bar(Foo):
    def x3(self):
        return self.x * 3

b = Bar(10)

print(b.x2()) ------ 20을 출력합니다.
print(b.x3()) ------ 30을 출력합니다.
```

일단 Foo 클래스를 상속해서 Bar 클래스를 만들었으며, Bar 클래스로 인스턴스로 b를 만들었습니다(그림 9-9). Bar 클래스의 인스턴스를 만들 때, 파이썬은 __init__을 호출합니다. 일단 인스턴스의 __init__을 찾지만, 인스턴스에는 __init__이 없습니다. 이어서 클래스(Bar)에서 __init__을 찾지만, Bar 클래스에도 __init__이 없습니다. 이어서 Bar 클래스의 부모인 Foo에서 __init__을 찾습니다. 여기에 __init__이 있습니다. 따라서 이를 호출하고, 속성 x를 설정합니다. 따라서 b의 x에 10이라는 값이 들어갑니다(그림 9-10).

x2를 호출할 때도 같은 과정으로 이루어집니다. 일단 b에서 x2를 찾습니다. 없으므로 이번에는 type(b)(Bar)에서 x2를 찾습니다. 마찬가지로 없습니다. 따라서 Bar의 부모인 Foo에서 x2를 찾습니다. 여기서 발견한 후에 x2를 호출합니다. 만약 Bar에 x2를 정의했다면 Foo.x2가 아니라 Bar.x2가 호출되었을 것입니다.

이어서 x3를 호출하는 과정도 같습니다. b에 x3를 찾습니다. 없으므로, Bar에서 x3를 찾습니다. 여기에 있으므로, 이를 호출합니다.

계속

▼ 그림 9-9 Foo 클래스를 상속받는 Bar 클래스, 또한 모든 클래스는 object라는 클래스를 상속받는다

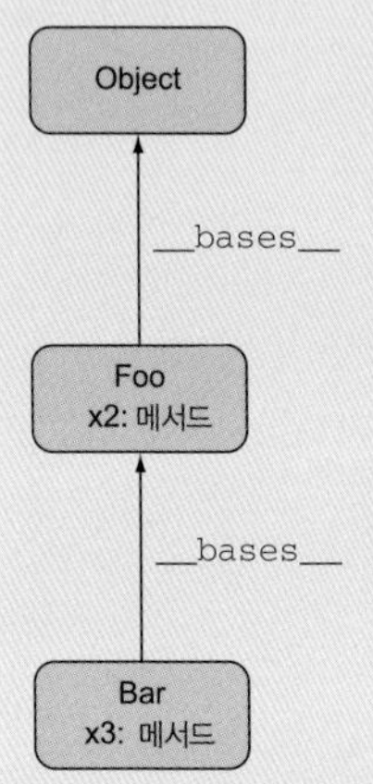

▼ 그림 9-10 Bar 클래스의 인스턴스 b

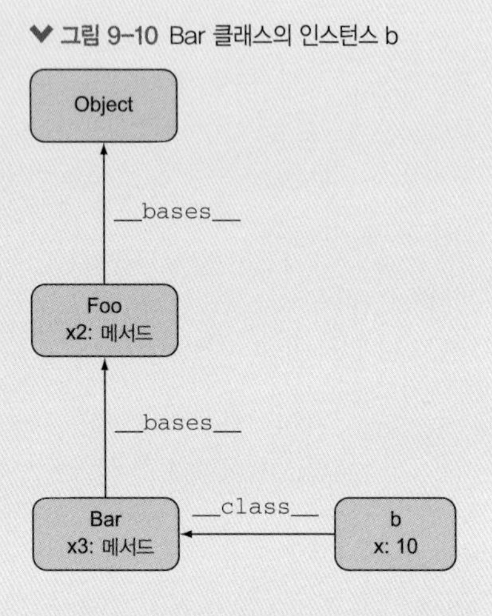

만약 ICPO 탐색 과정 중에서 인스턴스, 클래스, 부모 모두에서 속성을 찾지 못했다면 어떻게 될까요? 파이썬의 모든 객체는 자동적으로 `object` 객체의 상속을 받습니다. 물론 `object`의 인스턴스를 생성할 수는 있지만, `object` 클래스는 인스턴스를 활용하기 위해 만들어진 클래스가 아닙니다. 단순하게 다른 모든 클래스가 이 클래스를 상속받아서, 특정 메서드에 도달하게 만들기 위해서만 존재합니다.

그래서 클래스에 `__init__` 메서드를 정의하지 않고, 인스턴스를 생성하면 `object.__init__`이 호출됩니다. 또한 클래스에 `__repr__` 메서드를 정의하지 않고, 메서드를 호출하면 `object.__repr__`이 호출됩니다.

ICPO 탐색 과정에서 짚고 넘어가야 하는 것은 '먼저 찾은 것을 사용한다.'라는 것입니다. 따라서 ICPO 위에 어떤 이름의 속성이 2개 있다고 해도, 먼저 찾아지는 속성이 선택됩니다. 이로 인해서 부모 클래스의 메서드를 자식 클래스에서 재정의해서 사용하는 '메서드 오버라이드'가 가능한 것입니다.

9.3 EXERCISE 40. 아이스크림 통의 크기 제한하기

PYTHON

파이썬의 모든 객체에는 어느 시점에나 원하는 속성을 추가할 수 있습니다. 일반적으로 클래스를 만들 때 인스턴스 속성과 메서드를 정의하는 것이 일반적입니다. 하지만 클래스 자체도 객체이므로 데이터 속성을 정의할 수 있습니다.

이번 예제에서는 클래스에 상수를 속성으로 정의해서, 클래스 내부에서 해당 값을 활용해보겠습니다. 이렇게 코드를 작성하면 상수를 하드 코딩하지 않아도 되며, 상수에 이름을 붙여서 사용할 수 있습니다.

이전 예제에서 만든 아이스크림 통에는 거대한 문제가 하나 있습니다. 아이스크림 스쿱을 제한 없이 원하는 만큼 넣을 수 있다는 것입니다.

아이스크림을 좋아하는 아이들은 슬프겠지만, 그 아이들을 키우는 부모 입장에서는 아이들의 아이스크림 먹는 양을 제한하는 것이 좋을 것입니다. 아이스크림 통에 아이스크림 스쿱을 3개까지 넣을 수 있게 제한해주세요. 정리하면, `Bowl.add_scoops`를 호출해서 원하는 만큼의 아이스크림 스쿱을 추가할 수는 있지만, 처음 추가한 3개의 아이스크림 스쿱만 유지되고, 이후 추가되는 다른 아이스크림 스쿱은 무시되게 해주세요.

9.3.1 풀어보기

이번 예제는 원래 `Bowl` 클래스에서 딱 2가지 내용만 변경하면 됩니다.

첫 번째로 `Bowl`에 클래스 속성을 정의해야 합니다. 클래스 블록 바로 아래에 `max_scoops = 3`이라는 코드를 작성하면 `Bowl.max_scoops = 3`이라는 코드처럼 클래스에 속성이 추가됩니다(그림 9-11).

▼ 그림 9-11 클래스에 max_scoops를 배치하면 인스턴스에서도 접근할 수 있다

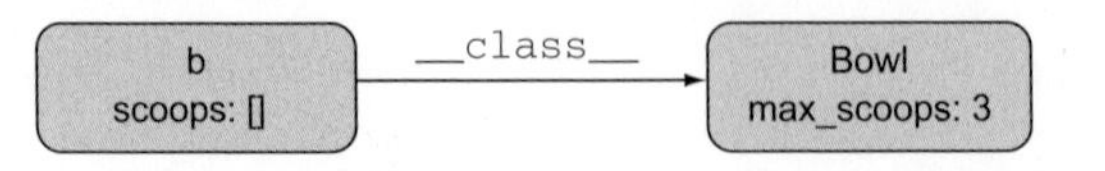

그런데 왜 Bowl 클래스에 max_scoops를 정의해야 할까요? 다른 방법도 사용할 수 있을 것 같습니다.

- 그냥 인스턴스에 max_scoops를 정의해도 될 것입니다. 예를 들어 __init__에서 self.max_scoops라는 코드를 사용하면 max_scoops라는 속성을 사용할 수 있습니다. 물론 문제없습니다. 하지만 클래스에 속성을 배치하면 모든 인스턴스가 동일한 값을 사용합니다(그림 9-12). 따라서 이후에 클래스 속성을 수정했을 때도, 모든 인스턴스에 해당 변경 사항이 반영됩니다.
- max_scoops를 사용하지 말고, 그냥 3이라는 값을 사용해도 될 것입니다. 하지만 (이후에 배우는) 상속 등을 활용할 때, 이처럼 클래스에서 필요한 속성을 하드 코딩하면 유연성이 감소됩니다. 또한, max_scoops를 3에서 4로 변경하기로 했다고 할 때, 모든 숫자를 하나하나 바꿔야 하므로 귀찮고, 바꾸는 과정에서 실수가 발생할 수도 있습니다.

▼ 그림 9-12 아이스크림 스쿱을 max_scoops(3)까지 추가할 수 있는 Bowl 클래스

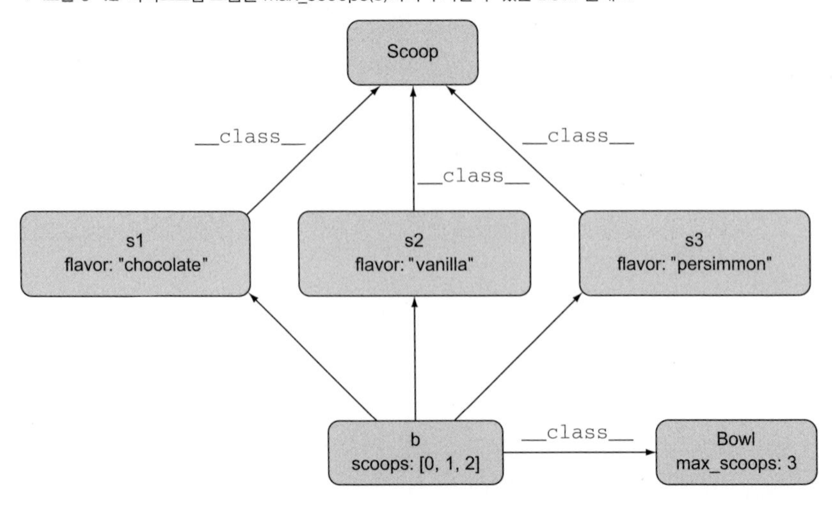

두 번째로 Bowl.add_scoops를 변경해서, self.scoops의 길이와 Bowl.max_scoops를 비교해서, 아이스크림 스쿱을 Bowl.max_scoops까지만 추가하게 하는 조건문을 작성해야 합니다.

정적 변수와 클래스의 속성

자바, C#, C++ 등의 프로그래밍 언어를 공부하다가 파이썬을 접하고 있다면 클래스 속성이 정적 변수(static variable)와 굉장히 비슷하다고 생각할 것입니다. 물론 실제 사용 방식은 비슷하지만, 둘은 분명한 차이가 있습니다. 따라서 파이썬의 클래스 속성을 정적 변수라고 부르면 안 됩니다. 그럼 클래스 속성의 특징을 정리해보겠습니다.

첫 번째로 클래스 속성은 파이썬 객체에 적용되는 속성일 뿐입니다. 단순하게 ICPO 규칙에 따라서 찾아지는 속성입니다. 따라서 클래스_이름.속성_이름 형태로도 사용할 수 있고, 인스턴스_이름.속성_이름 형태로도 사용할 수 있습니다. 클래스_이름.속성_이름은 곧바로 클래스의 속성에 접근하고, 인스턴스_이름.속성_이름은 인스턴스의 속성을 확인한 뒤 클래스의 속성을 확인할 때 접근됩니다.

이번 해답 코드에서 Bowl.max_scoops는 Bowl 클래스의 속성입니다. 물론 max_scoops를 각각의 인스턴스에 인스턴스 속성으로 만들 수도 있습니다. 하지만 모든 통이 같은 크기를 갖고 있으므로, 그냥 Bowl에 설정하는 것이 더 합리적이라 생각되어 그렇게 코드를 작성했습니다.

두 번째로 정적 변수는 인스턴스와 클래스가 모두 공유합니다. 따라서 인스턴스를 통해서 정적 변수에 값을 할당할 수도 있고, 클래스를 통해서 정적 변수에 값을 할당할 수도 있습니다. 하지만 파이썬은 그렇지 않습니다. 클래스_이름.속성_이름 = 값과 인스턴스_이름.속성_이름 = 값은 완전히 다른 결과가 나옵니다. 인스턴스_이름.속성_이름 = 값은 인스턴스에 값을 추가하게 됩니다. 따라서 이렇게 값을 설정하면 더 이상 클래스 속성에 접근할 수 없어집니다.

즉, Bowl.max_scoops에 값을 할당하면 모든 아이스크림 통이 가질 수 있는 최대 아이스크림 스쿱 수를 변경합니다. 하지만 one_bowl.max_scoops에 값을 할당하면 해당 아이스크림 통이 가질 수 있는 최대 아이스크림 스쿱 수를 변경합니다. 값이 한 번 설정되면 이후 one_bowl.max_scoops에 접근할 때 ICPO 규칙에 따라서 인스턴스 속성만 접근 가능합니다. 클래스 속성에 접근할 수 없게 되므로, 주의해서 사용해야 합니다.

세 번째로 메서드는 사실 클래스의 속성입니다. 인스턴스의 속성이라고 생각하기 쉽지만, 메서드는 클래스 정의 안에 def 키워드를 활용해서 정의합니다.

계속

b.add_scoops를 호출하면 파이썬은 b에서 add_scoops를 찾습니다. 하지만 인스턴스에는 해당 속성이 없습니다. 따라서 Bowl 클래스를 확인하고, 여기에서 메서드에 접근합니다. 이처럼 메서드는 클래스에 정의되는 것이며, ICPO 규칙에 의해서 인스턴스에서 접근할 수 있는 것입니다.

마지막으로 파이썬에는 상수가 없지만, 클래스 속성으로 대충 비슷하게 구현할 수 있습니다. 이번 코드의 max_scoops는 일종의 상수처럼 사용된 예입니다. 모든 인스턴스에서 최대 아이스크림 스쿱 수를 3이라는 숫자로 하드 코딩하지 않고, Bowl.max_scoops라는 이름으로 활용하고 있습니다. 이는 코드를 훨씬 더 쉽게 읽을 수 있게 해주며, 이후에 값을 변경해야 할 때 더 쉽게 변경할 수 있게 해줍니다.

9.3.2 해답

```
class Scoop():
    def __init__(self, flavor):
        self.flavor = flavor

class Bowl():
    max_scoops = 3 ------ max_scoops는 클래스 Bowl의 속성입니다.

    def __init__(self):
        self.scoops = []

    def add_scoops(self, *new_scoops):     Bowl.max_scoops를 넘지 않는 경우에만
        for one_scoop in new_scoops:       아이스크림 스쿱을 추가합니다.
            if len(self.scoops) < Bowl.max_scoops: ------┘
                self.scoops.append(one_scoop)

    def __repr__(self):
        return '\n'.join(s.flavor for s in self.scoops)

s1 = Scoop('chocolate')
s2 = Scoop('vanilla')
s3 = Scoop('persimmon')
```

```
s4 = Scoop('flavor 4')
s5 = Scoop('flavor 5')

b = Bowl()
b.add_scoops(s1, s2)
b.add_scoops(s3)
b.add_scoops(s4, s5)
print(b)
```

이 예제는 http://mng.bz/NK6N에서 확인할 수 있습니다.

9.3.3 조금 더 나아가기

클래스 속성은 굉장히 다양한 형태로 활용할 수 있습니다. 그럼 클래스 속성을 정의하고 사용해볼 수 있는 예제를 몇 개 더 소개하겠습니다.

- Person 클래스를 정의하고, Person 클래스의 인스턴스를 만들 때마다 1씩 증가시키는 population이라는 클래스 속성을 만들어주세요. p1~p5까지 인스턴스를 5개 만들고, Person.population과 p1.population이 모두 5로 나오는지 확인해주세요.
- 파이썬은 객체를 가비지 컬렉터로 수집할 때 __del__ 메서드를 자동으로 호출합니다. 앞에서 만든 Person 인스턴스가 제거될 때, population 속성을 1씩 감소시키게 코드를 수정해주세요. 가비지 컬렉터가 무엇이고 어떤 형태로 동작하는지 잘 모르겠다면 http://mng.bz/nP2a를 참고해주세요.
- 은행 계좌에 입금하거나 출금하는 행위를 나타내는 Transaction 클래스를 만들어주세요. Transaction 인스턴스를 생성할 때는 금액을 지정합니다. 이때 입금은 양수, 출금은 음수를 지정합니다. 은행 계좌의 잔고는 balance라는 클래스 속성을 만들어서 기록하며, Transaction 인스턴스를 만들 때마다 balance 속성을 변경해주세요.

파이썬의 상속

그럼 이제 객체 지향 프로그래밍에서 굉장히 중요한 개념인 상속을 살펴봅시다. 프로그램을 만들다 보면 기존의 클래스와 비슷한 클래스를 만들어야 하는 상황이 많습니다. 상속은 이러한 상황을 위해서 만들어진 개념입니다. 상속은 일반적인 동작을 하는 부모 클래스(슈퍼 클래스)라는 클래스를 만들고, 이 클래스의 기능을 자식 클래스(서브 클래스)에서 곧바로 활용할 수 있게 하는 기능입니다.

- 사람을 나타내는 Person 클래스를 이미 갖고 있다고 해봅시다. 이 상태에서 직원을 나타내는 Employee 클래스를 만들고자 합니다. Employee 클래스는 직원 ID, 부서, 월급을 제외한 모든 부분을 Person 클래스와 거의 유사한 형태로 만들 것입니다.
- 차량을 나타내는 Vehicle 클래스를 이미 갖고 있다고 해봅시다. 마찬가지로 Car 클래스, Truck 클래스, Bicycle 클래스를 거의 유사한 형태로 만들 것입니다.
- 책을 나타내는 Book 클래스가 있다고 할 때, 교재를 나타내는 Textbook 클래스와 소설을 나타내는 Novel 클래스를 만든다고 해봅시다. 모두 유사한 형태로 만들 것입니다.

상속은 일반적인 것을 나타내는 객체를 부모 클래스로 구현하고, 이를 활용해서 세부적인 추가 정보를 가진 자식 클래스를 만들게 됩니다. 상속을 활용하면 같은 내용의 코드를 반복하지 않아도 됩니다. 따라서 프로그램을 더욱 DRY 이념에 맞게 설계할 수 있습니다.

그럼 파이썬에서 상속은 어떻게 할까요? 다음과 같이 자식 클래스를 구현할 때, 이름 뒤에 괄호를 붙이고 부모 클래스를 지정하면 됩니다.

```
class Person():
    def __init__(self, name):
        self.name = name

    def greet(self):
        return f'Hello, {self.name}'

class Employee(Person)
    def __init__(self, name, id_number):
        self.name = name
        self.id_number = id_number
```

이런 형태로 파이썬에게 'Employee는 Person이다(Employee is-a Person)'라고 표현합니다. Person을 상속해서 Employee를 만드는 코드입니다.

name 속성을 또 지정하는 코드는 약간 이상해보입니다. 이후에 수정하겠습니다.

이렇게 클래스를 만들어도, 일반적인 클래스처럼 인스턴스를 만들어냅니다.

```
e = Employee('empname', 1)
```

계속

하지만 e.greet이라는 메서드를 호출하는 경우에 상황이 달라집니다. ICPO 규칙에 따라서 파이썬은 e라는 인스턴스에서 greet 속성을 찾습니다. 없으므로, 이어서 Employee 클래스에서 greet 속성을 찾습니다. 없으므로, 이어서 부모 클래스인 Person 클래스에서 greet 속성을 찾습니다. 여기에서 속성을 발견하고, 이를 호출합니다. 즉, 파이썬에서 상속은 ICPO 규칙에 의한 결과일 뿐이라고 할 수 있습니다.

그런데 Employee 클래스의 __init__을 보면 self.name 속성을 지정하고 있는 코드가 있습니다. 만약 자바 등의 프로그래밍 언어를 공부하다 온 사람이라면 이 코드가 이상하게 보일 것입니다. 이미 부모 클래스의 Person.__init__에서 속성을 설정했는데 또 설정하고 있기 때문입니다. 하지만 파이썬은 자바가 아닙니다.

파이썬의 __init__은 속성을 설정할 때 사용합니다. 메서드는 ICPO 규칙에 의해서 인스턴스와 가장 가까운 것 하나만 호출됩니다. Employee 객체 입장에서는 Employee.__init__이 Person.__init__보다 가까우므로, Employee.__init__만 호출되고 Person.__init__은 호출되지 않습니다. 따라서 Employee.__init__에서 self.name을 설정하는 부분을 제거하면 Employee 객체에 name 속성이 들어가지 않습니다.

self.name을 설정하는 코드를 2번 입력했을 때의 좋은 소식은 이렇게 작성해도 코드는 문제없이 동작한다는 것입니다. 하지만 나쁜 소식은 코드를 중복했으므로 DRY 규칙을 어긴다는 점입니다.

이를 해결하기 위해서 파이썬은 super라는 함수를 제공합니다. super 함수는 부모 객체를 얻을 때 사용하는 객체입니다. 이를 활용해서 Employee.__init__을 다시 작성한다면 다음과 같습니다.

```
class Employee(Person)
    def __init__(self, name, id_number):
        super().__init__(name)
        self.id_number = id_number
```

9.4 EXERCISE 41. 더 큰 아이스크림 통 만들기

PYTHON

이전 예제는 아이를 키우는 부모님 입장에서만 좋고, 아이스크림을 먹고 싶어 하는 아이들 입장에서는 매우 좋지 않은 예제였습니다. 이번 절에서는 아이들을 위해서, 그리고 부모님들이 돈을 더 지불할 수 있게 예제를 수정해보겠습니다. 아이스크림을 5개 담을 수 있는 BigBowl 클래스를 만들어주세요.

이전 예제에서 만든 Bowl과 이번 예제에서 만들어야 하는 BigBowl의 차이점은 아이스크림 스쿱을 몇 개씩 넣을 수 있냐뿐입니다. 따라서 상속을 이용하면 굉장히 쉽게 구현할 수 있을 것입니다.

이때 Bowl을 수정할 수도 있습니다. 하지만 상속을 활용할 때 부모를 수정해야 한다면 명확한 이유가 있어야 합니다.

Note 기본적으로 상속은 기존에 있는 부모 클래스를 활용해서 새로운 자식 클래스를 만드는 것입니다. 따라서 상속의 이상적인 이념을 지킨다면 부모 클래스를 수정해서는 안 됩니다. 하지만 현실은 완전하게 이상적이지 않으므로 변경해야 할 수 있습니다. 만약 부모 클래스와 자식 클래스를 모두 같은 팀에서 개발한다면 여러 회의를 통해서 부모 클래스를 변경할 수 있습니다.

9.4.1 풀어보기

ICPO 규칙을 잘 알고 파이썬이 속성에 어떤 방식으로 접근하는지 이해하고 있다면 상속을 굉장히 쉽게 이해할 수 있습니다. 따라서 이번 예제도 쉽게 풀 수 있을 것입니다.

이전 예제에서 Bowl.add_scoops에 Bowl.max_scoops라는 속성을 활용해서 아이스크림 스쿱의 수를 제한했습니다. Bowl.max_scoops가 클래스 속성이므로, 모든 아이스크림 통은 같은 제한 수를 갖게 됩니다.

이번 예제는 BigBowl이라는 더 큰 아이스크림 통을 만들어야 합니다. 그리고 Bowl.max_scoops가 아니라 BigBowl.max_scoops라는 값을 활용해서 아이스크림 스쿱의 수를 제한해야 합니다. 물론 각각의 클래스에 add_scoops를 따로 작성하는 방법을 활용할 수도 있겠지만, 같은 코드를 반복하는 일은 최대한 줄이는 것이 좋습니다. 따라서 따로 작성하는 방법은 사용하지 않겠습니다.

그럼 어떻게 해야 할까요? 가장 간단한 방법은 Bowl.max_scoops라는 코드를 self.max_scoops로 변경하는 것입니다. 이렇게 변경하면 다음과 같은 형태로 동작합니다.

- Bowl.max_scoops는 3이 나옵니다.
- BigBowl.max_scoops는 5가 나옵니다.
- Bowl 인스턴스로 add_scoops를 호출하면 메서드 내부에서 self.max_scoops를 평가해야 합니다. ICPO 규칙에 따라서 파이썬은 인스턴스에서 속성을 찾은 뒤에, 클래스(Bowl)에서 속성을 찾습니다. 따라서 Bowl.max_scoops를 찾아서 3이 나옵니다.
- BigBowl 인스턴스로 add_scoops를 호출하면 메서드 내부에서 self.max_scoops를 평가해야 합니다. ICPO 규칙에 따라서 파이썬은 인스턴스에서 속성을 찾은 뒤에, 클래스(BigBowl)에서 속성을 찾습니다. 따라서 BigBowl.max_scoops를 찾아서 5가 나옵니다.

이전에 작성한 Bowl을 활용해서 최소한의 코드만으로 BigBowl을 구현했습니다. 상속과 self의 유연한 성질을 활용하면 이처럼 같은 인터페이스의 여러 클래스에 적용할 수 있습니다.

9.4.2 해답

```
class Scoop():
    def __init__(self, flavor):
        self.flavor = flavor

class Bowl():
    max_scoops = 3 ------ Bowl.max_scoops는 3으로 지정합니다.

    def __init__(self):
        self.scoops = []
                                                    Bowl.max_scoops를 self.
                                                    max_scoops로 변환해서 각
    def add_scoops(self, *new_scoops):              클래스에 맞는 max_scoops를
        for one_scoop in new_scoops:                선택하게 합니다.
            if len(self.scoops) < self.max_scoops: ------┘
                self.scoops.append(one_scoop)

    def __repr__(self):
        return '\n'.join(s.flavor for s in self.scoops)

class BigBowl(Bowl):
    max_scoops = 5 ------ BigBowl.max_scoops는 5로 지정합니다.

s1 = Scoop('chocolate')
s2 = Scoop('vanilla')
s3 = Scoop('persimmon')
s4 = Scoop('flavor 4')
s5 = Scoop('flavor 5')

bb = BigBowl()
bb.add_scoops(s1, s2)
bb.add_scoops(s3)
bb.add_scoops(s4, s5)
print(bb)
```

이 예제는 http://mng.bz/D2gn에서 확인할 수 있습니다.

9.4.3 조금 더 나아가기

이번 장의 앞부분에서 언급한 것처럼 많은 사람이 객체 지향 프로그래밍을 할 때 상속을 반드시 사용해야 한다는 강박관념이 있습니다. 하지만 그렇다고 상속이 필요 없다거나 가치가 없다는 의미는 아닙니다. 상속을 적절하게 사용하면 코드의 양을 줄일 수 있으며, 유지보수를 쉽게 할 수 있습니다. 상속을 활용해볼 수 있는 예제를 몇 가지 더 소개하겠습니다.

- 서류 봉투 하나를 나타내며 weight, was_send, postages 속성을 갖는 Envelope 클래스를 정의해주세요. weight 속성은 float 자료형으로 무게를 그램 단위로 나타내주세요. was_send 속성은 불 자료형으로 편지를 보냈는지를 나타내주세요(기본값은 False로 지정합니다). postages 속성은 몇 개의 우표가 붙어 있는지 나타내주세요(기본값은 0으로 지정합니다). Envelope 클래스에는 메서드를 3개 구현합니다. (1) send 메서드, 문자열을 출력합니다. 출력 후에는 was_send를 True로 변경합니다. 다만 서류 봉투에 우표가 충분히 붙어 있을 때만 보냅니다. (2) add_postage 메서드, 매개변수로 우표들을 받아서 추가합니다. (3) postage_needed 메서드, 서류 봉투를 전달하기 위해서 몇 개의 우표가 필요한지 계산합니다. 필요한 우표의 수는 서류 봉투 무게에 10을 곱한 것입니다. 이어서 서류 봉투 무게에 15를 곱한 만큼의 우표가 필요한 BigEnvelope 클래스를 만들어주세요.
- 휴대전화를 나타내는 Phone 클래스를 정의해주세요. Phone 클래스는 dial 메서드라는 전화를 거는 메서드를 갖습니다(단순하게 "어디에 전화를 걸었습니다"와 같은 문자열을 출력해주세요). 이어서 Phone 클래스를 상속받아서 SmartPhone 클래스를 정의해주세요. SmartPhone 클래스는 run_app 메서드라는 애플리케이션을 실행하는 메서드를 갖습니다(마찬가지로 "애플리케이션을 실행합니다"와 같은 문자열을 출력해주세요).

- 빵 한 덩어리를 나타내는 Loaf 클래스를 정의해주세요. Loaf 클래스에는 get_nutrition 메서드를 정의합니다. get_nutrition 메서드는 매개변수로 먹고 싶은 빵 조각의 수를 정수로 전달합니다. 그리고 칼로리, 탄수화물, 나트륨, 당, 지방 등의 영양 정보를 딕셔너리로 리턴합니다. 이어서 이를 상속해서 통밀빵 한 조각을 나타내는 WholeWheatBread와 호밀빵 한 조각을 나타내는 RyeBread를 정의합니다. 각각의 클래스에서는 get_nutrition을 호출할 때, 다른 영양 정보를 출력하게 구현해주세요.

9.5 EXERCISE 42. dict를 상속해서 FlexibleDict 클래스 만들기

PYTHON

이전에 언급한 것처럼 상속의 중요한 포인트는 기존 기능을 활용하는 것입니다. 상속을 활용하면 기존 기능을 활용하면서도, 새로운 기능을 추가하고, 일부 기능을 변경할 수 있습니다. 예를 들어 파이썬은 dict뿐만 아니라 Counter와 defaultdict라는 딕셔너리를 제공합니다. 이는 모두 dict를 상속해서 만든 클래스입니다. 따라서 Counter와 defaultdict는 dict 클래스의 모든 기능을 갖고 있으며, 필요한 기능만 추가로 따로 구현되어 있습니다.

이번 예제에서도 dict를 상속받아서 클래스를 구현해봅시다. 딕셔너리의 키는 자료형도 식별합니다. 따라서 정수 1을 키로 값을 저장했을 경우, 이는 정수 1로만 접근할 수 있고, 문자열 '1'로는 접근할 수 없습니다. 하지만 이를 가능하게 해주는 FlexibleDict 클래스를 만들어봅시다. FlexibleDict는 일단 키로 값을 찾으며, 찾지 못할 경우 int와 str을 서로 변환해서 한 번 더 시도합니다. 예를 들어 다음 코드를 살펴봅시다.

```
fd = FlexibleDict()

fd['a'] = 100
print(fd['a']) ------ 일반적인 딕셔너리처럼 100을 출력합니다.

fd[5] = 500
print(fd[5]) ------ 일반적인 딕셔너리처럼 500을 출력합니다.

fd[1] = 100 ------ 정수 1을 키로 사용합니다.
print(fd['1']) ------ 문자열 '1'을 키로 사용해도 100을 출력합니다.

fd['1'] = 100 ------ 문자열 '1'을 키로 사용합니다.
print(fd[1]) ------ 정수 1을 키로 사용해도 100을 출력합니다.
```

9.5.1 풀어보기

이번 예제의 FlexibleDict 클래스는 내장 자료형을 상속해서 새로운 자료형을 만드는 예제입니다. 사실 이런 구현을 거의 하지 않지만, 딕셔너리를 대체할 수 있는 새로운 자료형을 직접 만들 수 있다는 것을 확인해봅시다.

FlexibleDict는 키로 값에 접근하는 때를 제외하고는 dict와 완전히 동일하게 동작해야 합니다. 키로 값에 접근할 때는 __getitem__ 메서드를 호출하게 됩니다. 따라서 이를 재정의(오버라이드)해서 우리가 원하는 형태로 만들면 됩니다. 실제로 문자열, 리스트, 튜플, 딕셔너리가 모두 다른 클래스이지만, 대괄호([ ])를 사용해서 내부 요소에 접근할 수 있는 이유는 내부에 __getitem__이 정의되어 있기 때문입니다.

이 메서드를 제외한 모든 부분은 dict와 같으면 됩니다. 따라서 dict를 상속받고, __getitem__ 메서드만 추가로 구현하면 됩니다.

__getitem__ 메서드는 매개변수로 키를 받습니다. 이를 활용해서 키가 딕셔너리에 없으면 문자열과 정수로 변환한 뒤 다시 키를 찾습니다. 키를 정수로 변환하는 과정에서 ValueError 예외가 발생할 수 있으므로, try except를 활용해서 예외 처리를 해야 합니다. 변환해서 키를 찾았다면 키를 나타내던 매개변수에 변환한 키를 할당합니다.

그리고 마지막 부분에서 부모의 __getitem__ 메서드를 호출해서 키로 값을 찾습니다. 단순하게 대괄호를 사용해서 접근해도 될 것이라 생각하는 독자도 있겠지만, 그렇게 하면 무한 반복에 빠져버립니다. 예를 들어 a[b]는 a.__getitem__(b)로 바뀝니다. 따라서 __getitem__ 내부에서 self[b]라는 코드를 사용하면 자신의 메서드를 계속 호출하게 됩니다. 그래서 부모의 __getitem__ 메서드를 명시적으로 호출하게 코드를 사용해야 합니다.

Note FlexibleDict를 포함해서 '조금 더 나아가기'에서 다루는 예제들은 파이썬 테크닉을 배우는 데는 유용하지만, 이렇게 모호한 코드를 허용하게 만드는 것은 좋지 않습니다. 모호함을 밀고 나가는 것보다는 오류를 발생시키는 것이 훨씬 좋은 코드입니다.

9.5.2 해답

```
class FlexibleDict(dict):
    def __getitem__(self, key):  ------ 연산자를 사용하면 __getitem__이 호출됩니다.
        try:
            if key in self:  ------ 현재 딕셔너리에 키가 있는지 확인합니다.
                pass
            elif str(key) in self:  ------ 없으면 키를 문자열로 변경해서 있는지 확인합니다.
                key = str(key)
            elif int(key) in self:  ------ 없으면 키를 정수로 변경해서 있는지 확인합니다.
                key = int(key)
        except ValueError:  ------ 만약 정수로 변환할 때 예외가 발생하면 무시합니다.
            pass
        return dict.__getitem__(self, key)  ------ 원본 키 또는 변환한 키를 활용해서 부모의 __getitem__을 호출합니다.

fd = FlexibleDict()

fd['a'] = 100
print(fd['a'])

fd[5] = 500
print(fd[5])

fd[1] = 100
print(fd['1'])

fd['1'] = 100
print(fd[1])
```

이 예제는 http://mng.bz/lGx6에서 확인할 수 있습니다.

9.5.3 조금 더 나아가기

내장 클래스를 상속해서 새로운 클래스를 만드는 방법에 대해서 살펴보았습니다. 그럼 이러한 내용을 연습해볼 수 있는 예제를 몇 가지 더 소개하겠습니다.

- 본문에서 살펴본 FlexibleDict는 최대한 변환을 통해서 키를 추출할 수 있게 했습니다. StringKeyDict라는 클래스를 만들어주세요. 이는 키를 무조건 문자열로 변환해서 사용합니다. 따라서 skd[1] = 10이라는 코드는 결과적으로 skd['1']을 조작하는 코드와 같습니다. 파일에서 키를 읽어 들였을 때는 문자열과 정수를 구별하기 힘듭니다. 이러한 데이터로 딕셔너리를 만들 때 유용할 수 있습니다.
- RecentDict라는 클래스를 구현해주세요. RecentDict는 일반적인 딕셔너리처럼 동작하지만, 사용자가 지정한 수만큼의 데이터(키-값 쌍)만 유지합니다. 예를 들어 RecentDict(5)로 클래스를 생성하면 최근 데이터 5개만 유지합니다. 5개 이상의 데이터가 있을 경우, 과거의 데이터를 제거합니다. 어떻게 구현해야 할지 떠올리기 힘들 수 있는데요. 최신 파이썬 버전에서는 딕셔너리가 시간 순서로 저장된다는 사실을 생각하면서 구현해보세요!
- 리스트(list)를 상속받아서 FlatList 클래스를 구현하고, append 메서드를 재정의(오버라이드)해주세요. FlatList 클래스는 append 메서드의 매개변수로 이터러블을 전달했을 때, 이터러블의 요소를 개별적으로 추가합니다. 즉, fl.append([10, 20, 30])이라는 코드를 사용하면 fl에 10, 20, 30이 개별적으로 추가됩니다. 전달된 매개변수가 이터러블인지 확인해야 할 텐데요. 이때는 iter 내장 함수(http://mng.bz/Qy2G)를 사용해보기 바랍니다.

9.6 EXERCISE 43. 동물원의 동물 만들기

PYTHON

이제 이번 장의 예제도 3개 남았습니다. 남은 예제에서는 지금까지 살펴본 클래스, 메서드, 속성, 구성, 상속을 모두 활용할 수 있는 예제를 만들어보겠습니다. 이 개념들을 함께 살펴보면 각각의 내용을 살펴볼 때보다 이들의 장점을 잘 이해할 수 있을 것입니다.

우리는 동물원의 IT 관리자입니다. 동물원에는 여러 종류의 동물이 있습니다. 그런데 예산 문제로 일부 동물은 다른 동물과 함께 사육해야 한다고 가정합시다.

동물을 객체로 표현하고, 각각의 종은 별도의 클래스로 구현합니다. 동일한 종(클래스)이라면 동일한 다리 수(legs)를 갖습니다. 반면 인스턴스별로 색상(color)은 다를 수 있습니다.

예를 들어 흰색 양은 다음과 같이 생성합니다.

```
s = Sheep('white')
```

그리고 이렇게 만든 객체에서 동물에 대한 정보를 읽어 들일 수 있습니다.

```
print(s.species) ------ sheep을 출력합니다.
print(s.color) ------ white를 출력합니다.
print(s.number_of_legs) ------ 4를 출력합니다.
```

또한, 이러한 동물을 문자열로 변환(str 또는 print를 사용해서 변환)하면 세부 정보를 문자열로 출력할 수 있습니다.

```
print(s) ------ white sheep, 4 legs를 출력합니다.
```

동물원에는 양(Sheep), 늑대(Wolf), 뱀(Snake), 앵무새(Parrot)라는 4가지 종류의 동물이 있습니다(동물원에 예산 문제가 있으므로, 동물의 종류도 많지 않습니다). 각각의 자료형에 대한 클래스를 만들고 색상, 종, 다리 수를 출력해보세요.

9.6.1 풀어보기

예제를 정리해봅시다. 4개의 다른 클래스(Wolf, Sheep, Snake, Parrot)를 만들어야 합니다. 각각의 클래스는 색상을 나타내는 매개변수 하나를 받으며 species, color, number_of_legs라는 속성을 갖습니다.

단순하게 각각의 클래스를 각각 구현할 수도 있습니다. 하지만 당연하게도 이 예제는 상속을 활용하는 예제입니다. 부모 클래스로 Animal 클래스를 만들고, Wolf, Sheep, Snake, Parrot를 자식 클래스로 만들면 됩니다. 그런데 각각에 어떤 속성을 넣어야 할까요?

모든 동물은 동일한 속성을 갖습니다. 따라서 Animal 클래스에 모든 속성을 정의하고, __repr__ 메서드도 정의해서 색상, 종, 다리 수를 간단하게 출력하게 만들 수 있습니다. 필자가 만든 해답에서는 __repr__ 메서드에서 self의 속성을 읽어 들이고, f-문자열을 사용해서 문자열을 만들어냅니다. 또한, 자식 클래스의 __init__ 메서드로는 색상만 매개변수로 입력받고, Animal.__init__을 호출할 때 다른 속성을 지정하게 했습니다. 그림 9-13을 살펴봅시다. 각각에 어떤 형태의 메서드가 정의되어 있는지 확인해주세요.

▼ 그림 9-13 Animal 클래스를 상속한 Wolf 클래스

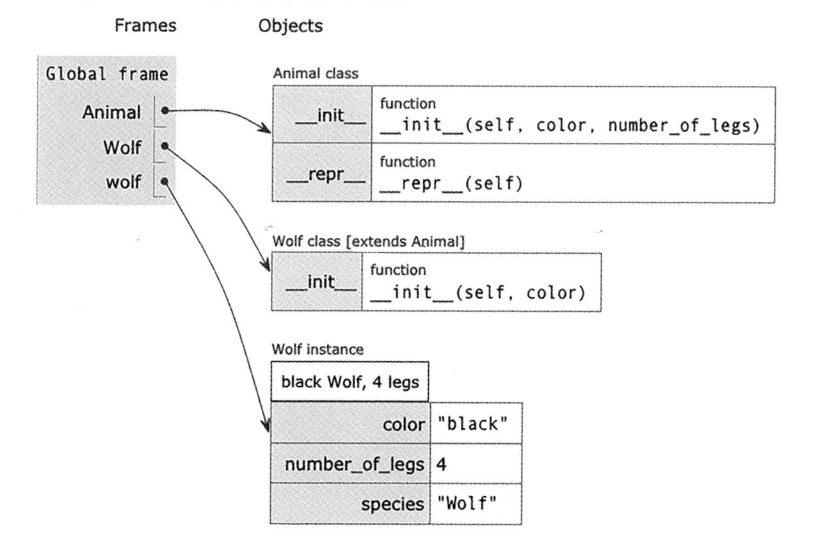

이론적으로 자식 클래스들에서 Animal.__init__을 직접 호출할 수도 있겠지만, super를 활용한 super().__init__을 활용하는 코드를 사용하는 것이 다양한 상황에서 더 안정적입니다. 그리고 이를 통해서 자식 클래스의 __init__에서 부모 클래스의 __init__을 호출해서 color와 number_of_legs를 지정하게 했습니다.

그럼 species 속성은 어떻게 넣을 수 있을까요? 하드 코딩해도 문제는 없을 것입니다.

필자는 __name__ 속성을 활용했습니다. 파이썬의 클래스에는 현재 클래스의 이름을 나타내는 __name__ 속성이 있습니다. self.__class__를 사용하면 클래스를 확인할 수 있습니다. 그리고 self.__class__.__name__을 사용하면 클래스의 이름을 문자열로 확인할 수 있습니다.

추상 베이스 클래스

이번 예제의 Animal 클래스는 다른 프로그래밍 언어에서 '추상 베이스 클래스(abstract base class)'라고 부르는 클래스입니다. 상속을 위해서만 사용되고, 실제로 인스턴스화는 하지 않는 클래스를 말합니다. 물론 추상 베이스 클래스를 본문 예제처럼 만들어도 큰 문제는 없습니다. 다만 abc 모듈(abstract base class의 약자)을 사용하면 추상 베이스 클래스를 인스턴스화하지 않게 강제할 수도 있습니다. 이와 관련한 자세한 내용은 http://mng.bz/yyJB를 참고해보기 바랍니다.

필자는 파이썬의 경우 이를 강제하지 않고, 단순하게 문서에 추상 베이스 클래스라고 표시만 해도 괜찮다고 생각합니다. 하지만 여러 개발자가 참여하는 대규모 프로젝트라면 abc 모듈을 활용해서 추가로 안전장치를 걸어주는 것이 좋을 수도 있습니다. 프로젝트의 성격과 규모 등에 따라서 잘 결정해서 활용해보기 바랍니다.

9.6.2 해답

```
class Animal():
    def __init__(self, color, number_of_legs):
        self.species = self.__class__.__name__
        self.color = color
        self.number_of_legs = number_of_legs

    def __repr__(self):
        return f'{self.color} {self.species}, {self.number_of_legs}
        ➡legs'

class Wolf(Animal):
    def __init__(self, color):
        super().__init__(color, 4)

class Sheep(Animal):
    def __init__(self, color):
        super().__init__(color, 4)

class Snake(Animal):
```

Animal.__init__은 색상, 다리 수를 매개변수로 받습니다.

현재 클래스의 이름을 문자열로 얻고, 이를 species에 할당합니다.

f-문자열을 사용해서 적절한 출력을 생성합니다.

```
    def __init__(self, color):
        super().__init__(color, 0)

class Parrot(Animal):
    def __init__(self, color):
        super().__init__(color, 2)

wolf = Wolf('black')
sheep = Sheep('white')
snake = Snake('brown')
parrot = Parrot('green')

print(wolf)
print(sheep)
print(snake)
print(parrot)
```

이 예제는 http://mng.bz/B2Z0에서 확인할 수 있습니다.

9.6.3 조금 더 나아가기

이번 예제에서는 여러 개의 클래스를 사용해 계층 구조를 만들어보았습니다. 그럼 상속을 활용해 계층 구조를 설계하는 데 도움을 줄 수 있는 예제를 몇 가지 소개하겠습니다.

- 각각의 동물 클래스가 Animal 클래스를 직접 상속받지 않게 설계해 보세요. Animal 클래스를 상속받아서 다리 수를 몇 개 가진 동물인지를 나타내는 추상 클래스 ZeroLeggedAnimal, TwoLeggedAnimal, FourLeggedAnimal을 만듭니다. 그리고 이를 상속받아서 Wolf, Sheep, Snake, Parrot 클래스를 구현합니다. 이렇게 상속 계층을 구성할 때는 메서드를 어떤 형태로 만들어야 할까요?

- 동물의 다리 수를 나타내는 속성인 number_of_legs를 __init__ 메서드에서 인스턴스 속성으로 만들지 말고 클래스 속성으로 구현해보세요. 이전에 만든 Bowl과 BigBowl 예제를 다시 떠올려보면 좋을 것입니다. 이렇게 구현할 경우, 각각의 서브 클래스에서 __init__ 메서드를 따로 구현할 필요가 있을까요?
- __repr__ 메서드로 각 동물의 소리를 출력해야 한다고 해봅시다. 예를 들어 str(sheep)은 '메에에'라고 출력합니다. 이를 구현할 때, 코드를 최대한 재사용하려면 상속을 어떤 식으로 활용해야 할까요?

PYTHON

9.7 EXERCISE 44. 동물 우리 만들기

이전 예제에서 동물을 만들었으므로, 이제 동물을 넣을 우리를 만들어봅시다. 동물 우리를 나타내는 Cage 클래스는 다음과 같이 c1.add_animals로 한 마리 이상의 동물을 넣을 수 있게 설계합니다.

```
c1 = Cage(1)
c1.add_animals(wolf, sheep)

c2 = Cage(2)
c2.add_animals(snake, parrot)
```

우리를 만들 때는 우리에 우리를 나타내는 식별 ID를 매개변수로 전달합니다(식별 ID의 유일성을 강제하지는 않아도 됩니다). __repr__ 메서드를 활용해서 우리의 식별 ID와 함께 안에 있는 동물들을 출력해주세요.

9.7.1 풀어보기

이번 예제에서 구현해야 하는 Cage 클래스는 이전에 살펴본 Bowl 클래스와 굉장히 유사합니다. Cage 클래스는 __init__ 메서드 내부에서 self.animals라는 빈 리스트를 만들고, 필요에 따라서 동물을 추가 또는 제거할 수 있게 하면 될 것입니다. 또한, 식별 ID를 붙이라고 했으므로, 매개변수로 id_number를 받고, self.id_number에 저장하겠습니다.

▼ 그림 9-14 wolf와 sheep 인스턴스를 담은 Cage 인스턴스

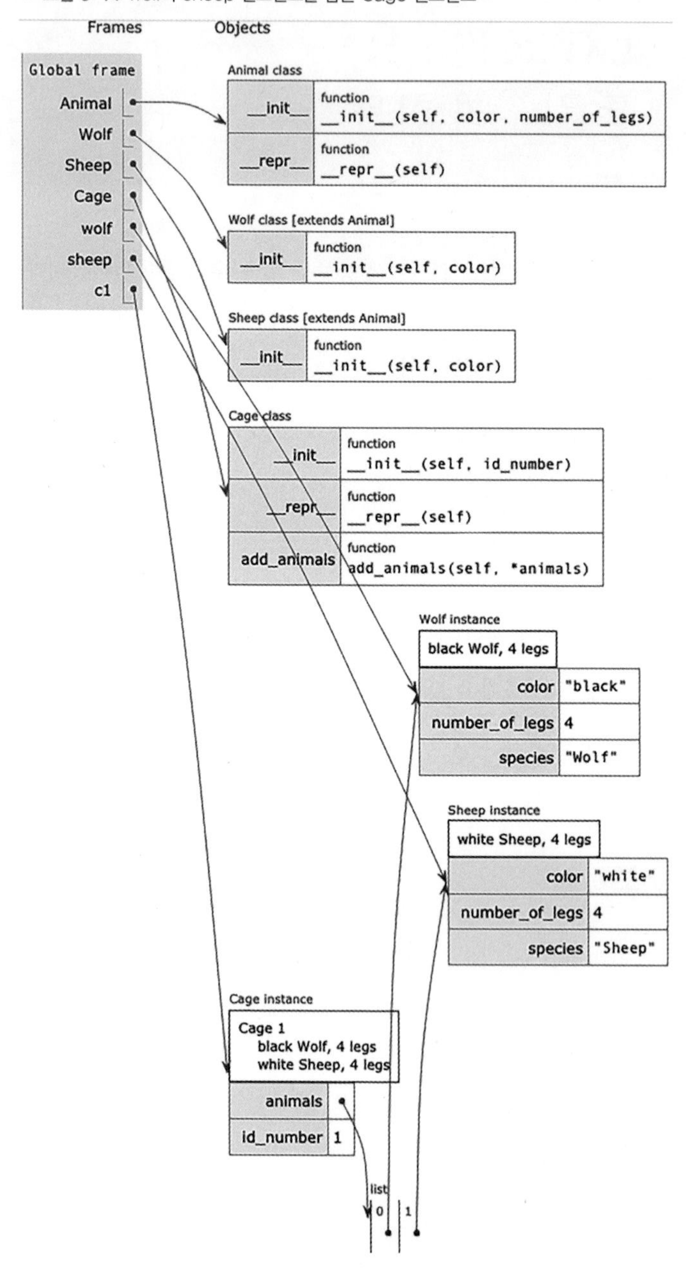

이어서 Cage.add_animals는 이전의 Bowl.add_scoops를 구현할 때와 비슷하게 합니다. 매개변수로 여러 개의 동물이 전달될 수 있으므로, * 연산자를 활용해서 모든 매개변수를 animals라는 하나의 튜플로 받습니다. 이어서 self.animals에 동물들을 추가해야 하는데요. list.extend를 사용할 수도 있겠지만, 필자는 이번 해답에서 이전과 마찬가지로 for 반복문을 활용해 한 번에 하나의 동물씩 추가하게 구현했습니다. 동물 두 마리를 리스트에 추가하면 그림 9-14와 같은 상태가 됩니다.

마지막으로 __repr__을 생각해봅시다. c1이라는 동물 우리가 있을 때, print(c1)과 같은 코드를 사용하면 동물 우리의 식별 번호와 함께 내부에 있는 동물들을 출력합니다. 일단 동물 우리의 헤더를 출력하는 것은 굉장히 간단합니다. 조금 문제가 되는 부분은 self.animals 내부에 있는 동물들의 정보를 출력하는 부분입니다. 필자는 제너레이터 표현식을 활용해서 self.animals라는 Animal 인스턴스들을 str을 활용해 문자열로 변경하고, str.join을 활용해서 결합했습니다. 각각의 동물을 출력할 때는 줄바꿈 문자를 활용하므로, str.join은 \n을 활용해서 했습니다.

9.7.2 해답

```
class Animal():
    def __init__(self, color, number_of_legs):
        self.species = self.__class__.__name__
        self.color = color
        self.number_of_legs = number_of_legs

    def __repr__(self):
        return f'{self.color} {self.species}, {self.number_of_legs}
        ➡legs'

class Wolf(Animal):
```

```
    def __init__(self, color):
        super().__init__(color, 4)

class Sheep(Animal):
    def __init__(self, color):
        super().__init__(color, 4)

class Snake(Animal):
    def __init__(self, color):
        super().__init__(color, 0)

class Parrot(Animal):
    def __init__(self, color):
        super().__init__(color, 2)

class Cage():
    def __init__(self, id_number):
        self.id_number = id_number    # 동물 우리의 식별 번호를 지정합니다(유일성을 가지지 않아도 되며, 단순한 출력 목적입니다).
        self.animals = []    # 동물들을 배치할 빈 리스트를 생성합니다.

    def add_animals(self, *animals):
        for one_animal in animals:
            self.animals.append(one_animal)

    def __repr__(self):    # 제너레이터 표현식을 활용해 동물 우리 안에 들어 있는 동물들을 문자열로 변환한 뒤, str.join으로 결합해서 출력합니다.
        output = f'Cage {self.id_number}\n'
        output += '\n'.join(
            '\t' + str(animal) for animal in self.animals)
        return output

wolf = Wolf('black')
sheep = Sheep('white')
snake = Snake('brown')
parrot = Parrot('green')

c1 = Cage(1)
c1.add_animals(wolf, sheep)

c2 = Cage(2)
```

```
c2.add_animals(snake, parrot)

print(c1)
print(c2)
```

이 예제는 http://mng.bz/dyeN에서 확인할 수 있습니다.

9.7.3 조금 더 나아가기

이번 예제에서는 객체 지향 프로그래밍 테크닉 중 하나인 구성을 다시 살펴보았습니다. 구성은 한 객체가 다른 객체를 소유(has-a)하는 것입니다. 그럼 구성을 더 살펴볼 수 있는 예제를 몇 가지 소개해보겠습니다. 객체 지향 시스템에서 접할 수 있는 패턴은 거의 유사합니다. 이전에 살펴본 내용과 비슷하므로, 한 번 더 복습한다는 느낌으로 구현해보세요.

- 현재 Cage 클래스에는 동물을 무제한으로 넣을 수 있습니다. 이전의 Bowl과 BigBowl 예제처럼 한 우리에 넣을 수 있는 동물을 제한하는 Cage와 BigCage 클래스를 만들어보세요.
- 사실 동물의 종류와 상관없이 동물 우리 하나에 여러 마리의 동물을 넣는 것은 비윤리적인 발상입니다. 동물별로 필요한 영역의 크기가 다를 수 있기 때문입니다. Animal 클래스에 어떤 동물이 살면서 필요한 공간을 나타내는 space_required라는 속성을 지정합니다. 또한, Cage 클래스도 space라는 속성을 지정해서 우리의 크기를 저장할 수 있게 해주세요. 그리고 이를 기반으로 동물 우리 안에 동물을 추가할 때, 동물 우리 안에 공간이 남을 경우에만 동물을 추가할 수 있게 해주세요. 만약 동물 우리에 동물을 추가했을 때, 공간이 부족하다면 예외가 발생하게 해주세요.
- 현재 Cage 클래스는 우리에 동물의 종류를 구분하지 않고 넣습니다. 따라서 늑대와 양을 같은 우리에 넣을 수도 있고, 뱀과 앵무새를 같은 우리에 넣을 수도 있습니다. 한 동물을 다른 동물의 먹이로 주는 것이 아니라면

이런 일이 있어서는 안 됩니다. 어떤 동물이 어떤 동물과 함께 거주할 수 있는지 나타내는 딕셔너리를 만들어주세요. 키로 각 동물 클래스를 활용하고, 값으로 함께 지낼 수 있는 동물 클래스 리스트를 지정합니다. 그리고 `Cage.add_animals`에서 이를 활용해서 함께 배치할 수 있는 동물만 추가할 수 있게 코드를 구성해주세요. 만약 함께 배치할 수 없는 동물을 배치하면 예외가 발생하게 해주세요.

9.8 EXERCISE 45. 동물원 만들기

PYTHON

동물원 IT 관리자로서 이제 동물원 전체를 나타내는 Zoo 클래스를 만들어봅시다. Zoo 클래스는 Cage 객체들을 여러 개 소유합니다. 또한, Zoo 클래스에는 다음과 같은 기능들을 추가합니다.

- Zoo 클래스의 인스턴스를 z라고 합시다. print(z)를 사용해서 모든 우리의 식별 ID와 내부에 있는 동물을 출력해주세요.
- z.animals_by_color라는 메서드를 활용해서 특정 색상의 동물들을 모아 출력할 수 있게 해주세요. 예를 들어 z.animals_by_color('black')이라고 입력하면 검은색 동물들을 모두 출력합니다.
- 마찬가지로 z.animals_by_legs라는 메서드를 활용해서 특정 다리 수를 가진 동물들을 모아 출력할 수 있게 해주세요. 예를 들어 z.animals_by_legs(4)라고 입력하면 다리가 4개인 동물들을 모두 출력합니다.
- 마지막으로 동물원에 주기적으로 동물용 양말을 만들어주려는 기부 단체가 있어서 그들에게 모든 동물들의 다리 수를 알려줘야 한다고 합시다. z.number_of_legs라는 함수로 동물원에 있는 모든 동물의 다리 수를 알 수 있게 해주세요.

따라서 다음과 같은 코드를 실행할 수 있는 Zoo 클래스를 구현하는 것이 이번 예제의 목표입니다.

```
z = Zoo()
z.add_cages(c1, c2)

print(z)
```

```
print(z.animals_by_color('white'))
print(z.animals_by_legs(4))
print(z.number_of_legs())
```

9.8.1 풀어보기

Zoo 클래스는 Cage 클래스와 거의 비슷합니다. 내부에 동물 우리들을 저장해야 하므로, self.cages라는 리스트를 가져야 할 것입니다. 또한, add_cages 메서드는 매개변수로 *args를 사용해서 여러 개를 입력받을 수 있게 합니다. __repr__ 메서드도 Cage.__repr__처럼 구현합니다. str과 제너레이터 표현식을 사용해서 동물 우리들을 문자열 리스트로 변환하고, 이를 str.join으로 결합해서 문자열로 리턴하면 됩니다.

하지만 Zoo에는 새로운 메서드를 추가로 구현해야 합니다. animals_by_color와 animals_by_legs에서는 동물의 색상과 동물의 다리 수에 접근할 수 있어야 합니다. Zoo 내부에 Cage가 있고, Cage 내부에 Animal이 있다는 사실을 활용해서, 리스트 내포를 중첩해서 활용하면 될 것입니다.

모든 동물이 필요한 것이 아니라 어떤 조건에 맞는 동물을 찾아야 하는 것이므로, 리스트 내포를 활용할 때 if 조건문을 활용해야 합니다. animals_by_color의 경우 특정 색상, animals_by_legs의 경우 특정 다리 수를 필터링할 수 있게 조건문을 구성합니다.

추가로 number_of_legs도 구현해야 합니다. number_of_legs는 동물원에 있는 모든 동물들의 다리 수를 더해서 리턴하는 메서드입니다. 제너레이터 표현식을 중첩해서 활용해서 동물원의 모든 우리 안에 있는 동물에 접근하고, sum 함수를 호출해서 더하면 될 것입니다.

객체 지향 프로그래밍과 함수형 프로그래밍 커뮤니티는 오랫동안 서로 어떤 메커니즘이 더 우월한지 싸워 왔습니다. 하지만 Zoo 클래스를 보면 알 수 있는 것처럼 둘을 조합해서 활용하면 강력하면서도 짧고 우아한 프로그램을 작성할 수 있습니다. 물론 이번 코드는 프로그래밍을 교육할 때, 일부 학생들로부터 객체 지향 프로그래밍의 캡슐화 원칙을 위반하고 있다는 지적을 받습니다. 캡슐화란 한 객체에서 다른 객체의 데이터에 직접 접근하면 안 된다는 개념입니다.

객체 지향 프로그래밍의 원칙을 위반해도, 이 코드는 파이썬 세계에서 굉장히 일반적으로 사용되는 형태의 코드입니다. 파이썬은 객체의 데이터를 모두 공개합니다. 따라서 다른 객체에서 다른 객체의 데이터에 접근할 수 있습니다. 물론 이로 인해서 객체의 안정성이 위협받을 수 있습니다. 이러한 위협을 줄일 수 있게, 파이썬은 문서를 통해서 접근하면 안 되는 데이터를 설명하는 것이 일반적입니다.

9.8.2 해답

이번 예제는 이 책에서 가장 길고 복잡한 클래스 정의입니다. 하지만 어렵지는 않습니다. 지금까지 살펴본 모든 내용을 조합해서 사용했을 뿐입니다.

```
class Zoo():
    def __init__(self):
        self.cages = []    # 동물 우리를 저장하는 self.cages 속성을 리스트로 설정합니다.

    def add_cages(self, *cages):
        for one_cage in cages:
            self.cages.append(one_cage)

    def __repr__(self):
        return '\n'.join(str(one_cage)
            for one_cage in self.cages)

    def animals_by_color(self, color):    # 특정 색상을 가진 동물 객체를 리턴하는 메서드입니다.
        return [one_animal
            for one_cage in self.cages
            for one_animal in one_cage.animals
```

```
            if one_animal.color == color]
                                        특정 다리 수를 가진 동물 객체를 리턴하는 메서드입니다.
    def animals_by_legs(self, number_of_legs): ------
        return [one_animal
            for one_cage in self.cages
            for one_animal in one_cage.animals
            if one_animal.number_of_legs == number_of_legs]

    def number_of_legs(self): ------ 모든 동물의 다리 수를 리턴하는 메서드입니다.
        return sum(one_animal.number_of_legs
            for one_cage in self.cages
            for one_animal in one_cage.animals)

wolf = Wolf('black')
sheep = Sheep('white')
snake = Snake('brown')
parrot = Parrot('green')

print(wolf)
print(sheep)
print(snake)
print(parrot)

c1 = Cage(1)
c1.add_animals(wolf, sheep)

c2 = Cage(2)
c2.add_animals(snake, parrot)

z = Zoo()
z.add_cages(c1, c2)

print(z)
print(z.animals_by_color('white'))
print(z.animals_by_legs(4))
print(z.number_of_legs())
```

이 예제는 http://mng.bz/lGMB에서 확인할 수 있습니다.

9.8.3 조금 더 나아가기

지금까지 배운 내용을 모두 조합해서 Zoo 클래스를 만들어보았습니다. 이와 같은 형태의 객체 지향 프로그래밍을 연습해볼 수 있는 예제를 몇 가지 더 소개하겠습니다.

- animals_by_color 메서드를 수정해서 여러 개의 색상을 받을 수 있게 해주세요. 그리고 여러 색상들을 가진 동물들을 모두 출력해주세요(흰색과 검은색이라고 지정하면 흰색 동물과 검은색 동물을 모두 출력합니다). 만약 색상을 지정하지 않고 animals_by_color를 호출하면 예외가 발생하게 해주세요.
- 이번 코드의 Zoo 클래스는 마치 싱글턴 패턴[2]인 것처럼 하나의 인스턴스만 만듭니다. 세상에 동물원이 하나밖에 없다면 얼마나 슬플까요? 2개 이상의 동물원을 만들고, 한 동물원의 동물을 다른 동물원으로 옮기는 기능을 구현해봅시다. Zoo.transfer_animal 메서드를 만들어주세요. Zoo.transfer_animal 메서드는 매개변수로 다른 동물원 하나와 동물 하나를 매개변수로 받습니다. 원래 동물원에서는 해당 동물을 제거하고, 다른 동물원에 해당 동물을 추가해주세요.
- animals_by_color와 animals_by_legs 메서드를 결합한 get_animals 메서드를 만들어주세요. get_animals 메서드는 **kwargs를 매개변수로 받으며, color와 legs를 키워드로 지정할 수 있습니다. 지정한 기준에 맞는 동물을 리턴하게 해주세요.

2 역주 클래스의 인스턴스를 하나만 만들 수 있게 제한하는 패턴을 싱글턴 패턴이라고 부릅니다.

9.9 정리

객체 지향 프로그래밍은 테크닉의 집합이면서 생각 방식의 전환입니다. 많은 프로그래밍 언어가 객체 지향 프로그래밍이라는 문법과 구조에 맞춰서 코드를 작성하게 강제합니다. 따라서 개발자는 프로그램을 그 틀에 맞춰야 합니다. 하지만 파이썬은 객체 지향 프로그래밍을 강제하지 않습니다. 필요한 경우에 간단하게 사용하기만 하면 됩니다. 파이썬은 이번 장에서 살펴본 형태로 객체를 활용해서 코드를 더 쉽게 작성하고 읽고 유지보수할 수 있게 합니다.

10장

이터레이터와 제너레이터

지금까지 for 반복문을 여러 객체와 함께 활용해보았습니다. 반복 처리(iteration)는 굉장히 유용하므로, 프로그래밍에서 무척 많이 활용됩니다. 파이썬에서 반복할 수 있는 객체를 이터러블(iterable)이라고 부릅니다. 객체를 이터러블하게 만들고 싶다면 이터레이터 프로토콜(iterator protocol)이라는 규약에 따라서 몇 가지 기능을 구현하기만 하면 됩니다.

이번 장에서는 이터레이터 프로토콜을 살펴보고, 이를 활용해서 어떻게 이터러블 객체를 만들 수 있는지, 크게 3가지로 구분해서 알아보겠습니다.

1. 파이썬 클래스에 이터레이터 프로토콜을 직접 구현해서 이터러블을 만들어보겠습니다.
2. 제너레이터 함수라고 부르는 특수한 형태의 함수로 이터레이터 프로토콜을 구현해서 이터러블을 만들어보겠습니다.
3. 리스트 내포와 비슷한 형태로 만드는 제너레이터 표현식을 활용해서 이터러블을 만들어보겠습니다.

파이썬은 다음과 같은 형태로 문자열에 있는 각각의 단어를 꺼내서 반복할 수 있습니다.

```
for i in 'abcd':
    print(i) ------ 각각의 줄에 a, b, c, d를 출력합니다.
```

무척 자연스러운 형태로 보이는 코드입니다. 하지만 다음과 같은 코드를 생각해봅시다. 다음 코드와 같이 반복문의 반복 객체에 정수 5를 넣으면 5번 반복될까요? 처음 파이썬을 배울 때, 많은 초보 개발자가 이러한 코드를 작성합니다.

```
for i in 5: ------ 오류가 발생합니다.
    print(i)
```

하지만 이러한 코드는 오류를 발생시킵니다.

```
TypeError: 'int' object is not iterable
```

오류에 나오는 것처럼 정수는 이터러블이 아닙니다. 문자열, 리스트, 딕셔너리는 이터러블이지만, 정수는 이터러블이 아닌 것입니다. 정수는 이터레이터 프로토콜을 구현하고 있지 않습니다. 이터레이터 프로토콜은 다음과 같은 3가지로 구성됩니다.

1. 이터레이터를 리턴하는 `__iter__` 메서드가 구현되어 있어야 합니다.
2. 이터레이터에는 `__next__` 메서드가 구현되어 있어야 합니다.
3. `__next__` 메서드는 반복의 끝에 도달했을 때, 이를 알릴 수 있는 `StopIteration` 예외를 발생시켜야 합니다.

기본적으로 문자열, 리스트, 튜플과 같은 시퀀스는 이터러블입니다. 그런데 조금 더 큰 규모의 객체라고 할 수 있는 파일, 딕셔너리도 이터러블입니다. 또한, 클래스를 직접 구현할 때, 이터레이터 프로토콜을 구현하면 이터러블을 만들 수 있습니다.

그럼 `for` 반복문이 실제로 어떤 처리를 하는지, 더 자세하게 알아봅시다.

1. `iter`라는 내장 함수(http://mng.bz/jgja)는 객체 내부에 있는 `__iter__` 메서드를 호출합니다. `__iter__`가 리턴하는 모든 것을 '이터레이터'라고 부릅니다.
2. 객체가 이터러블이라면 `for` 반복문은 `next`라는 내장 함수를 사용해서 이터레이터가 갖고 있는 `__next__` 함수를 호출합니다.
3. `__next__`를 호출했을 때, `StopIteration` 예외가 발생한다면 반복문을 벗어납니다.

파이썬을 처음 공부하는 많은 개발자가 반복문을 공부할 때 몇 가지 의문을 갖습니다.

1. 일반적으로 C 언어 스타일의 프로그래밍 언어는 반복을 구현할 때 숫자 인덱스를 활용합니다. 숫자 인덱스가 있어야 컬렉션의 요소에 접근할 수 있기 때문입니다. 즉, 반복문 자체가 현재 반복이 몇 번째 반복인지 추적하는 기능이 있는 것입니다. 반면 파이썬의 반복문은 이러한 기능이 없습니다. 자신이 몇 번째 반복인지 추적하는 기능은 객체 스스로에 있어야 합니다. 그래서 for 반복문을 사용할 때, 현재가 몇 번째 반복인지 알 수 없는 것입니다. 물론 반복의 끝에 도달했을 때는 객체에서 StopIteration 예외를 발생시키므로, 반복의 끝에 도달했다는 사실만은 알 수 있습니다.
2. for 반복문의 형태는 모두 같은데도 문자열을 넣으면 각각의 문자에 대해서 반복하고, 딕셔너리를 넣으면 각각의 키에 대해서 반복하고, 파일을 넣으면 각각의 줄의 대해서 반복합니다. 이는 이터레이터 객체가 리턴하는 대상에 따라서 달라지는 것입니다. 이터레이터 객체에서는 무엇이든 리턴할 수 있습니다. 내부적으로 문자열 이터레이터는 문자를 리턴하고, 딕셔너리 이터레이터는 키를 리턴하고, 파일 이터레이터는 파일의 각 줄을 리턴하게 구현되어 있기 때문에 이런 형태로 같은 반복문에 넣어도 다르게 동작하는 것입니다.

다음 코드는 이터레이터 프로토콜을 구현한 클래스의 예입니다. LoudIterator 클래스는 생성자로 이터러블을 받아 저장하고, 이터레이터 프로토콜의 각 메서드를 호출할 때 현재 어떤 메서드에서 어떤 처리를 하는지 출력합니다.

```
class LoudIterator():
    def __init__(self, data):
        print('\tNow in __init__')
        self.data = data ------ self.data라는 속성에 데이터를 저장합니다.
        self.index = 0 -----┐
                self.attribute라는 속성을 만들어서 현재 위치를 기록합니다.
    def __iter__(self):
        print('\tNow in __iter__')
        return self ------ __iter__에서는 단순하게 self를 리턴합니다.
```

```
    def __next__(self):
        print('\tNow in __next__')
        if self.index >= len(self.data):
            print(f'\tself.index ({self.index}) is too big;
            ➥exiting')
            raise StopIteration

        value = self.data[self.index]
        self.index += 1
        print('\tGot value {value}, incremented index to {self.
        ➥index}')
        return value

for one_item in LoudIterator('abc'):
    print(one_item)
```

self.index가 마지막에 도달했다면 StopIteration 예외를 강제로 발생시킵니다.

인덱스를 증가시키기 전에 값을 추출해둡니다.

self.index를 증가시킵니다.

이 코드를 실행하면 다음과 같은 결과를 출력합니다.

```
Now in __init__
    Now in __iter__
    Now in __next__
    Got value a, incremented index to 1
a
    Now in __next__
    Got value b, incremented index to 2
b
    Now in __next__
    Got value c, incremented index to 3
c
    Now in __next__
    self.index (3) is too big; exiting
```

이전에 설명한 것처럼 __iter__를 호출한 뒤에, __next__를 차례차례 호출합니다. 그리고 반복이 종료되는 시점에 StopIteration을 호출합니다.

직접 새로운 타입을 만들 때도 이처럼 메서드를 추가하기만 하면 됩니다. 다음과 같은 방법으로도 이터레이터를 만들어낼 수 있습니다.

1. 이전에 살펴본 제너레이터 표현식으로도 만들 수 있습니다. 리스트 내포의 []를 ()로 변경하기만 하면 제너레이터 표현식이 만들어집니다. 리스트 내포는 한 번에 리스트를 만들어내므로 메모리를 많이 차지하지만, 제너레이터 표현식은 한 번에 하나의 요소만 리턴하는 이터레이터를 만들어내므로 메모리를 절약할 수 있습니다.

2. 함수와 비슷하게 보이지만, 호출했을 때 이터레이터처럼 동작하는 제너레이터 함수로도 만들 수 있습니다. 예를 들어,

   ```
   def foo():
       yield 1
       yield 2
       yield 3
   ```

   foo 함수를 실행해도 함수의 본문이 실행되지 않습니다. 대신 제너레이터 객체라는 것이 리턴됩니다. 제너레이터 객체는 이터레이터 프로토콜을 구현하고 있는 객체입니다. 따라서 다음과 같이 for 반복문에 사용할 수 있습니다.

   ```
   g = foo()
   for one_item in g:
       print(one_item)
   ```

   이 코드를 실행하면 1, 2, 3을 출력합니다. 한 번의 반복에서 next(g)를 호출하게 되며, 이때 첫 번째 yield 키워드 위치까지 실행하며, yield 뒤의 값을 리턴합니다. next(g)가 호출되면 이를 계속 반복합니다. 그리고 제너레이터 함수를 벗어날 때, StopIteration이 호출되면서 반복문도 벗어나게 됩니다.

이터레이터는 굉장히 많이 사용되는 만큼 편리하게 설계되어 있습니다. 이번 장에서는 이터레이터를 만드는 다양한 방법을 살펴보고, 각각의 방법을 언제 어떻게 활용하면 좋을지 알아보겠습니다.

이터러블과 이터레이터의 차이

이터러블과 이터레이터는 굉장히 비슷한 이름이지만, 그 의미는 다릅니다.

- 이터러블은 for 반복문 또는 리스트 내포에 활용할 수 있습니다. 이터러블이 되기 위해서는 __iter__ 메서드를 구현해야 합니다. 그리고 __iter__ 메서드는 이터레이터를 리턴해야 합니다.
- 이터레이터는 __next__ 메서드를 구현한 객체를 의미합니다.

이터러블이면서 이터레이터인 객체도 있습니다. 예를 들어 파일 객체는 이터러블이면서 이터레이터입니다.[1] 하지만 문자열, 리스트처럼 이터러블 객체가 별도의 이터레이터를 리턴하는 경우도 있습니다.

▼ 표 10-1 이 장에서 다루는 내용

개념	설명	예시	참고 자료
iter	객체의 이터레이터를 리턴하는 내장 함수입니다.	`iter('abcd')`	http://mng.bz/jgja
next	이터레이터의 다음 객체를 추출하는 내장 함수입니다.	`next(i)`	http://mng.bz/WPBg
StopIteration	반복이 종료되었을 때 발생시키는 예외입니다.	`raise StopIteration`	http://mng.bz/8p0K
enumerate	이터러블의 요소에 번호를 붙여줍니다.	`for i, c in enumerate('ab'): print(f'{i}: {c}')`	http://mng.bz/qM1K
이터러블	for 반복문 또는 리스트 내포 등으로 반복할 수 있는 객체입니다.		http://mng.bz/EdDq
itertools	이터러블을 구현할 때 도움이 되는 클래스들을 정의한 모듈입니다.	`import itertools`	http://mng.bz/NK4E

계속

1 역주 이전에 살펴본 LoudIterator 코드처럼 __iter__와 __next__ 메서드를 모두 구현하고 있다면 이터러블이면서 이터레이터입니다.

개념	설명	예시	참고 자료
range	정수 시퀀스(이터러블)를 리턴합니다.	# 10부터 3씩 더한 10~50 사이(50은 포함하지 않음)의 정수 시퀀스를 만듭니다. range(10, 50, 3)	http://mng.bz/B2DJ
os.listdir	디렉터리의 파일 리스트를 리턴합니다.	os.listdir('/etc/')	http://mng.bz/YreB
os.walk	디렉터리 내부의 파일들을 반복할 때 활용합니다.	os.walk('/etc/')	http://mng.bz/D2Ky
yield	반복 흐름을 정지하고, 값을 리턴합니다.	yield 5	http://mng.bz/lG9j
os.path.join	경로 형식으로 두 문자열을 결합합니다.	os.path.join('etc', 'passwd')	http://mng.bz/oPPM
time.perf_counter	프로그램이 시작한 뒤에 얼마나 진행되었는지를 float 자료형으로 리턴합니다.	time.perf_counter()	http://mng.bz/B21v
zip	n개의 매개변수를 받고, 이를 튜플로 결합해서 리턴합니다.	# [('a', 10), ('b', 20), ('c', 30)]를 리턴합니다. zip('abc', [10, 20, 30])	http://mng.bz/Jyzv

10.1 EXERCISE 46. MyEnumerate 객체 만들기

PYTHON

enumerate라는 내장 함수를 사용하면 시퀀스의 요소와 함께 인덱스를 알아낼 수 있습니다.

```
for index, letter in enumerate('abc'):
    print(f'{index}: {letter}')
```

이와 같은 형태로 동작하는 MyEnumerate라는 클래스를 만들어봅시다. 각각의 반복에서는 enumerate와 마찬가지로 (인덱스, 요소) 형태의 튜플을 리턴합니다(인덱스는 0부터 시작합니다). 이터러블이 아닌 객체를 MyEnumerate의 매개변수에 넣으면 오류가 발생하게 해주세요.

10.1.1 풀어보기

MyEnumerate 클래스는 매개변수로 이터러블 객체를 하나 받습니다. 그리고 각각의 반복에서 (인덱스, 요소) 형태의 튜플을 리턴합니다.

따라서 __next__ 함수에서 튜플을 리턴하게 하면 될 것입니다. 이때 튜플에 인덱스를 넣어야 하므로, 현재 인덱스를 추적할 수 있어야 합니다. 그런데 __next__는 호출 때마다 지역 스코프를 만들어내고, 호출이 종료될 때 지역 스코프를 제거할 것입니다. 따라서 __next__ 내부에 변수를 만들어서는 인덱스를 추적할 수 없습니다. 그렇다면 인덱스 추적을 위한 변수를 어디에 만들어야 할까요? 객체에 속성으로 만들면 될 것입니다.

__init__ 메서드에서 2가지 속성을 초기화합니다. 일단 self.data입니다. self.data에는 반복할 객체를 저장합니다. 이어서 self.index입니다. self.index는 0으로 초기화하고, __next__를 호출할 때마다 1씩 증가시켜서 인덱스를 추적할 수 있게 합니다.

__iter__는 self를 리턴하게 구현하면 됩니다.

마지막으로 __next__에서는 self.index가 self.data의 길이를 넘었는지 확인해야 합니다. 그리고 길이를 넘었다면 StopIteration을 호출해서 반복이 종료되었다고 알려줍니다.

멀티클래스 이터레이터

지금까지 살펴본 코드에서는 __iter__ 메서드에서 self를 리턴했습니다. 일반적으로 이런 형태로 구현하는 경우가 많습니다. 하지만 이렇게 구현할 경우, 단점이 약간 있습니다. 예를 들어 본문에서 구현한 MyEnumerate 클래스를 다음과 같이 사용한다면 어떻게 될까요?

```
e = MyEnumerate('abc')

print('** A **')
for index, one_item in e:
    print(f'{index}: {one_item}')

print('** B **')
for index, one_item in e:
    print(f'{index}: {one_item}')
```

이를 실행하면 다음과 같이 출력합니다.

```
** A **
0: a
1: b
2: c
** B **
```

계속

왜 두 번째 반복에서는 a, b, c라는 출력이 안 나올까요? 동일한 이터레이터를 2번 사용했기 때문입니다. 첫 번째 반복에서 self.index가 0, 1, 2로 증가한 뒤, 반복이 종료됩니다. 두 번째 반복에서는 self.index가 이미 2로, len(self.data)보다 작습니다. 따라서 StopIteration이 곧바로 호출되어서 바로 반복문을 벗어납니다.

만약 이렇게 되어도 문제가 없다면 __iter__에서 단순하게 self를 리턴하게 구현해도 괜찮습니다. 하지만 여러 번 사용해도 정상적으로 동작하게 하려면 다르게 작성해야 합니다. 가장 간단한 방법은 클래스를 하나 더 만들어서 이터레이터로 사용하는 것입니다(도움을 주는 클래스이므로 헬퍼 클래스라고 부릅니다). 문자열, 리스트, 딕셔너리 등이 이와 같이 구현되어 있습니다. 다음과 같이 메인 클래스에 __iter__를 구현하고, 헬퍼 클래스의 인스턴스를 만들어서 리턴하게 하는 것입니다.

```
# MyEnumerate 클래스의 __iter__ 메서드
def __iter__(self):
    return MyEnumerateIterator(self.data)
```

MyEnumerateIterator라는 헬퍼 클래스는 어떻게 구현해야 할까요? __init__과 __next__를 원래 MyIterator처럼 구현하면 됩니다.

이렇게 설계하면 2가지 장점이 발생합니다.

1. 이터러블과 이터레이터가 분리되어 있으므로, 이터러블을 for 반복문에 여러 번 넣어서 사용할 수 있습니다.
2. 코드를 분리할 수 있습니다. 여러 일을 헬퍼 클래스(이터레이터 클래스)로 위임할 수 있으므로, 메인 클래스(이터러블 클래스)가 이터러블의 역할에 집중할 수 있습니다.

__iter__가 호출될 때마다 self.index를 0으로 다시 할당해도 이러한 문제를 해결할 수 있을 것입니다. 하지만 이렇게 하면 스레드를 나누어서 동시에 이터러블을 조작할 때, 서로 충돌이 일어난다는 문제가 발생합니다. 헬퍼 클래스를 사용하는 경우에는 이런 충돌이 발생하지 않습니다.

10.1.2 해답

```
class MyEnumerate():                              MyEnumerate를 초기화합니다. 매개변수로
                                                  이터러블(data)을 하나 받습니다.
    def __init__(self, data): ------
        self.data = data ------ 데이터를 self.data에 넣습니다.
        self.index = 0 ------ self.index를 0으로 초기화합니다.

    def __iter__(self):
        return self ------
    MyEnumerate가 이터레이터 역할도 할 것이므로, self를 리턴하게 합니다.
    def __next__(self):
        if self.index >= len(self.data): ------ 반복의 종료에 도달했는지 확인하고,
                                                StopIteration 예외를 발생시킵니다.
            raise StopIteration
        value = (self.index, self.data[self.index]) ------
        self.index += 1 ------ 인덱스를 1만큼 증가시킵니다.     인덱스와 요소를 활용해서
        return value ------ 튜플을 리턴합니다.                 튜플을 만듭니다.

for index, letter in MyEnumerate('abc'):
    print(f'{index} : {letter}')
```

이 예제는 http://mng.bz/JydQ에서 확인할 수 있습니다.

참고로 Python Tutor에서 StopIteration 예외가 발생할 때, 코드 아래에 오류 메시지가 출력됩니다.

10.1.3 조금 더 나아가기

간단하게 이터레이터 클래스를 만들어보았습니다. 그럼 이를 더 연습해볼 수 있는 예제를 살펴봅시다.

- 추가로 설명한 '멀티클래스 이터레이터'의 내용을 참고해서 MyEnumerate 메인 클래스와 MyEnumerateIterator 헬퍼 클래스를 만들어주세요. MyEnumerate 클래스의 __iter__ 메서드에서는 MyEnumerateIterator 인스턴스를 리턴해야 하며, 헬퍼 클래스에서 __next__를 구현해야 합니다. 이터러블을 for 반복문에 2번 이상 사용해도 같은 결과가 나오게 해주세요.
- enumerate 함수는 두 번째 매개변수에 정수를 넣을 경우, 인덱스가 해당 정수부터 시작하게 됩니다[2](인덱스를 1부터 시작하게 만들 때 유용하게 활용할 수 있습니다). MyEnumerate 클래스에 이러한 두 번째 옵션 매개변수를 지정해주세요.
- MyEnumerate 클래스를 제너레이터 함수로 구현해주세요.

2 역주 예를 들어 enumerate("가나다", 100)이라고 입력하면 [(100, '가'), (101, '나'), (102, '다')]와 같은 결과가 나옵니다.

10.2 EXERCISE 47. 순환하는 이터레이터 만들기

지금까지 살펴본 예제를 생각해보면 이터러블은 단순하게 데이터를 저장하고, 데이터를 하나씩 꺼내는 역할만 합니다. 이번 예제에서는 조금 더 다양한 일을 하는 이터러블을 만들어봅시다.

Circle이라는 이터러블 클래스를 정의해주세요. 이터러블은 CircleIterator라는 헬퍼 클래스(이터레이터)를 사용하는 형태로 구현해주세요.

Circle 클래스는 생성자의 매개변수로 시퀀스(data)와 숫자(max_times)를 받습니다. Circle 객체는 이터러블이며, 시퀀스에서 요소를 숫자만큼만 리턴합니다. 만약 숫자가 시퀀스보다 큰 경우, 시퀀스를 반복해서 돌리며 추출합니다. 예를 들어 다음과 같이 작동합니다.

```
c = Circle('abc', 5)
print(list(c))  ------a, b, c, a, b를 출력합니다.
```

10.2.1 풀어보기

기본적으로 Circle 클래스는 내부에 있는 값을 하나씩 리턴하는 간단한 이터레이터입니다. 다만 a, b, c, a, b처럼 순환하면서 반복한다는 특성이 있으므로, 실제로 입력한 이터러블의 길이보다 더 많이 반복할 수 있습니다.

a, b, c, a, b처럼 순환하려면 나머지 연산자(%)를 사용합니다. 나머지 연산자는 왼쪽 피연산자를 오른쪽 피연산자로 나눈 나머지를 리턴합니다. 참고로 나머지 연산자는 이처럼 '순환'이라는 특성을 갖는 상황에 많이 활용됩니다. 이터러블을 self.data라는 이름으로 저장한다면 self.data[self.index % len(self.data)] 형태로 순환하게 만들 수 있습니다.

이전 예제에서는 self.index와 len(self.data)를 비교해서 StopIteration을 발생시키는 코드를 사용했습니다. 하지만 이번 예제는 입력한 이터러블보다 많은 횟수의 반복이 일어날 수 있으므로, 이와 같은 형태로 StopIteration을 발생시키면 안 됩니다.

대신 매개변수로 입력받은 숫자를 self.max_times와 같은 별도의 속성에 저장하고, 이를 활용해서 StopIteration이 발생하게 해야 합니다.

구현과 관련한 발상이 거의 끝나갑니다. 이제 Circle 클래스의 __init__과 __iter__를 어떻게 구현하면 될지 생각해봅시다. __init__에서는 매개변수로 받은 데이터를 self.data와 self.max_times에 저장하면 될 것입니다.

Circle 클래스의 __iter__에서는 이터레이터(CircleIterator)를 리턴해야 합니다. self.max_times와 인덱스를 비교해서 StopIteration을 발생시키는 코드가 CircleIterator 클래스 내부에 위치해야 하므로, CircleIterator를 생성할 때 self.data와 self.max_times를 전달해야 합니다.

추가로 이터레이터 내부에 __next__를 구현해야 하는데, 이는 앞에서 설명했습니다. self.index >= self.max_times 비교를 통해서 StopIteration을 발생시키고, self.data[self.index % len(self.data)]를 리턴하면 됩니다.

다른 해답

이 책의 초기 독자인 Oliver Hach와 Reik Thormann님이 제너레이터 표현식을 활용해 이번 예제를 푸는 방법을 소개해주셨습니다.

```
class Circle():

    def __init__(self, data, max_times):
        self.data = data
        self.max_times = max_times

    def __iter__(self):
        n = len(self.data)
        return (self.data[x % n] for x in range(self.max_times))
```

이 코드는 별도의 헬퍼 클래스를 사용하지 않고, Circle 클래스를 구현한 예제입니다. 다만 이전 예제처럼 self를 리턴하지도 않았습니다. 코드를 보면 알 수 있는 것처럼, __iter__에서는 제너레이터 표현식을 리턴하고 있습니다. 제너레이터 표현식도 이터레이터 프로토콜을 따르므로, 이와 같은 형태로 사용할 수 있습니다.

제너레이터 표현식을 살펴보면 range를 활용해서 self.max_times만큼 반복하게 합니다. 이때 반복 변수 x를 사용해서, self.data의 적절한 값을 선택해서 리턴합니다.

__iter__에서 제너레이터 표현식을 리턴하는 것이 이상하게 보일 수도 있는데요. 기본적으로 이터레이터 프로토콜을 지키는 것이라면 무엇이든 리턴할 수 있습니다. 이터레이터 프로토콜을 지켜서 만든 클래스 자기 자신(self), 이터레이터 프로토콜을 지켜서 만든 헬퍼 클래스, 이터레이터 프로토콜을 지키는 제너레이터 등 모두 가능합니다.

10.2.2 해답

```
class CircleIterator():
    def __init__(self, data, max_times):
        self.data = data
        self.max_times = max_times
        self.index = 0
```

```
    def __next__(self):
        if self.index >= self.max_times:
            raise StopIteration
        value = self.data[self.index % len(self.data)]
        self.index += 1
        return value

class Circle():
    def __init__(self, data, max_times):
        self.data = data
        self.max_times = max_times

    def __iter__(self):
        return CircleIterator(self.data, self.max_times)

c = Circle('abc', 5)
print(list(c))
```

이 예제는 http://mng.bz/wBjg에서 확인할 수 있습니다.

10.2.3 조금 더 나아가기

이터레이터는 이처럼 다양한 방법으로 활용할 수 있습니다. 이터레이터를 활용하면 굉장히 다양한 것들을 만들어낼 수 있습니다. 연습할 만한 예를 몇 가지 추가로 들어본다면 다음과 같습니다.

- 헬퍼 클래스를 따로 구현하지 말고, 이전에 살펴본 것처럼 self를 리턴하게 구현해봅시다. 다만, 이미 CircleIterator라는 클래스를 만들었으므로 Circle 클래스가 CircleIterator를 상속하는 형태로 구현해보세요. CircleIterator의 상속을 받으면 Circle 클래스에서 CircleIterator 클래스의 __init__과 __next__를 활용할 수 있다는 것을 기억해주세요.[3]
- 제너레이터 함수를 사용해서 Circle 클래스를 구현해보세요.[4]
- for 반복문에 넣었을 때, range처럼 동작하는 MyRange 클래스를 만들어보세요(range 반복문은 첨자 연산자([])로 요소를 추출하는 등의 기능도 포함하고 있지만, 이런 내용까지는 구현하지 않아도 괜찮습니다). range는 매개변수를 1개, 2개, 3개 받았을 때 결과가 조금씩 다릅니다. 이러한 옵션 매개변수도 구현해보기 바랍니다.

---

3 역주 참고로 상속에 익숙하지 않은 독자를 위해서 간단하게 코드를 설명하면 다음과 같습니다.

```
class CircleIterator:
    def __init__(self, data, max_times):
        self.data = data
        self.max_times = max_times
        self.index = 0

    def __next__(self):
        if self.index >= self.max_times:
            raise StopIteration
        value = self.data[self.index % len(self.data)]
        self.index += 1
        return value

class Circle(CircleIterator):
    def __init__(self, data, max_times):
        self.data = data
        self.max_times = max_times
        super(Circle, self).__init__(data, max_times)

    def __iter__(self):
        return self

c = Circle('abc', 5)
print(list(c))
```

4 역주 이전에 앞에서 소개한 코드처럼 구현하면 됩니다. 직접 생각하면서 구현해보기 바랍니다.

10.3 EXERCISE 48. 모든 줄과 모든 파일 출력하기

PYTHON

지금까지 파일 객체를 for 반복문에 넣어서 각 줄에 반복을 적용해보았습니다. 따라서 파일 객체도 이터레이터입니다. 이를 조금 더 확장해서, 하나의 반복문으로 여러 파일에 있는 각각의 줄을 반복할 수 있다면 편리할 것입니다.

이번 절에서는 제너레이터 함수를 활용해서 간단한 이터레이터를 하나 만듭니다. 제너레이터 함수의 매개변수로는 디렉터리 이름을 매개변수로 받습니다. 제너레이터는 한 번 반복할 때, 디렉터리 내부에 있는 파일의 한 줄을 리턴합니다. 예를 들어 디렉터리 내부에 5개의 파일이 있고, 각 파일이 10개의 줄을 갖고 있다고 해봅시다. 제너레이터는 첫 번째 파일에서 10개의 줄을, 두 번째 파일에서 10개의 줄을, 세 번째 파일에서 10개의 줄을, 네 번째 파일에서 10개의 줄을, 다섯 번째 파일에서 10개의 줄을 각각 리턴합니다. 따라서 최종적으로 50개의 문자열을 리턴하게 될 것입니다.

추가로 어떤 경로가 파일이 아니라면(디렉터리 등이라면), 파일을 읽어 들일 수 없습니다. 이러한 경우는 무시해주세요. 또한 파일에 대한 접근 권한이 없는 경우에도 파일을 읽어 들일 수 없습니다. 마찬가지로 무시해주세요.

10.3.1 풀어보기

만약 어떤 디렉터리 내부에 있는 모든 파일을 대상으로 하고 싶다면 `os.walk` 함수(http://mng.bz/D2Ky)를 활용해서 디렉터리 내부에 있는 모든 파일(서브 디렉터리 내부의 파일도 포함)을 읽어 들이는 형태로 코드를 작성하면 됩니다. 하지만 이번 예제에서는 서브 디렉터리의 파일까지 읽어 들이는 것이 포인트가 아니므로, 간단하게 os.listdir로 지정한 디렉터리 바로 아래에 있는 파일만 읽어 들이겠습니다.

os.listdir은 문자열 리스트를 리턴할 것입니다. 이때 문자열 리스트에 들어 있는 파일 이름들은 전체 경로가 아니라는 것을 주의해주세요. 따라서 파일을 열고 싶다면 이를 현재 경로와 결합해서 열어야 합니다.

파일 경로를 결합할 때는 str.join, + 연산자, f-문자열 등의 다양한 방법을 사용할 수 있습니다. 하지만 파일 이름을 결합할 때는 os.path.join(http://mng.bz/oPPM)을 사용하는 것이 편합니다. os.path.join은 매개변수로 전달된 여러 개의 매개변수를 운영 체제에서 디렉터리 경로를 지정할 때 사용하는 구분자로 연결해줍니다.

해답 코드의 OSError 절 부분에는 pass만 들어가 있습니다. pass는 파이썬에서 '아무것도 하지 않는다'라는 의미입니다. 파이썬은 문법적으로 콜론 다음 줄을 비워 둘 수 없으며, 반드시 들여쓰기 이후 코드가 한 줄 이상 와야 합니다. OSError가 일어날 때 아무것도 하지 않기 원하므로, 문법을 지키면서 원하는 처리를 하기 위해 pass를 사용했습니다.

별도의 예외가 없다면 yield로 현재 줄을 리턴합니다. yield를 만나면 함수가 즉시 정지하며, for 반복문에서 다음 next()를 호출할 때까지 대기하게 됩니다.

참고로 except 뒤에 예외를 지정하지 않으면 모든 예외를 처리합니다. 일반적으로 예외를 지정하지 않은 except 절에 단순하게 pass만 배치하는 코드는 굉장히 좋지 않은 코드입니다. 예외가 발생해도 어떠한 처리도 하지 않으므로, 예외가 발생했는지 전혀 알 수 없습니다. 그래서 디버깅이 힘들어집니다. 파이썬에서 예외를 사용하는 좋은 형태는 http://mng.bz/VgBX를 참고해보기 바랍니다(조금 오래된 문서이지만 읽어볼 가치가 있습니다).

10.3.2 해답

```
import os
def all_lines(path):
    for filename in os.listdir(path):
        full_filename = os.path.join(path, filename)
        try:
            for line in open(full_filename):
                yield line
        except OSError:
            pass
```

특정 경로에 있는 파일의 이름을 리스트로 읽어 들입니다.

os.path.join으로 경로와 이름을 조합해서 파일에 대한 전체 경로를 만듭니다.

full_filename의 각 줄을 읽어 들입니다.

yield로 이터레이터에 파일의 한 줄을 리턴합니다.

파일과 관련한 예외를 무시합니다.

Python Tutor에서는 파일 처리를 할 수 없으므로, 이번 예제의 Python Tutor 링크는 따로 없습니다. 로컬 환경(개인 컴퓨터 등)에서 다음과 같이 활용하면 /etc/ 내부에 있는 파일들을 읽어 들입니다.

```
for one_line in all_lines('/etc/'):
    print(one_line)
```

10.3.3 조금 더 나아가기

이터레이터를 함수로 구현하고 싶다면 제너레이터 함수를 사용하면 됩니다. 제너레이터 함수를 활용하면 많은 양의 데이터를 활용할 때, 시스템의 부하를 적게 주는 형태로 코드를 작성할 수 있습니다. 제너레이터 함수를 연습해볼 수 있는 예제를 몇 가지 더 소개하겠습니다.

- all_lines의 반복마다 문자열을 리턴하는 형태가 아니라 튜플을 리턴하는 형태로 수정해보세요. 튜플은 (파일의_이름, 현재_파일의_인덱스, 현재_파일의_줄_번호, 현재_파일의_줄_내용)을 갖게 해주세요. 현재_파일의_인덱스는 os.listdir로 읽어 들인 파일 중에서 몇 번째 인덱스인지를 나타냅니다.

- 현재 all_lines는 첫 번째 파일의 모든 줄을 하나하나 읽어 들인 뒤, 두 번째 파일의 모든 줄을 하나하나 읽어 들이는 순서로 문자열을 리턴합니다. 함수를 수정해서 각 파일의 첫 번째 줄을 하나하나 리턴, 각 파일의 두 번째 줄을 하나하나 리턴, 각 파일의 세 번째 줄을 하나하나 리턴하는 형태로 코드를 수정해주세요. 만약 어떤 파일의 줄 번호가 부족한 경우, 해당 파일은 건너뛰어주세요.
- all_lines를 수정해서 디렉터리 이름과 문자열이라는 2개의 매개변수를 받게 수정해주세요. 그리고 매개변수로 받은 문자열을 포함하는 줄만 필터링해서 리턴합니다. 정규 표현식과 파이썬의 re 모듈을 활용하면 간단하게 구현할 수 있습니다.

Note ≡ 제너레이터 함수는 함수의 끝에 도달했을 때, 자동으로 StopIteration 예외를 발생시키며, 따로 명시적으로 StopIteration 예외를 발생시킬 수 없습니다. 즉 제너레이터 함수 내부에서 raise StopIteration과 같은 코드를 사용할 수 없습니다. 만약 함수의 끝에 도달하기 전에 제너레이터 함수를 종료하고 싶다면 return 구문을 사용하면 됩니다. return 5와 같은 형태로 5 등의 값을 지정할 수는 있지만, 이러한 값은 어떠한 의미도 갖지 않으며, 무시됩니다. "제너레이터 함수는 yield로 값을 리턴할 수 있고, return으로 종료할 수 있다."라고 기억해주세요.

PYTHON

10.4 EXERCISE 49. 이전 호출로부터 지난 시간 계산하기

제너레이터(또는 이터레이터)는 기존 이터러블 내부에 있는 요소를 리턴하는 경우에도 많이 사용하지만, 꼭 이터러블과 함께 사용하지 않아도 괜찮습니다. 또한, 제너레이터는 연속적으로 사용할 필요도 없고, 필요할 때 호출해서 값을 리턴받을 수도 있습니다. 제너레이터는 `yield` 키워드를 만나면 실행 흐름을 중지하고 대기합니다. 이를 활용하면 다양한 것들을 구현할 수 있습니다.

이번 예제에서는 매개변수로 이터러블 하나를 받는 제너레이터 함수를 만듭니다. 제너레이터는 반복할 때마다 요소가 2개인 튜플을 리턴합니다. 첫 번째 요소는 '이전 요소를 추출한 뒤, 얼마나 시간이 지난 뒤에 현재 요소를 추출했는가?'를 나타내는 초 단위 시간입니다. 그리고 두 번째 요소는 '현재 요소의 값'입니다.

참고로 첫 번째 요소를 추출할 때는 이전 요소가 없으므로, '이전 요소를 추출한 뒤, 얼마나 시간이 지난 뒤에 현재 요소를 추출했는가?'를 나타내는 튜플의 첫 번째 요소를 0으로 지정해주세요.

이 프로그램을 구현할 때는 프로그램이 시작된 이후의 시간(초 단위)을 구할 수 있는 `time.perf_counter`를 사용합니다. 물론 `time.time`을 활용해도 되지만, 이러한 프로그램을 구현할 때는 `time.perf_counter`가 더 간단하고, 지난 시간을 확실하게 구할 수 있습니다.

10.4.1 풀어보기

제너레이터 함수 내부에서는 for 반복문을 사용해서 매개변수로 받은 이터러블(data)을 반복해야 할 것입니다. 이때 yield로 리턴하는 값은 요소가 2개인 튜플입니다. 첫 번째 요소는 '이전 요소를 추출한 뒤, 얼마나 시간이 지난 뒤에 현재 요소를 추출했는가?'를 나타내는 초 단위 시간입니다. 이를 간단하게 delta로 부르겠습니다.

delta를 구하려면 이전 반복이 언제 실행되었는지를 추적할 수 있어야 합니다. 따라서 last_time이라는 변수에 저장해서 사용하면 될 것입니다.

그런데 처음 요소를 추출할 때는 이전 요소가 없었으므로, 튜플의 첫 번째 요소로 0을 리턴해야 합니다. 이번 예제의 해답을 보면 일단 last_time을 None으로 할당했습니다. 그리고 delta를 구할 때 current_time - (last_time or current_time)이라는 코드를 사용했습니다. 첫 번째 반복에서는 (last_time or current_time)을 평가할 때, last_time이 None이므로 current_time이 리턴됩니다. 따라서 current_time - current_time이라는 코드가 되어서 0을 리턴하게 됩니다. 이후의 반복에서는 current_time에 값이 들어가 있으므로(또한 경과한 시간이 절대로 0이 되지는 않으므로), current_time - last_time이라는 코드가 되어 delta를 구할 수 있습니다.

일반적인 함수는 호출할 때마다 지역 변수 스코프가 만들어집니다. 하지만 제너레이터 함수는 조금 다르게 동작합니다. 한 번 호출되어 만들어진 이터레이터 내부에서는 함수의 지역 변수가 계속해서 유지됩니다. 따라서 이번 코드처럼 last_time과 같은 값을 만들고, 이를 이후 반복에서 활용할 수 있습니다.

10.4.2 해답

```
import time

def elapsed_since(data):
    last_time = None ------ last_time을 None으로 초기화합니다.
    for item in data:
        current_time = time.perf_counter() ------ 현재 시간을 추출합니다.
        delta = current_time - (last_time or current_time) ------ delta를 계산합니다.
        last_time = time.perf_counter()
        yield (delta, item) ------ 튜플을 리턴합니다.

for t in elapsed_since('abcd'):
    print(t)
    time.sleep(2)
```

이 예제는 http://mng.bz/qMjz에서 확인할 수 있습니다.

10.4.3 조금 더 나아가기

이번 예제에서는 사용자가 전달한 데이터(이터러블)와 시스템의 추가 정보를 결합하는 제너레이터 함수를 만들어보았습니다. 이렇게 사용자가 전달한 데이터 이외의 데이터를 함께 전달하는 제너레이터 함수는 다양한 상황에 활용됩니다. 이를 연습해볼 수 있는 예제를 몇 가지 더 소개하겠습니다.

- 이번 예제의 본문에서 살펴본 elapsed_since 함수는 반복 사이에 경과된 시간을 출력하기만 했습니다. 이번에는 두 반복 사이의 '최소 시간(초 단위)'이라는 매개변수를 추가로 받아서 함수를 만들어보세요. 만약 next()로 요소를 추출하는 간격이 '최소 시간'보다 크다면 값을 곧바로 리턴합니다. 하지만 next()로 요소를 추출하는 간격이 '최소 시간'보다 작다면 '최소 시간'을 채울 때까지 기다린 뒤 값을 리턴하게 구현해보세요.

- 디렉터리 이름 하나를 매개변수로 받는 file_usage_timing이라는 이름의 제너레이터 함수를 만들어주세요. 각각의 반복에서는 (마지막_접근_시간(atime), 마지막_수정_시간(mtime), 만든_시간(ctime)을 튜플로 리턴해주세요. 참고로 이러한 정보는 모두 os.stat으로 구할 수 있습니다.
- '이터러블 하나'와 'True 또는 False를 리턴하는 함수'를 매개변수로 받는 제너레이터 함수를 만들어주세요. 각각의 반복에서는 매개변수로 받은 이터러블의 요소에 함수를 적용합니다. 그리고 함수가 True를 리턴하는 경우에만 이터러블의 요소를 리턴합니다. 만약 False를 리턴하는 경우에는 해당 요소를 건너뛰고, True를 리턴하는 요소까지 확인한 뒤, 이터러블의 요소를 리턴합니다. 또한 이를 제너레이터 표현식을 리턴하는 일반 함수로도 구현해보세요.

10.5 EXERCISE 50. mychain 함수 만들기

PYTHON

일반적으로 프로그램을 구현할 때는 비슷한 형태의 이터레이터를 많이 사용합니다. 그래서 itertools 모듈(http://mng.bz/NK4E)에 자주 사용하는 형태의 이터레이터가 이미 구현되어 있습니다. itertools에 있는 클래스들은 이미 수많은 프로젝트를 거치며 최적화와 디버깅이 진행되었습니다. 따라서 itertools에 있는 클래스들을 활용하면 다양한 프로그램들을 간단하면서도 안정적이게 만들 수 있습니다.

필자가 itertools에서 좋아하는 객체로는 chain이 있습니다. chain은 매개변수로 여러 개의 이터러블을 받습니다. 그리고 모든 이터러블의 요소를 하나씩 반복합니다. 예를 들어 다음 코드를 살펴봅시다.

```
from itertools import chain

for one_item in chain('abc', [1,2,3], {'a':1, 'b':2}):
    print(one_item)
```

이 코드를 실행하면 다음과 같이 출력합니다.

```
a
b
c
1
2
3
a
b
```

참고로 마지막에 있는 딕셔너리는 for 반복문에 적용했을 때, 키만 반복합니다. 'a'와 'b'를 키로 가졌으므로, 'a'와 'b'를 출력하는 것입니다.

itertools.chain은 굉장히 편리한 함수이면서도, 구현이 쉬운 편입니다. 이번 예제에서는 이를 직접 구현해봅시다. 이터러블을 매개변수로 여러 개 받을 수 있는 mychain 함수를 구현해보세요. 반복하면 첫 번째 매개변수로 받은 이터러블부터 차근차근 반복합니다. 첫 번째 매개변수로 받은 이터러블의 반복이 종료되면 두 번째 매개변수로 받은 이터러블을 차근차근 반복합니다. 이처럼 이터러블을 하나하나 반복하고, 마지막 이터러블을 반복했을 때 종료하게 해주세요.

10.5.1 풀어보기

이번 예제는 이터레이터 프로토콜을 구현한 클래스를 사용해서도 풀 수 있습니다. 하지만 제너레이터 함수를 사용해서 푸는 것이 훨씬 더 간단하며, 이해하기 쉬운 코드가 만들어집니다.

일단 매개변수로 이터러블 여러 개를 받으므로, 가변 매개변수 *args를 활용해야 합니다. 매개변수를 *args로 지정하면 여러 개의 매개변수가 튜플 형태로 들어옵니다. 따라서 반복문으로 이를 돌리기만 하면 됩니다.

각 이터러블 내부의 요소도 반복해야 하므로, 반복문을 중첩해서 사용해야 할 것입니다. 이렇게 구현하기만 하면 제너레이터를 한 번 반복 돌릴 때, 이터러블 내부의 요소를 차근차근 하나씩 리턴합니다.

10.5.2 해답

```
def mychain(*args): ------ args는 이터러블들로 구성된 튜플입니다.
    for arg in args: ------ 각각의 이터러블을 반복합니다.
        for item in arg: ------ 각 이터러블 내부의 요소를 반복하며, yield로 값을 리턴합니다.
```

```
            yield item

for one_item in mychain('abc', [1,2,3], {'a':1, 'b':2}):
    print(one_item)
```

이 예제는 http://mng.bz/7Xv4에서 확인할 수 있습니다.

10.5.3 조금 더 나아가기

이번 예제에서는 내장 함수를 직접 구현해보면서 이터레이터와 관련한 내용을 더 자세하게 알아보겠습니다. 이와 같이 내장 함수를 구현해보면서 이터레이터를 공부해볼 수 있는 예제를 몇 가지 더 소개하겠습니다.

- zip이라는 내장 함수는 여러 개의 이터러블을 매개변수로 받고, 각각의 이터러블을 조합한 튜플을 리턴하는 이터레이터를 리턴합니다. 첫 번째 반복에서는 모든 이터러블의 0번째 인덱스에 있는 요소를 조합한 튜플, 두 번째 반복에서는 모든 이터러블의 1번째 인덱스에 있는 요소를 조합한 튜플을 리턴합니다. 매개변수로 전달받은 이터러블들의 길이가 다를 경우, 가장 짧은 길이를 가진 이터러블의 마지막 요소까지만 반복합니다. 예를 들어 zip('abc', [10, 20, 30])이라는 코드를 사용하면 [('a', 10), ('b', 20), ('c', 30)]을 리턴합니다. 제너레이터 함수를 활용해서 이러한 zip 함수를 직접 구현해보세요.
- EXERCISE 49에서 살펴본 all_lines를, 이번 예제에서 구현한 mychain을 활용해 구현해보세요.
- EXERCISE 48의 '조금 더 나아가기'에서 MyClass라는 클래스를 사용해서 내장 range 클래스를 구현해보았습니다. 이번에는 제너레이터 함수로 이를 구현해보세요.

10.6 정리

PYTHON

이번 장에서는 이터레이터 프로토콜을 살펴보면서 이를 구현할 수 있는 다양한 방법에 대해서 알아보았습니다. 정리해보면 다음과 같습니다.

- 클래스에 적절한 메서드를 추가해서 구현합니다.
- 제너레이터 함수로 구현합니다.
- 제너레이터 표현식으로 구현합니다.

이터레이터 프로토콜은 파이썬 개발에서 굉장히 많이 활용됩니다. 어떤 클래스를 구현할 때 (1) 클래스의 속성으로 컬렉션이 있는 경우, (2) 클래스 자체가 컬렉션으로 해석될 가능성이 있는 경우에는 이터레이터 프로토콜을 구현해서 반복을 적용할 수 있게 구현하는 것이 좋습니다. 또한 새로운 클래스를 만들지 않아도, 제너레이터 함수와 표현식을 활용해서 이터러블의 장점을 얻을 수 있습니다. 이번 장의 예제를 모두 살펴보았다면 다음 내용을 직접 공부해보기 바랍니다.

- 지금까지 직접 만들어본 클래스 중에 이터레이터 프로토콜을 적용할 클래스가 있다면 적용해보세요.
- 이터레이터 프로토콜을 적용할 때, 헬퍼 이터레이터 클래스를 활용해보세요.
- 이터러블을 반복하면서 (1) 필터링하는 경우, (2) 수정하는 경우, (3) 추가 값을 사용해야 하는 경우가 있다면 이를 제너레이터 함수를 활용해 구현해보세요.
- 리스트 내포를 활용할 때는 제너레이터 표현식을 함께 생각하고, 활용해보세요.

10.7 끝맺는 말

PYTHON

수고하셨습니다. 이 책의 내용이 모두 끝났습니다. 지금까지 파이썬을 활용해서 여러 예제를 풀어보았습니다. 분명 파이썬을 활용하는 능력이 향상되었을 것입니다.

첫 번째로 파이썬의 문법과 테크닉을 사용하는 능력이 향상되었을 것입니다. 문법과 단어를 더 배웠으므로, 이전보다 더 유창하게 원하는 것을 표현할 수 있을 것입니다. 또한, 파이썬스러운 표현들을 다양하게 배웠으므로 어떤 코드를 사용하면 파이썬스러운 코드를 작성할 수 있는지 알 수 있게 되었을 것입니다.

두 번째로 어떤 문제를 마주했을 때 무엇을 해야 하는지 발상하는 능력이 향상되었을 것입니다. 문제를 마주했을 때 스스로 어떤 질문을 해야 하는지, 문제를 어떻게 나누어서 생각하면 되는지, 어떤 코드를 사용하면 되는지를 훨씬 더 쉽게 떠올릴 수 있게 되었을 것입니다. 다양한 코드를 떠올리고, 코드에서 발생하는 트레이드오프를 생각하면서, 좋은 코드를 선택할 수 있게 되었을 것입니다.

세 번째로 파이썬스러운 표현을 배웠으므로, 파이썬을 활용하는 사람들과 소통하는 능력이 향상되었을 것입니다. 이를 통해서 파이썬 문서, 커뮤니티 생태계, 튜토리얼, 블로그 글, 영상 자료 등을 훨씬 더 쉽게 이해할 수 있게 되었을 것입니다.

간단하게 "파이썬을 활용해서 (1) 읽기 쉽고 짧은 코드를 (2) 더 빠르고 효율적으로 작성할 수 있게 되었으며, (3) 앞으로 파이썬 개발자로서 길을 걸어가면서 더 많은 것을 배울 수 있게 되었다."라고 할 수 있습니다.

앞으로 여러분의 파이썬 커리어가 계속해서 나아가서 여러분이 원하는 단계까지 갈 수 있기를 기원합니다.

T

W

Y

Z

ㄱ

ㄴ

ㄷ

ㄹ

ㅁ

ㅋ

ㅌ

ㅍ

ㅎ

기호

번호